Repräsentation und Reenactment

Volker Leppin

Repräsentation und Reenactment

Spätmittelalterliche Frömmigkeit verstehen

Mohr Siebeck

Volker Leppin, geboren 1966; Studium der Ev. Theologie; 1994 Promotion; 1997 Habilitation; 2000–2010 Lehrstuhl für Kirchengeschichte in Jena; seit 2010 Professor für Kirchengeschichte an der Eberhard Karls Universität Tübingen.
orcid.org/0000-0001-8561-1086

ISBN 978-3-16-160077-7 / eISBN 978-3-16-160133-0
DOI 10.1628/978-3-16-160133-0

Die Deutsche Nationalbibliothek verzeichnet diese Publikation in der Deutschen Nationalbibliographie; detaillierte bibliographische Daten sind im Internet über *http://dnb.dnb.de* abrufbar.

Das Buch wurde von epline in Böblingen gesetzt.

Printed in Germany.

Vorwort

Vor fast genau dreißig Jahren begann ich mit meiner Dissertation über Wilhelm von Ockham – das war der Anfang einer abenteuerlichen und faszinierenden Reise in die Welt des Mittelalters. Daran, dass sich die Mediävistik in der evangelischen Theologie eher mit einem Platz am Rande begnügen muss, hat sich seitdem nichts geändert. Der Lehrstuhl, den ich seit 2010 in Tübingen bekleide, gehört zu den wenigen an Evangelisch-Theologischen Fakultäten in Deutschland, die ausdrücklich auch auf das Mittelalter ausgerichtet sind – „auch" heißt: neben der Reformation, die vielfach als das eigentliche Paradefeld evangelischer Kirchengeschichtsschreibung gilt.

Diesen Umstand kann man beklagen – man kann ihn auch als große Chance sehen. Neben der „Societas mediaevistica", in welcher sich evangelische Theologinnen und Theologen über ihre Mittelalterinteressen austauschen, verdanke ich viele Anregungen dem Mediävistenverband und der Internationalen Gesellschaft für theologische Mediävistik (IGTM). In beiden war ich in den vergangenen Jahrzehnten in vielen unterschiedlichen Funktionen engagiert. Im Mediävistenverband lernte ich die Perspektiven anderer Disziplinen kennen und schätzen, in der IGTM war der Austausch mit katholischen Theologinnen und Theologen bereichernd und weiterführend. Beides konnte ich in meinen Tübinger Jahren durch das kollegiale Miteinander mit der Katholisch-Theologischen Schwesterfakultät sowie in den großen Drittmittelverbünden des Graduiertenkollegs „Religiöses Wissen im vormodernen Europa (800–1800)“ und des SFBs „Andere Ästhetik“ auch vor Ort pflegen und genießen. Diese vielen unterschiedlichen Bezüge haben meinen Blick auf das Mittelalter geformt und weiterentwickelt. Ohne den eigenen konfessionellen Hintergrund als Lutheraner verleugnen zu können oder zu wollen, habe ich daraus Anstöße für eine transkonfessionelle theologische Mediävistik gewonnen, die die Anregungen der Kulturwissenschaften aufnimmt, in theologischer Hinsicht durchdenkt und stärker das Eigene der mittelalterlichen Theologie in all seiner historischen Fremdheit würdigen will als die eigenen normativen Vorgaben zu bestätigen. Aus all diesem entwickelte sich die Überlegung, dass die Begriffe „Repräsentation“ und „Reenactment“ geeignet sein könnten, eben diese theologischen Perspektiven im Zusammenhang der spätmittelalterlichen Kultur zu begreifen.

Das Buch zieht nun in gewisser Weise auch Bilanz meiner akademischen Tätigkeit in Deutschland, auf dem Weg zu neuen Herausforderungen an der Yale Divinity School. Das macht den Dank für Orientierungen auf dem Weg umso größer. Er beginnt mit dem viel zu früh verstorbenen Doktorvater Gottfried Seebaß, der mich, obwohl ihm das Thema meiner Dissertation fremd war, „machen ließ“ und zugleich stets für Gespräche bereitstand. Er setzt sich fort mit vielen Kolleginnen und Kollegen in Heidelberg, Frankfurt, Jena und Tübingen und in den genannten Verbänden, die mir in ihren Forschungen und Diskussionen eine Erweiterung meines Horizonts ermöglicht haben.

Dem SFB „Andere Ästhetik“ gilt über die inhaltlichen Anregungen hinaus der Dank für die großzügige

Finanzierung des Drucks. Dessen Vorbereitung lag, einschließlich der Erstellung des Registers, in den Händen von Samuel Raiser, dem ich hierfür ebenso herzlich danke wie Jonathan Reinert und Jenni Berger für eine kritische Durchsicht des gesamten Textes. Michael Mergarten danke ich für eine Überprüfung der Zitate unter erschwerten Corona-Bedingungen und Monika Trick für die Einholung der Bildrechte. Die Veröffentlichung wurde vom Verlag Mohr Siebeck sachkundig und interessiert begleitet – insbesondere Katharina Gutekunst und Elena Müller sei hierfür Dank gesagt.

Vermutlich wäre ich nie zum Mittelalter gekommen, wäre ich nicht als Sohn eines Pfarrers an der Marburger Elisabethkirche, einem der beeindruckendsten Baudenkmäler der Gotik, aufgewachsen. Wenn dieses Buch erscheint, jährt sich der Geburtstag meines verstorbenen Vaters zum neunzigsten Mal. Seinem Gedächtnis sei das Werk gewidmet.

Tübingen, in der Passionszeit 2021 Volker Leppin

Inhalt

Einleitung

Vor über einem halben Jahrhundert hat Hans Robert Jauss den Begriff der „Alterität" zu einer Leitkategorie für das Verstehen mittelalterlicher Literatur gemacht.[1] Das Mittelalter, so kann man die Grundidee zusammenfassen, ist anders. Es ist fremd. Es ist sogar fremder als die Antike, die noch bis in das 20. Jahrhundert hinein mit großer Selbstverständlichkeit einen herausragenden Platz im europäischen Bildungskanon beanspruchen konnte, während, so Jauss, „[z]wischen der Literatur des christlichen Mittelalters und dem ästhetischen Kanon unserer Moderne (...) nur eine illusionäre Kette ‚unzerreißbarer Tradition'" bestehe.[2] An dieser Feststellung hat sich, seit Jauss sie getroffen hat, jedenfalls zum Positiven nichts geändert, und das gilt nicht nur für die Literatur. Für das theologische Gespräch spielt selbst Thomas von Aquin, der im 19. Jahrhundert – in einer sehr spezifischen Weise[3] – in den Mittelpunkt des katholischen Theologieverständnisses gerückt war, heute in erstaunlicher ökumenischer Gemeinsamkeit kaum noch eine Rolle. Die Diagnose des Alteritätskon-

[1] Hans Robert Jauss: Alterität und Modernität der mittelalterlichen Literatur. Gesammelte Aufsätze 1956–1976, München 1977.

[2] Jauss: Alterität und Modernität, S. 15.

[3] S. Peter Walter: Der Neuthomismus, in: Volker Leppin (Hg.): Thomas Handbuch, Tübingen 2016, S. 444–452.

zeptes ist auch durch im Einzelnen vorgebrachte Kritik[4] nicht grundsätzlich ins Wanken geraten.

Dabei reicht die Alterität weit über die Zeitspanne hinaus, die traditionell als Mittelalter gilt: Schon die Sprache Lessings oder Goethes, ja, vielfach sogar Thomas Manns, bedarf oftmals der Erklärung, vom frühneuzeitlichen Lutherdeutsch und dann erst recht den mittelalterlichen Texten ganz zu schweigen. Ein spätmittelalterliches Passionsspiel ist heutigen kompetenten Sprecherinnen und Sprechern der deutschen Sprache ohne sprachhistorische Kenntnisse nur begrenzt zugänglich, eine Predigt Meister Eckharts nahezu unverständlich. Ein Gang durch die Mittelalterabteilung einer Gemäldegalerie kommt ohne Erklärung der Heiligenattribute und -erzählungen schwerlich aus. Hier mag es konfessionelle Unterschiede geben, aber in Zeiten, in denen sich der Anteil von Kirchenzugehörigen in Deutschland auf die Fünfzig-Prozent-Marke zubewegt, heißt dies so oder so, dass solche Geschichten aus den Erzähltraditionen von Familien verschwinden. Selbst die Grunddaten der neutestamentlichen Erzählungen können nicht mehr jene Resonanz anklingen lassen, die nach den Deutungen von Hartmut Rosa „kognitive Landkarten und kulturelle Weltbilder“ formiert.[5] Sie sind von diesen Landkarten verschwunden – und da diese auch eine „kognitiv-evaluative“ Dimension haben,[6] heißt dies: Ihre Wertigkeit ist nicht mehr einsichtig. Konnte bei Max Weber die Selbstidentifikation als „religiös unmusikalisch“ noch mit kokettem Unterton daherkommen, so ist ihre Wiederbele-

[4] Manuel Braun (Hg.): Wie anders war das Mittelalter? Fragen an das Konzept der Alterität, Göttingen 2013.

[5] Hartmut Rosa: Resonanz. Eine Soziologie der Weltbeziehung, Berlin [3]2016, S. 215.

[6] Rosa: Resonanz, S. 214.

bung bei Jürgen Habermas eingebettet in eine Gesamtanalyse der Wirklichkeit, die einen erheblichen Relevanzverlust von Religion und Metaphysik diagnostiziert.[7]

Das bleibt nicht folgenlos für den Blick auf die mittelalterliche Welt, die im vorliegenden Buch nur ausschnitthaft in den Blick genommen werden kann. Das Mittelalter umfasst immerhin nach traditioneller Einteilung rund tausend Jahre: vom Ende des Römischen Reiches bis zum Beginn der Reformation. Über beide Schnittstellen könnte man streiten, mehr noch darüber, ob tausend Jahre tatsächlich als eine geschlossene Größe zu verstehen sind. Die Frage zu stellen, heißt sie zu verneinen. So konzentrieren sich die folgenden Überlegungen auf zwei Jahrhunderte, die üblicherweise als das Spätmittelalter gelten: die Zeit von 1300 bis 1500, wobei wegen ihrer Prägekraft für die spätere Frömmigkeit immer wieder auch auf ältere Texte zurückgegriffen wird. Mehr aber, als diese zwei Jahrhunderte zu verstehen, ist hier nicht angestrebt. Dass deren mentale Welt in kognitiver wie ethischer Hinsicht zu guten Teilen religiös kartographiert war, liegt auf der Hand, und zwar in allen kulturellen Bereichen. Musik, Kunst, Literatur – sie sind ohne Religion im Mittelalter nicht denkbar. Sie zu verstehen bedarf daher einer Rekonstruktion eben dieser religiösen Sinngehalte. In Tübingen hat sich um Annette Gerok-Reiter ein eigener Sonderforschungsbereich konstituiert, um den Eigenheiten der vormodernen „anderen Ästhetik" nachzugehen.[8] Dabei geht

---

[7] S. die instruktive Gegenüberstellung von Habermas und Weber zu dieser Frage bei Edgar Thaidigsmann: „Religiös unmusikalisch". Aspekte einer hermeneutischen Problematik, in: Zeitschrift für Theologie und Kirche 108 (2011), S. 490–509.

[8] S. das Programm auf https://uni-tuebingen.de/de/159334; Zugriff 22.5.2020.

es nicht allein, aber doch auch um religiöse Einbindung der Ästhetik – Ziel ist es insgesamt, zu verstehen, auf welche Weise sich eine Ästhetik organisiert, die kunstvolle Gestaltungen stets als eingebunden in soziale Praxis versteht. Diesem Verstehenshorizont verdanken sich auch die folgenden Überlegungen. Religion ist der entscheidende soziale Resonanzraum für viele ästhetische Gestaltungsformen. Das heißt aber: Diese sind durch eine Analyse der sozialen Prozesse allein nicht zureichend zu erfassen. Diese müssen vielmehr in Beziehung zu Formen religiösen Selbstverstehens gesetzt werden.

Die sozialhistorische Imprägnierung eines Großteils der Geisteswissenschaften seit den fünfziger Jahren des 20. Jahrhunderts hat das Verständnis der Vergangenheit erheblich gefördert, bringt aber die Gefahr neuer intellektuell hegemonialer Aneignungsprozesse der kulturell fremden Welten mit sich. Dass Menschen in der Gegenwart sich selbst vorwiegend sozial oder psychologisch auslegen, heißt nicht automatisch, dass dies auch die angemessensten Formen des Verstehens von Menschen der Vergangenheit wären. Dabei steht es außer Frage, dass auch ein Verstehen mit Hilfe von Analyseinstrumentarien, die den Betroffenen fremd und unbekannt waren, möglich und hilfreich ist – eben deswegen ist es sinnvoll, die andere Ästhetik in ihrem sozialen Zusammenhang wahrzunehmen. Aber angemessen wird eine solche Analyse erst, wenn sie die jeweils historisch gegebene Binnenperspektive mit einbezieht, das heißt, wenn die heute schwingungslosen Resonanzräume der Vergangenheit neu zum Schwingen gebracht, statt durch erst in der Moderne entstandene Theorien weginterpretiert werden. Für religiöse Phänomene des Mittelalters gilt wie für die ästhetischen: Wer sie allein aufgrund der sozialen Praxis interpretiert, in welcher sie sich äußern, verfehlt ihre Eigenlogik.[9] Es wäre nach heutigem Erkenntnisstand gewiss naiv, religiöse Phänomene ohne ihre sozialen Implikationen und Bedingungen zu interpretieren. Aber es wäre nicht minder naiv, sie unter Hintanstellung ihrer religiösen Selbstdeutung zu verstehen. Eben diese Gefahr besteht aber in einer Zeit zunehmender religiöser Unmusikalität, der es verwehrt ist, jene Selbstdeutungen überhaupt wahrzunehmen.

Diese Gefahr definiert dann umgekehrt recht genau die Aufgabe derer, die auch in der kulturhistorischen Analyse als Theologen ausdrücklich religiöse Musikalität methodisch in Anspruch nehmen, ja diese Musikalität in eine hermeneutische Zentralfunktion einrücken lassen, um die religiösen Selbstauslegungsprozesse offenzulegen und die stumm gewordenen Resonanzen neu zu wecken. Die Aufgabe theologisch verankerter Geschichtswissenschaft besteht dabei gerade nicht, wie es eben kritisch im Blick auf manche soziologischen Zugänge reflektiert wurde, darin, gegebene Phänomene in ein ihnen fremdes Deutungsraster einzuspannen und entsprechenden Beurteilungen zu unterwerfen. Ihre Aufgabe ist es vielmehr, semiotisch gesprochen, die den religiösen Handlungen eigene Zeichendimension auf eine religiöse Wirklichkeit hin herauszuarbeiten.[10] Zu behaupten, dass dies nur einem theologischen

---

[9] Vgl. zur Bedeutung ästhetischer Eigenlogiken exemplarisch FLORIAN KRAGL/CHRISTIAN SCHNEIDER (Hg.): Erzähllogiken in der Literatur des Mittelalters und der Frühen Neuzeit. Akten der Heidelberger Tagung vom 17. bis 19. Februar 2011, Heidelberg 2013.

[10] Zu diesem semiotischen Verständnis kirchenhistorischen Arbeitens s. VOLKER LEPPIN: Kirchengeschichte zwischen historiographischem und theologischem Anspruch. Zur Bedeutung der Semiotik für das Selbstverständnis einer theologischen Disziplin, in: WOLFRAM KINZIG/VOLKER LEPPIN/GÜNTHER WARTENBERG (Hg.): Historiographie und Theologie. Kirchen- und Theologiegeschichte

Zugriff gelingen könne, ginge fehl – in seinem Versuch, Theologie zu Religionswissenschaft weiterzuentwickeln, hat Rudolf Otto gerade auch dem Zeichenbegriff hohe Bedeutung zugesprochen: „Als Zeichen hat von der Zeit der primitivsten Religion an immer alles das gegolten was imstande war das Gefühl des Heiligen im Menschen zu reizen, es zu erregen und zum Ausbruch zu bringen.“[11] Nicht nur die Rede von der „primitiven Religion“, auch die expressionistische Sprache entspricht dem heutigen Wissenschaftsdiskurs nicht mehr. Gleichwohl verweist Otto darauf, dass ein angemessenes Religionsverständnis konstitutiv auf das Erkennen einer Zeichenstruktur angewiesen ist. Das gilt religionswissenschaftlich und historisch. Dem theologisch inspirierten Zugang liegt die Annahme zugrunde, dass die Zeichenfunktion mittelalterlicher Religiosität nicht einfach ins Leere geht, sondern auf einen Gott bezogen ist, auf den sich auch die Zeichensprache des heutigen Christentums bezieht. Das mag dazu helfen, die Sensibilität eben jener religiösen Musikalität zu entwickeln, die Fremdes entdecken lässt, ohne es vorschnell als vertraut zu vereinnahmen. Der Gewinn ist ähnlich dem, den sich manche Soziologen von teilnehmender Beobachtung versprechen, und doch auch etwas anders: Theologen und Theologinnen, die sich dem Mittelalter widmen, werden ja nicht zu Teilhabern von dessen Interaktion. Das kann schon allein aus zeitlichen Gründen nicht gelingen, aber auch aus inhaltlichen. Die Transformationen, die die

---

im Spannungsfeld von geschichtswissenschaftlicher Methode und theologischem Anspruch, Leipzig 2004 (Arbeiten zur Kirchen- und Theologiegeschichte 15), S. 223–234.

[11] Rudolf Otto: Das Heilige. Über das Irrationale in der Idee des Göttlichen und sein Verhältnis zum Rationalen, München 1979, S. 172.

modernen Konfessionen erfahren haben, setzen sie immer auch in einen Zustand der Differenz und Alterität zum Mittelalter. Die Gemeinsamkeit liegt nicht in der vergangenen sozialen Praxis, sondern eben auf jener ihr gegenüber jenseitigen Ebene des Zeichenbezugs. Die für religiöses Selbstverständnis gesetzte Transzendenz bildet die Brücke zwischen Vergangenheit und Gegenwart – so hat es Hans Joas in seinem Plädoyer für eine neue Würdigung der Macht des Heiligen dargelegt: „mit der konsequenten Berücksichtigung der semiotischen Dimension kann (…) eine Brücke geschlagen werden zu religiösen Traditionen und Institutionen und damit zur Geschichte überhaupt."[12]

Nun mag man einwenden, dass Transzendenz mit Mitteln der Wissenschaft nicht zugänglich ist. Das stimmt unzweifelhaft. Auch theologisch verortete Kirchengeschichte befasst sich mit Religion, nicht unmittelbar mit Gott. Aber die Brücke des semiotischen Bezugs trägt im Grundsatz auch dann, wenn dem Jenseits keine Realität zugemessen wird. Denn die Rede von einem christlichen Gott lässt sich begrifflich auch von denen fassen, die diesen Gott für nichtexistent halten. Wer ihn allerdings für existent hält, hört die Rede von ihm unter Umständen mit einer anderen Sensibilität – womit wir wieder bei jener religiösen Musikalität wären. Diese Musikalität kann nicht nur Gottes Wirklichkeit wissenschaftlich nicht einfach setzen. Ihr bleibt natürlich auch der mentale Haushalt vergangener Menschen wie überhaupt jedes anderen Menschen als solcher verschlossen. Deutung kann nur aus gegebenen kulturellen Hervorbringungen auf vorliegende religiöse Dispositionen schließen. Aber auch ihre Abwe-

[12] Hans Joas: Die Macht des Heiligen. Eine Alternative zur Geschichte von der Entzauberung, Berlin [2]2017, S. 107.

senheit oder auch nur Irrelevanz – im Sinne einer Theorie, nach der soziale Bewegungskräfte die eigentlich relevanten Deutungskategorien lieferten – kann nur weltbildhaft behauptet werden und lebt mit der Hypothek beanspruchen zu müssen, sie verstünde jene vergangenen, sich religiös auslegenden Menschen besser als diese sich selbst verstanden haben.

So gesehen spricht gerade nicht allein theologisch, sondern auch und vor allem kulturwissenschaftlich sehr viel dafür, sich die religiösen Dispositive der Vergangenheit zwar nicht einfach mit einer Hermeneutik des Einverständnisses im Sinne Gadamers[13] anzueignen, wohl aber in ihrer Eigenlogik zu respektieren und zum Sprechen zu bringen. Diese Eigenlogik liegt in dem Bestreben, eine religiöse Grundhaltung zur Wirklichkeit einzunehmen, das heißt, eine solche Haltung, die die gegebene Wirklichkeit als unterschieden von einer jenseitigen Wirklichkeit versteht. Die gegebene Wirklichkeit wird damit allererst als diesseitige Wirklichkeit konstituiert und so als nicht in sich subsistent, sondern von vorneherein begrenzt erfasst. Das in religiöser Weltdeutung zugrunde liegende Weltbild unterscheidet sich demnach von säkularen Weltbildern nicht nur in der qualitativen Beschreibung von Wirklichkeit, sondern auch in ihrer Extension. Es rechnet mit mehr Formen von Wirklichkeit. Die empirisch zugängliche Wirklichkeit, die sichtbare und vermessbare Welt, ist immer nur ein Teil der Wirklichkeit insgesamt, ja, sie ist gegebenenfalls eine Wirklichkeit minderen Status gegenüber der eigentlichen, der jenseitigen Welt. Wer die mentalen Gegebenheiten einer religiös bestimmten

[13] Hans-Georg Gadamer: Wahrheit und Methode, Tübingen 1960, S. 168, im Anschluss an Schleiermacher.

Welt verstehen will, muss genau diese Wirklichkeitsvorstellung voraussetzen. Theologen haben den Vorteil, sie in ihren Grundannahmen zu teilen – ignorieren dürfen rein kulturwissenschaftliche Zugänge sie auch nicht. Auf schöne Weise zeigt dies wiederum Robert Jauss, wenn er in der Unterscheidung literarischer Genera im Mittelalter etwa dem Schwank „Unterhaltung/Erheiterung“ als „spezifische Einstellung“ zuordnet, dem liturgischen Drama hingegen „kultische Partizipation“.[14] Wo das Erste unmittelbar in die Gegenwart übertragbar ist und eine rein diesseitige Sinnebene eröffnet, verweist das Zweite allein schon dadurch, dass Kult immer notwendig auf ein Objekt der Verehrung bezogen ist, auf eine jenseitige Welt, sei sie nun vorgestellt oder als real vorausgesetzt. Methodisch ist sie so oder so nur als Vorstellungsraum erreichbar – das Lesen der auf sie zuführenden Spuren mag sich aber je nach fachlichen Interessen der Forschenden unterscheiden.

Eben eine solche Spurensuche nach den Verweisstrukturen auf das Jenseits hin sollen die folgenden Seiten bieten. Eine Spurensuche, für welche der Autor seine theologische Verankerung als hilfreich wahrnimmt, die aber wissenschaftliche Plausibilität nur gewinnen kann, wenn die Suche zu einem kulturwissenschaftlich nachvollziehbaren Ergebnis führt. Das heißt: Nicht das Ziel, zu dem diese Spuren selbst sich hingezogen fühlen, wird gesucht, sondern allein diese Spuren selbst. Die Metapher kann sogar noch weiter zugespitzt werden: Besonders interessant sind für einen Zugang, der Menschen der Vergangenheit zutraut, dass ihre religiöse Selbstauslegung in irgendeiner Weise für sie selbst Überzeugungskraft besaß, die Schnittstellen zwischen hier und dort, zwischen Diesseits und

[14] Jauss: Alterität und Modernität, S. 12.

Jenseits, jene Bereiche also, die in Gestalt einer den kulturellen Hervorbringungen innewohnenden Reflexionsfigur[15] eine Differenz zwischen Diesseits und Jenseits zur Geltung bringen. Was bislang in metaphysischer Begrifflichkeit beschrieben wurde, konnte auch in der mittelalterlichen christlichen Kultur, insbesondere wo sie mit dem philosophischen Erbe der paganen Antike verbunden war, in dieser metaphysischen Sprache formuliert werden. Die spezifische Form aber, die diese Reflexionen im Christentum annehmen, haben mit dessen Grunddatum zu tun, demzufolge in Jesus Christus das Jenseits im Diesseits Wirklichkeit annahm. Tod und Auferstehung aber führen zu einer neuen Diskrepanz, die der Kulturphilosoph Michel de Certeau zum Grundansatz der Erklärung mystischer Theologie, ja, von Theologie überhaupt gemacht hat:

„In der christlichen Tradition ruft ein uranfänglicher Mangel an Körper unaufhörlich Institutionen und Diskurse hervor, die die Wirkungen und Substitute dieser Abwesenheit sind: kirchliche Körper, doktrinelle Körper usw. Wie kann man im Ausgang vom Wort, vom Sprechen, Körper bilden, Körper sein? Diese Frage ruft die unvergessliche Frage voll unbeschreiblicher Trauer herauf: ‚Wo bist du?'"[16]

[15] Dies ist der methodische Zentralbegriff des Tübinger Sonderforschungsbereichs „Andere Ästhetik"; s. hierzu Annette Gerok-Reiter/Jörg Robert: Reflexionsfiguren der Künste in der Vormoderne. Ansätze – Fragestellungen – Perspektiven, in: Ästhetische Reflexionsfiguren in der Vormoderne, Heidelberg 2019, S. 11–33, S. 19–23.

[16] Michel de Certeau: Mystische Fabel. 16. bis 17. Jahrhundert. Aus dem Französischen von Michael Lauble. Mit einem Nachwort von Daniel Bogner, Frankfurt/M. 2010, S. 127f. Angesichts des Aufkommens des Mystikbegriffs erst in der Neuzeit – und wohl auch seiner eigenen jesuitischen Prägung – konzentriert sich Certeau auf die Frühe Neuzeit. Die zitierte Aussage aber hat eine weit darüber hinausreichende Bedeutung für das Verständnis christlicher Mystik.

Die einmal gegebene Präsenz Christi ist nur noch im Modus des Entzogenseins erfahrbar und nachvollziehbar – damit erklärt sich christliche Frömmigkeit vor allem aus dem Bemühen um eine Überbrückung eben dieser Differenz. Das Versprechen des Heiligen Geistes, fußend auf den Verheißungen der Abschiedsreden im Johannesevangelium (Joh 13,1–17,26) und verwirklicht durch den Bericht vom Pfingstereignis (Apg 2), trug maßgeblich die Überzeugung, dass Jesu Präsenz auch nach seiner Auferstehung hier auf Erden erfahrbar sein würde. Dabei zeichnete sich immer wieder eine Spannung zwischen einer eher aktualen Vorstellung, nach der sich die Gegenwart des Geistes prophetisch oder visionär ereignet, einerseits, und einer auf Kontinuität setzenden Vorstellung von der Gegenwart des Geistes gebunden an die Institutionen der Kirche andererseits ab.

Meist ist die erneuerte Gegenwart dabei in Gestalt einer sakramentalen Repräsentation gedacht. Paradigmatisch formuliert Thomas von Aquin dies, wenn er von der Eucharistie als einem „Sakrament, das direkt die Passion des Herrn repräsentiert" („*sacramentum directe repraesentativum* [...] *dominicae passionis*")[17] spricht. Verbindet man dies mit dem dogmatischen Gedanken der Realpräsenz, den Thomas von Aquin durch die Transsubstantiationslehre gedanklich unterfütterte, so wird deutlich, dass Repräsentation einen Wirklichkeitszusammenhang bedeutet, der anders zu verstehen ist als etwa im politischen

[17] Thomas, *Super sent* IV d. 8 q. 2 a. 1 ad 4 no. 179 (S. Thomae Aquinatis Scriptum super Sententiis Magistri Petri Lombardi. Bd. 4, hg. v. Maria Fabian Moos, Paris 1947, S. 336); vgl. *Summa Theologiae* III q. 73 a. 5 responsio: „*Et ideo oportuit omni tempore apud homines esse aliquid repraesentativum dominicae passionis*" (Editio Leonina 12, S. 142f).

Zusammenhang: Auch das späte Mittelalter kannte, im Zusammenhang der Konzilien, schon die Vorstellung einer repräsentativen Vertretung.[18] Die Repräsentanten auf dem Konzil waren ein verantwortlicher Ausschnitt der Christenheit, der für diese insgesamt zu sprechen hatte, eine Zuspitzung dessen, dass auch über die Kirche insgesamt gesagt werden konnte, sie repräsentiere den mystischen Leib Christi.[19] Eine Seinsidentität war damit nicht gemeint. Das eucharistische Geschehen hingegen, in dessen Mittelpunkt die Wandlung der Substanz von Brot und Wein in Leib und Blut Christi stand, drückte eine solche Identität aus, genauer: Spätestens seit dem ersten Abendmahlsstreit um Berengar von Tour im 11. Jahrhundert gab es einen „Sachzusammenhang des Repräsentationsbegriffs mit der Urbild-Abbild-Dialektik", wie es der Rechtshistoriker Hasso Hofmann in seiner grundlegenden Studie zur Begriffsgeschichte des Wortes Repräsentation hervorgehoben hat.[20] Die Vorstellung von der eucharistischen Repräsentation war gewissermaßen neuplatonisch imprägniert und begründete so eine tatsächliche Gegenwart Christi mitten in dieser Welt. Diese wurde im späten Mittelalter vielfach eingeschärft und inszeniert: Wenn in gotischen Kirchen große Tabernakel entstanden, wie das

[18] S. das berühmte Dekret *„Haec Sancta"* des Konstanzer Konzils vom 6. April 1415: *„sancta synodus Constaniensis* (...) *ecclesiam catholicam militantem repraesentans"* (Quellen zur Geschichte des Papsttums und des römischen Katholizismus 767); vgl. breiter Hasso Hofmann: Repräsentation. Studien zur Wort- und Begriffsgeschichte von der Antike bis ins 19. Jahrhundert, Berlin 1974, S. 116–148.

[19] Bulle *Unam Sanctam* (Kompendium der Glaubensbekenntnisse und kirchlichen Lehrentscheidungen, hg. v. Heinrich Denzinger, bearb. v. Peter Hünermann, Freiburg i. B./Basel/Rom/Wien [37]1991 [u. ö.] [künftig „DH"] 870).

[20] Hofmann: Repräsentation, S. 69.

Sakramentshaus von Adam Kraft in St. Lorenz in Nürnberg,[21] so wurde damit für alle sichtbar angezeigt, dass sich genau hier, in ihnen, in der unscheinbaren Gestalt einer Hostie Jesus Christus selbst befand. Die Durchbrechung der Grenze zwischen Diesseits und Jenseits vollzog sich so nicht nur in jeder Messe, sondern durch die Aufbewahrung der dauerhaft gewandelten Elemente behielt sie Wirklichkeit und Wirksamkeit über den Moment des Geschehens hinaus. Da grundsätzlich in jeder Kirche mit dem Überbleiben von Abendmahlselementen und ihrer Aufbewahrung im Tabernakel zu rechnen war, war Jesus Christus in Europa vielfältig präsent, genauer: vielfältig durch sakramentale Wirklichkeit repräsentiert. Diese stets erneuerte und zugleich permanente Gegenwart Christi gehört zu den Grundkonstanten christlichen Lebens im Mittelalter. Sie stellt zugleich Verdichtung und Paradigma einer sakramentalen Wirklichkeitsauffassung dar, die auf unterschiedliche Weisen und in unterschiedlichen Schattierungen mit der Gegenwart Christi, eben seiner wahren und wirklichen Repräsentation in dieser Welt rechnete.

Zu den erstaunlichen Einsichten für eine moderne Annäherung an diese Phänomene gehört dabei die sich in der sakramentalen Wirklichkeit des soteriologischen Gesamtgeschehens ausdrückende Unmittelbarkeit. Zwar heißt es in den Einsetzungsworten für das Abendmahl, jedenfalls in der Form, die ihnen Lukas und Paulus gaben, ausdrücklich: „Das tut zu meinem Gedächtnis" (Lk 22,19;

---

[21] Beata Hertlein: Das Sakramentshaus von Adam Kraft in der Nürnberger Lorenzkirche. Zu Konstruktion und Werkprozeß, in: Frank Matthias Kammel (Hg.): Adam Kraft. Die Beiträge des Kolloquiums im Germanischen Nationalmuseum, Nürnberg 2002, S. 195–212; Claudia Arndt: Zierarchitekturformen an freistehenden spätgotischen Sakramentshäusern. Zum Sakramentshaus des Adam Kraft, ebd. S. 213–230.

1 Kor 11,24) – aber das Programm einer Erinnerungsgeschichte, das für die kulturwissenschaftliche Erschließung vergangener Kulturen viele wichtige Impulse freigesetzt hat,[22] kann nur einen Teil dessen erfassen, was hiermit gemeint ist. Die weitverzweigte Erinnerungs- und Gedächtnisforschung hat die Prozesse verstehbar gemacht, wie sich Kulturen ihrer selbst durch den Bezug auf Vergangenes vergewissern und dies in einer Weise tun, die kulturnormierend werden kann. Solche Vorgänge lassen sich für das Christentum nachzeichnen, das etwa sehr bewusst durch die Kanonisierung nur bestimmter Schriften als Bibel sein Bild von sich selbst geschaffen hat. Aber der Bezug auf das, was aus heutiger Rückschau nur im Modus der Vergangenheit begegnet, d. h. auf die Heilsgeschichte Jesu, ist für die mittelalterliche Welt nicht allein ein erinnernder und gedenkender – er findet sich auch im Modus der zeitübergreifenden und überbrückenden Gegenwart und Vergegenwärtigung. Christus, der am Kreuz gestorben ist, ist nach dem christlichen Glauben lebendig, und die Erzählung von der Auferstehung will nicht allein von Vergangenem reden, sondern von einer Gegenwart heilschaffender Wirklichkeit.

Es wäre wiederum verkürzend, die Erfassung von Vergangenem im Modus der Vergangenheit allein der Moderne zuzuschreiben. Das Mittelalter ist bereits voll von veritabler Geschichtsschreibung,[23] die auch um die Differenz zwischen Gegenwärtigem und Vergangenem weiß. Aber

[22] Grundlegend: JAN ASSMANN: Das kulturelle Gedächtnis. Schrift, Erinnerung und politische Identität in frühen Hochkulturen, München ^{5}2005.

[23] S. hierzu grundlegend HANS-WERNER GOETZ: Geschichtsschreibung und Geschichtsbewußtsein im hohen Mittelalter, Berlin 1999.

das damit gesetzte Bewusstsein von Differenz dominiert nicht in jener unüberwindlichen Ausschließlichkeit das Verständnis von der Heilsgeschichte, wie es das nachaufklärerische Bewusstsein in dem berühmten Diktum von Lessing erfährt: „Das, das ist der garstige breite Graben, über den ich nicht kommen kann, so oft und ernstlich ich auch den Sprung verdient habe.“[24] Dieses oft gebrauchte, ja, nahezu abgenutzte Zitat kennzeichnet eine merkwürdige Spannung: Einerseits ist etwas, ganz relativierend, „nur historisch gewiß“[25] und Historisches nicht geeignet, „Beweis von nothwendigen Vernunftswahrheiten“[26] zu werden. Andererseits aber sind die durch die Einsicht in Historizität – und das heißt vor allem: zeitliche Distanz – geschaffenen Erkenntnisbedingungen selbst offenkundig für Lessing unüberschreitbar. Lessing kann mit den biblischen Texten nicht anders als historisierend umgehen – und gibt damit gewiss keiner individuellen Disposition Ausdruck, sondern der Formung des modernen Bewusstseins, das hinsichtlich seines Umgangs mit der Vergangenheit ein historisches ist.

Darin unterscheidet es sich grundlegend von den vormodernen Formen von Gedächtnis und Erinnerung. Die Feststellung dieses Unterschiedes aber reicht für eine Erfassung des religiösen Bewusstseins noch nicht. Vormodernes Verständnis von dem, was der Moderne als vergangen erscheint, ist erst dann richtig erfasst, wenn neben

---

[24] Lessing, *Über den Beweis des Geistes und der Kraft* (Gotthold Ephraim Lessings sämtliche Schriften, hg. v. Karl Lachmann/ Franz Muncker. Bd. 13, Leipzig 1897, S. 7,27 f).

[25] Lessing, *Über den Beweis des Geistes und der Kraft* (Lessing: Sämtliche Schriften 13, S. 7,25).

[26] Lessing, *Über den Beweis des Geistes und der Kraft* (Lessing: Sämtliche Schriften 13, S. 5,34–36).

den Modus der Vergangenheit auch ein solcher der Gegenwärtigkeit, des Gegebenseins, gestellt wird. Jesus Christus ist Gegenstand der historischen Erzählung. Er ist aber auch gegenwärtig erfahrene Wirklichkeit. Man kann in der Eucharistie schmecken und sehen, wie freundlich er ist,[27] man kann ihn in Visionen erfahren, Mystikerinnen können ihn als Geliebten umarmen – Vergangenes ist nicht nur vergangen und darum nicht nur erinnert, sondern das Gedächtnis ist ein Modus der Vergegenwärtigung innerhalb vieler Formen der Präsenz Jesus Christi und des Heiligen überhaupt. Je stärker dabei das Moment eines Gegebenseins vorliegt, desto eher wird im Folgenden von Repräsentation gesprochen. Die Gegebenheit ist aber nicht nur statisch gesetzt, sondern, gerade auch die Bindung an ein liturgisches Geschehen macht das deutlich, sie ereignet sich auch je neu, sie verdankt sich einem darstellenden Geschehen. Das ist sehr deutlich in der Liturgie, kann aber, oft von ihr ausgehend, auch in einem Geschehen erfolgen, das als geistliches Spiel beschrieben wird. Jauss ordnet ihm als spezifische Einstellung „Schaubedürfnis/Erbauung" zu.[28] Diese Doppelung markiert, dass man das geistliche Schauspiel einerseits auf dem Weg zum Theater der Neuzeit verorten kann, als eine Form bürgerlicher Unterhaltung und Selbstdarstellung, andererseits aber auch als ein Geschehen, dem auch in der Darstellung noch die Verhaftung an den liturgischen Ursprung eignet. Dann wird der gespielte Vorgang in ihm auf der Bühne neu real. Das dargestellte Geschehen wird so erneut in Wirklichkeit gesetzt. Dies

[27] Zur Verwendung von Ps 33(34),9: „Schmecket und sehet, wie freundlich der Herr ist" in der mittelalterlichen Liturgie s. Josef Andreas Jungmann: Missarum Sollemnia. Eine genetische Erklärung der römischen Messe. Bd. 2, Freiburg [5]1962, S. 486f.

[28] Jauss: Alterität und Modernität, S. 12.

soll im Folgenden, einen Gedanken von John Brewer aufgreifend, als Reenactment bezeichnet werden. Der Terminus entstammt der historisch interessierten Popularkultur und bezeichnet dort Darstellungsformen, die historisches, oft mittelalterliches Geschehen auf unterschiedliche Weisen nachstellen. Brewer hat ihn nun auch auf die Eucharistiefeier angewandt[29] und damit in der Tat etwas getroffen und zugleich freilich eine Differenz zum heutigen Reenactment deutlich gemacht. Treffend ist der Gedanke, dass die Eucharistiefeier eine dynamische Vergegenwärtigung des Kreuzestodes Jesu war: Das Opfer auf Golgotha wurde in jeder eucharistischen Feier neu Wirklichkeit, nicht als ein zweites Opfer, sondern als die Vergegenwärtigung jenes ersten Opfers. Dabei handelt es sich, wie dargelegt, um ein Widerfahrnis der Repräsentation, aber sofern man den Aspekt eines dynamischen Geschehens betonen will, um ein Reenactment, ein neues in-Akt-setzen. Der Unterschied zu heutigen Formen des Reenactments liegt ganz offenkundig nicht allein in deren vorwiegend touristischem Eventcharakter. Er geht tiefer: Heutiges Reenactment geschieht im Modus bewusster Unterschiedenheit zum Vergangenen. Das Spiel ist eines, das um die Differenz weiß und eben nur in dieser spielerischen Dimension überbrückt. Das liturgische Reenactment zielt gerade darauf, diese Differenz aufzuheben und eine Unmittelbarkeit zum Geschehen selbst zu erzeugen. Während spielendes Reenactment die Unterschiedenheit der Jahrhunderte nie beseitigen kann, wird im liturgischen Reenactment tatsächlich das Kreuzesgeschehen selbst Wirklichkeit. Das ist nur im Rahmen eines Wirklichkeitsverständnisses denkbar, das

[29] John Brewer: Reenactment and Neo-Realism, in: Ian McCalman/Paul A. Pickering (Hg.): Historical Reenactment. From Realism to the Affective Turn, Hundmills 2010, S. 79–89, S. 79.

unterschiedliche Realitätsebenen ineinander zu blenden versteht.

Genau das ist im religiösen Kontext des Mittelalters nun in der Tat eine hermeneutische Grundüberzeugung: Die Lehre vom vierfachen Schriftsinn besagt dies zunächst einmal für den biblischen Text. In ihm finden sich potenziell vier Sinnebenen: die historisch-literale, die sich auf konkret berichtete, historisch fassbare Gegebenheiten bezieht. Darüber die typologische, die die einzelnen Worte auf die christlichen Glaubensinhalte bezieht. Jerusalem etwa, das im historischen Sinn eine Stadt in Juda bedeutet, kann so auf die Gemeinde Jesu Christi verweisen. Es kann sich aber auch auf die einzelne Seele des Menschen beziehen. Dann handelt es sich um den moralischen oder tropologischen Sinn. Oder es wird auf die künftigen, endzeitlichen Ereignisse vorausverwiesen. In diesem Sinne geht es dann um das himmlische Jerusalem. Listet man die vier Schriftsinne in dieser üblichen, lehrhaften Weise auf, kommt man dem damit angeschlagenen Wirklichkeitsverständnis freilich nur begrenzt näher. Es geht nicht darum, jede Bibelstelle nach dem vierfachen Schriftsinn abzuarbeiten, ja, die Sinndimensionen können auch anders benannt und akzentuiert werden. Der vierfache Schriftsinn steht vielmehr dafür, dass die empirisch gegebene Wirklichkeit immer auch für zeitlich und räumlich andere Wirklichkeiten offen sein kann. Wenn meine physischen Augen etwas sehen, so können die geistigen Augen Tieferes sehen und im bloß diesseitig Gegebenen Jenseitiges erfahren. Primär wird so die Liturgie zeichenhaft, im Grundsatz aber kann die ganze Natur zeichenhaft auf Gott bezogen werden und so in gewisser Weise auch Gott in sich aufnehmen. Bezieht man dies nun wieder auf das Geschehen des Reenactments, so heißt dies: Im Reenactment wird nicht einfach etwas nachgespielt, sondern es wird tatsächlich das neu wirklich, worum es in diesem Geschehen geht. Das gilt für liturgische Feiern, für geistliche Spiele und auch für Prozessionen oder Wallfahrten. Die mittelalterliche Welt ist, versteht man sie als eine Welt religiöser Durchdrungenheit, nicht eindimensional, sondern vielgestaltig, und das nicht allein im unmittelbaren göttlichen Raum, sondern auf allen Wirklichkeitsebenen.

Die zwei Weisen, in denen im Folgenden von Gegenwart beziehungsweise Vergegenwärtigung Gottes in der mittelalterlichen Welt gesprochen werden soll, Repräsentation und Reenactment, sind so gewissermaßen methodische Fenster, die es dem Forscher des 21. Jahrhunderts ermöglichen, eine Welt zu erfassen, für die nicht der naturgesetzlich beschreibbare Kausalvorgang paradigmatisch ist, sondern das Sakrament des Altars. Daher kann man diese Vorstellung von einer Präsenzweise Gottes in materiellen Zusammenhängen auch als Ausdruck eines sakramentalen Wirklichkeitsverständnisses verstehen. Vom Paradigma des Altarsakramentes aus wird Gottes Präsentwerden als Möglichkeit allen Seins gedacht. Wiederum kann dies methodisch gesteuert nur dann nachvollzogen werden, wenn diese Präsenzformen und Präsentwerdungen Gottes als mentale, semiotisch auf einen vorausgesetzten Gott ausgerichtete Vorgänge verstanden werden: Gott ist innerhalb des Deutungshorizontes der Glaubenden in ihrer sinnlichen Welt präsent, aber darin ist er nun tatsächlich gegenwärtig. Die mentale Welt des Mittelalters und damit die anthropologisch fassbare Fülle der Wirklichkeit ist ohne diese Vorstellung nicht zureichend zu verstehen. Wollte man die Welt des 15. Jahrhunderts als eine von Gott gesonderte, ganz von ihm unabhängig rein immanent funktionierende Welt beschreiben, ginge man an den

Denkvoraussetzungen der Zeit selbst und damit auch an den sie mitgestaltenden mentalen Voraussetzungen vorbei.

Das bietet freilich keinen Anlass, Argumente mit Funktionszusammenhängen als bloßen Funktionalismus zu diskreditieren. Selbstverständlich ist Gottes Wirklichkeit in eine Welt von solchen Zusammenhängen eingeschrieben, ja, er kann für bestimmte Zwecke auch funktional eingesetzt werden, etwa für die Anhaltung der Gläubigen zu rechtem Verhalten. Gerade aber dass der Einsatz Gottes wirksam werden kann, zeigt, dass auch die Gläubigen mit dieser Wirklichkeit Gottes rechneten. Ein kleines Gedankenspiel mag dies deutlich machen: Im 21. Jahrhundert dürfte der Verweis auf klimatische Auswirkungen menschlichen Tuns oder die pandemischen Folgen hygienisch unangemessenen Verhaltens weit eher Wirkungen hervorbringen als die Drohung mit Gottes Strafgericht. Dieses Gefälle ist für das Mittelalter – ungeachtet seines reichen Schrifttums zur Pestvermeidung[30] – nicht ohne Weiteres vorauszusetzen.

Zu den Erfahrungen und Erwartungen von Präsenz gehört, dass Gott stets von seinen Präsenzformen unterschieden ist. Das Christentum hat viel Mühe darauf gewandt, sich selbst von etwas abzugrenzen, was in Anknüpfung an antike Polemiken als „Magie“ galt.[31] Nun ist der Be-

---

[30] S. die überwältigende Sammlung von KARL SUDHOFF: Pestschriften aus den ersten 150 Jahren nach der Epidemie des „Schwarzen Todes“ 1348. 19 Teile, in: Archiv für Geschichte der Medizin 4 (1910), S. 191–222; 4 (1910), S. 389–424; 5 (1911), S. 36–87; S. 332–396; 6 (1913), S. 313–379; 7 (1913), S. 57–114; 8 (1914), S. 175–215; 8 (1915), S. 236–289; 9 (1915), S. 53–78; 9 (1916), S. 117–167; 11 (1918), S. 44–92; 11 (1919), S. 121–176; 14 (1922), S. 1–25; 14 (1923), S. 79–105; S. 129–168; 16 (1924), S. 1–69; 16 (1925), S. 77–188; 17 (1925), S. 12–139; S. 241–291.

[31] S. BERND -CHRISTIAN OTTO: Magie. Rezeptions- und dis-

griff der Magie religionswissenschaftlich längst – gelinde gesagt – strittig geworden.[32] Sinnvoll verwendet werden kann er nur als Momentum christlicher Selbstauslegung, die deutlich macht: Gott, der in der Welt ist, ist mit dieser oder ihren Teilen nicht identisch. Gott bleibt, um den hervorgehobensten Vorgang noch einmal heranzuziehen, auch von der Eucharistie immer wieder allein schon dadurch unterschieden, dass er vielfach in unterschiedlichen Akten des eucharistischen Geschehens präsent werden und zugleich auch auf andere Weise und in anderen Konstellationen anwesend sein kann. Gott ist immer mehr als das, was auf Erden von ihm gegenwärtig wird.

Aber in diesem Präsentwerden wird er erfahren. Diese Erfahrung ist ihrerseits keine evidente. Hierfür lässt sich noch einmal Rudolf Otto aufgreifen, der es abweist, aufgrund moderner Rationalität nach Evidenzformen zu suchen. Für die Divination als Form der Erfahrung des Göttlichen gilt nach ihm vielmehr

> „Mit Naturgesetz und Beziehung oder Nichtbeziehung darauf hat echte Divination überhaupt nichts zu tun. Sie fragt gar nicht nach dem Zustandekommen eines Vorkommnisses, sei es Ereignis, Person oder Sache, sondern nach seiner Bedeutung, nämlich nach der Bedeutung ein ‚Zeichen' des Heiligen zu sein."[33]

Aufgabe der historischen Betrachtung vergangener Religionsformationen ist es mithin, diesen so selbstverständlichen Deutungszusammenhang in seiner Resonanzfähigkeit zu erschließen, ihn nicht einfach affirmativ nachzuzeichnen, sondern analytisch und deskriptiv neu

---

kursgeschichtliche Analysen von der Antike bis zur Neuzeit, Berlin/New York 2011 (Religionsgeschichtliche Versuche und Vorarbeiten 57).

[32] Otto: Magie, S. 640.

[33] Otto: Das Heilige, S. 174.

zum Klingen zu bringen. Genau das soll im Folgenden mit Hilfe der Konzepte von „Repräsentation“ und „Reenactment“ geschehen.

Dabei gehen die Überlegungen von der Ferne Gottes aus, die dem Menschen in der Anerkenntnis seiner Sünde, und das heißt: in der Reue als dem ersten Schritt der Buße, bewusst wird. Will man sich auf die mentale Welt von Christinnen und Christen im Mittelalter einlassen, so ist es nötig, die dogmatischen Erwägungen und Entscheidungen zu kennen, die sich in der scholastischen Theologie einerseits finden, in den kirchlichen Lehrentscheidungen andererseits. Aber man muss darüber hinausgehen: Schon hier spielen dramatische und bildliche Inszenierungen eine Rolle, um dem Weg aus der Ferne zur Nähe Gottes eine Kontur zu verleihen, die die über das priesterlich-sakramentale Vermittlungsgeschehen hinausreichende religiöse Wirklichkeit des Mittelalters einholt. Eben diesen verschiedenen Weisen religiöser Gestaltung in Repräsentation und Reenactment gehen dann die folgenden Kapitel nach. Für heutiges Verständnis nächstliegend scheint der ethische Nachvollzug des Lebens Christi, der tatsächlich auch vielfach Gestalt gewann, exzeptionell in den Heiligen, doch auch im Alltag lebbar für alle Menschen, die eine *conformitas Christi*, eine Gleichförmigkeit mit Christus, anstrebten. Das reicht dann über einfache Formen ethischer Verwirklichung weit hinaus. Und es bleibt für die Menschen, die nicht Heilige sind, stets von Distanz geprägt. Umso intensiver ist die Suche nach der Nähe zu denen, die diese Distanz überwinden und tatsächlich den Stand der Heiligkeit erlangen konnten. Der Umgang mit ihnen ist von eigenartiger Dialektik geprägt: solange sie auf Erden weilen, können sie noch nicht als Heilige verehrt werden (und werden es doch manchmal) – sind sie aber verstorben, ist ihre Gegenwart, die doch wegen der geistlichen Wirklichkeit so wichtig war, nur noch eine materielle, gegeben in Knochen, die zu Reliquien werden. Dem und dem sich daraus entwickelnden Kult widmet sich das dritte Kapitel. Da man zu den Pilgerstätten reisen muss, wird Religion hier sehr körperlich, die Berührung mit dem Heiligen gibt ihr eine haptische Dimension. Doch, davon spricht das darauffolgende Kapitel, sind noch mehr Sinne eingebunden. Das Sehen vor allem – nichts erschließt die Frömmigkeit des Mittelalters so sehr wie die überreiche Bildwelt, die Heilige nicht nur darstellt, sondern die die Möglichkeit der Interaktion mit ihnen eröffnet. Zu den Sinnen gehört auch das Riechen des Weihrauchs in der Liturgie, vor allem aber das Schmecken, das der theologischen Vorstellung von der Realpräsenz erst ihre Verwirklichung im gottesdienstlichen Geschehen der Messe gibt. Zur Messe gehört aber auch die Schriftlesung, vielfach auch die Predigt. So geht es im fünften Kapitel um diese und auch – und mehr noch – um jene Formen, in denen sich durch das geistliche Spiel ein Wortgeschehen ereignet, das die Hörenden in seinen Bann ziehen kann. Ziel all dieser Bewegungen ist, dass aus der Ferne Nähe wird – so endet das Buch mit einem Ausblick in die neue Nähe Gottes, mit Visionen und mystischer Begegnung. Gott, so steht es am Ende, ist nicht nur der unendlich Ferne. Er kann auch nah sein, über mir, bei mir und in mir.

1. Das ferne Heil

Wollte man im späten Mittelalter reich werden, so war Florenz der ideale Platz dafür. Im Gedächtnis geblieben ist die Händler- und Bankiersfamilie der Medici, die nach und nach die Herrschaft über die Stadt an sich brachten. Ihrem Mäzenatengeist verdankt Florenz es, dass es bis heute als Zentrum der Renaissance gilt, ehe Macht und Geld der Päpste – auch unter ihnen drei Medici – Rom zu einer weiteren Steigerung führten. Auf dem Weg zur Macht ließen sie manche Konkurrenten auf der Strecke. Die Familie der Pazzi, die 1478 versucht hatte, sie durch ein Attentat zu beseitigen, sind nur die Bekanntesten darunter. Zu den Beiseitegeschobenen gehören auch die Brancacci, eine Familie, die durch Seidenhandel zu Reichtum gelangt war. Noch im 14. Jahrhundert hatte ihr Ahn Pietro (†1367) in der Karmelitenkirche Santa Maria del Carmine eine Kapelle gestiftet, die als Grablege dienen sollte. Doch erst sein Neffe Felice gab die Fresken in Auftrag, die die Kapelle berühmt machen sollten.

Fast lehrbuchartig zeigen sie den Unterschied im Stilempfinden zwischen Masolino da Panicale (1383–nach 1447) und dem fast zwanzig Jahre jüngeren, früh gereiften und früh verstorbenen Masaccio (1401–1428).[1] Man mag

[1] S. die Analyse von beiden Bildern in Laurie Schneider Adams: Italian Renaissance Art, New York/London ²2018, S. 97f.

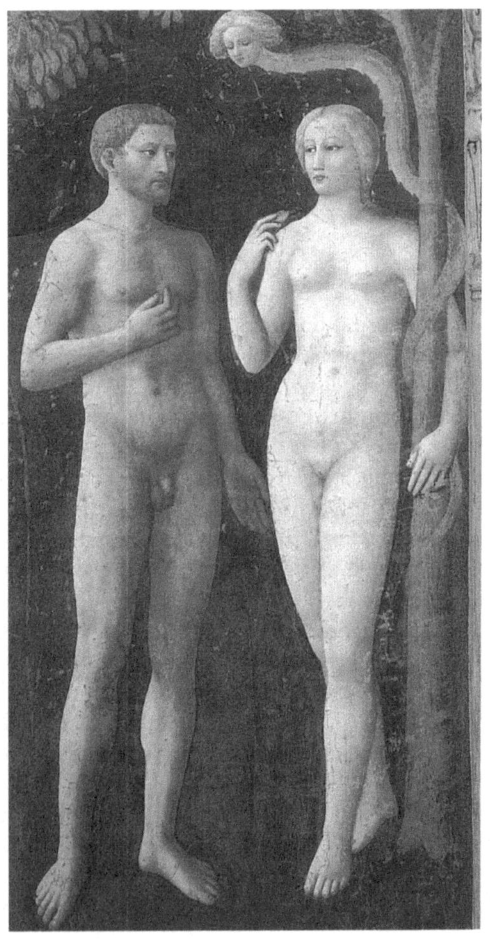

Abb. 1a: Masolino, Der Sündenfall, Brancacci-Kapelle, Florenz.

Abb. 1b: Masaccio, Vertreibung aus dem Paradies, Brancacci-Kapelle, Florenz.

es als Gegenüber von Gotik und Renaissance, von alt und jung sehen – beides sind Verkürzungen. Was sich zeigt, ist, dass Adam und Eva bei beiden ganz unterschiedlich erscheinen. Die Kapelle sollte neben der Geschichte von Petrus, dem Namenspatron des älteren Brancacci, auch die Geschichte der Ureltern in Erinnerung rufen [*Abb. 1a und b*]. Masolino malte die beiden im Moment des Sündenfalls, hell leuchtend vor dunklem Hintergrund. Die Schlange lugt über ihnen mit Menschengesicht aus dem Baum, und beide wirken beherrscht, vielleicht etwas zögerlich und skeptisch. Weder der Sünde bewusst, die sie gerade begingen, noch der sexuellen Begierde, die diese über sie bringen würde. Deren Fehlen nutzt der Künstler, um die Nacktheit der beiden geradezu zu inszenieren. Beider Geschlechtsteile sind unverhüllt und, wir befinden uns in einer Kirche, mehr als deutlich zu sehen – hervorgehoben durch den unterschiedlichen Stand, den beide haben: Adam beide Beine nebeneinander, Eva das rechte wie im Tanz hinter das linke gerückt, die Fußsohle nicht ganz auf dem Boden, so dass ihr Unterleib nach vorne gewölbt wird. Gegenüber an der Wand dann malte Masaccio die Vertreibung aus dem Paradies ganz anders. Aus der fast statischen Ruhe wird ein dynamisches Geschehen. Anstelle der schelmischen Schlange befindet sich über den Ureltern nun ein zorniger Engel, der sie mit dem Schwert in der Hand aus dem Garten Eden in eine unwirtliche Ödnis schickt. Adams Geschlechtsteil bleibt sichtbar, deutlicher erigiert als im ersten Fall, aber er bedeckt seine Augen mit beiden Händen, während Eva Blöße und Brust eines Körpers verbirgt, der all seine Spannkraft verloren hat. Ihre Augen, bei Masolino noch in züchtig strengem Blick auf Adam gerichtet, wirken wie leere Höhlen, während der Mund zur Klage geöffnet ist. Das beim Sündenfall streng gebundene Haar ist aufgelöst – die Ureltern geben gemeinsam Schmerz und Hoffnungslosigkeit Ausdruck.

Damit ist der Betrachtende noch nicht unmittelbar in das Geschehen hineingenommen, und doch ist offenkundig in Masaccios Vertreibungs-Fresco das Identifikationspotenzial um einiges höher als in Masolinos Sündenfalldarstellung. Als Leidende zeigen Masaccios Adam und Eva Züge der Humanität, die ihnen in ihrer prälapsarischen Existenz noch nicht ohne Weiteres zuzusprechen sind. Aus den Fernen im Paradies werden die Nahen und Zerrissenen im Diesseits. Das weist darauf hin, dass jene empfindliche Leerstelle im Diesseits, von welcher Certeau spricht, nicht erst, wie es bei diesem erscheint, mit Kreuz und Auferstehung beginnt. Die Erfahrung der Gottesferne reicht tiefer. Der Mensch, zu Gottes Ebenbild geschaffen und in das Paradies versetzt, hat diese Gaben selbst aufgegeben. Die Geschichte des Sündenfalls, vor allem von Augustin in das Gedächtnis der westlichen Christenheit eingeschrieben, lebte fort und intensivierte sich im Mittelalter. Der Mensch, der in der Brancacci-Kapelle stand, wurde sich jener postlapsarischen Existenz bewusst und gerade in ihr auf die Erzählung von Petrus verwiesen, die ja das Hauptthema der Kapelle darstellt. Der Fluchtpunkt des Geschehens ist im wahrsten Sinne des Wortes das Bild von Predigt, Heilung, Taufe und Diakonie durch den Apostelfürsten an der Stirnwand der Kapelle. Alle Heilsmittel der Kirche werden hier anschaulich. Besonders bemerkenswert sind dabei die oben einander gegenüberstehenden Bilder von Predigt und Taufe – sie greifen offenkundig die Konsequenz der ersten biblisch berichteten Predigt des Petrus auf, die als Pfingstpredigt zugleich den Beginn der Kirche markiert. Als er sie gehalten hatte, fragten die Zuhörer, was sie nun tun sollten. Seine Antwort war: „Tut Buße, und jeder von euch lasse sich taufen auf den Namen Jesu Christi zur Vergebung eurer Sünden, so werdet ihr empfangen die Gabe des Heiligen Geistes.“ (Apg 2,38). Die beiden Bilder markieren genau diese Akte, freilich noch einmal durch den christlichen Verstehenshorizont hindurchtransformiert. Buße war ja im Laufe der Jahrhunderte aus der einmaligen Bekehrung zum Christentum zu einem Geschehen innerhalb des christlichen Glaubenslebens geworden, durch welches ein in Sünde gefallener Mensch zu seinem Heilsstand zurückkehren konnte. Entsprechend gehören zu denen, die dem Apostel zuhören, auch zwei Mönche. Das ist offenkundig anachronistisch – und eben durch diesen Anachronismus zieht das Fresko die Menschen, die es sehen, in seine Zeit und setzt umgekehrt Petrus in die Gegenwart des 15. Jahrhunderts. Der Mensch, der sich in Adam und Eva erkennt, kann sich auch in denen erkennen, denen der Bußruf gilt – und ist zugleich auf das verwiesen, worum die Bilder sich gruppieren: In der Mitte jener Stirnwand befindet sich der Altar, auf dem sich je neu die Gegenwart Christi ereignet. Erst so gewinnen die Fresken ihren semiotischen Gesamthorizont. Die Urstandsgeschichte, die durch nur zwei Bilder im Zusammenhang der Petruslegende repräsentiert ist, nimmt die Betrachtenden hinein in die Heilszueignung, die am liturgischen Ort gegeben ist. Und wenn auf diesem Altar Totenmessen zum Gedenken der Familie Brancacci gelesen werden, so öffnet sich nicht nur die zeitliche Dimension der Heilsgeschichte, sondern auch die räumliche, da aus dem Diesseits das Jenseits berührt wird. Das liturgische Angebot der Eucharistie auf dem Altar aber ist sinnvoll nur zusammen mit dem in der Predigt implizierten Aufruf Buße zu tun.

Auch darin sind die Ureltern Vorbild: Gut hundert Jahre bevor Masolino und Masaccio in Florenz die Brancacci-

Kapelle ausmalten, hat ein sonst unbekannter Autor namens Lutwin die lateinische Legende von Adam und Eva ins Deutsche übertragen. Die Legende berichtet von den Ureltern mehr als der knappe Erzählstoff der Bibel hergibt und befriedigt so einen Erkenntnisdrang, sich die beiden und ihr Schicksal anschaulich vorstellen zu können. Dazu gehört auch jene Szenerie, die die beiden italienischen Künstler ins Bild fassten: der Zusammenhang von Fall und Vertreibung. Wo aber bei Masaccio nur der Schmerz blieb, führte die ausführliche Erzählung unmittelbar auf Reue und tätige Buße zu: Eva bereut ihren Fehler so sehr, dass sie – im Erzählduktus in der üblichen misogynen Lesart als Alleinschuldige identifiziert – Adam sogar auffordert, sie zu töten.[2] Das lehnt Adam „als ein byderman"[3] natürlich ab. Aber sie erkennen, dass sie Buße tun müssen. Beide steigen hierzu in einen Fluss: Eva in den Tigris[4], Adam in den Jordan[5]. Die Nennung dieses Flusses macht deutlich, dass es sich hier gewissermaßen um eine Vorabbildung der Taufe Christi handelt, die Johannes Jahrhunderte später im Jordan vollziehen würde. Mehr noch wird aber das Leben jedes einzelnen Christen vorbildhaft von Adam vollzogen:

„Adam siner büsse pflag
Mit rüwen und sender clage /
Volliclich die vierzig tage.
Und do die büsse ende genam,

---

[2] *Adam und Eva*, Z. 893f (Mary-Bess Halford: Lutwin's Eva und Adam. Study – Text – Translation, Göppingen 1984, S. 131): „Adam, frunt und Lieber man, / Wiltu, so ertöte mich."

[3] *Adam und Eva*, Z. 899 (Halford: Lutwin's Eva und Adam, S. 132).

[4] *Adam und Eva*, Z. 1023 (Halford: Lutwin's Eva und Adam, S. 136).

[5] *Adam und Eva*, Z. 1034 (Halford: Lutwin's Eva und Adam, S. 136).

Adam us dem wasser kam,
Do er in hette gebüsset.
Eua wart von yme gegrüsset
Mit viel lieplichen dingen.
Jn begunde sere zwingen
Die mynne und ir meisterschafft."[6]

Adam, der Urvater, beide Ureltern gemeinsam, sind in dieser Beschreibung nicht allein Ursprung und Anfang der Sünde des Menschen – sie sind auch Vorbild dessen, wie mit dieser Sünde umzugehen ist. Vierzig Tage Buße, das entsprach den vierzig Tagen Fasten, die jede Christin und jeder Christ des Mittelalters in der vorösterlichen Zeit zu vollziehen hatte. Eigentlich wurde darin Christus nachgeahmt, der vierzig Tage in der Wüste gefastet hatte (Mt 4,2) und dessen Leiden ja gedacht werden sollte, hier aber trat Adam als Vorbild hinzu. Es ist nicht ganz einfach, Adam in das christliche Verständnis von Buße einzuordnen: Die Buße war in den frühen Jahren des Christentums als zweite Rettungsplanke bezeichnet worden:[7] Anknüpfend an die von dem Kirchenvater Tertullian entworfene nautische Bildlichkeit[8] implizierte dies die Voraussetzung, dass man zunächst das Schiff des Heils, die Kirche, betreten hatte und nun, nachdem man damit Schiffbruch erlitten hatte, eine neuerliche Rettung angeboten erhielt.

Adam aber lebte offenkundig nicht nur vor den Zeiten der Kirche, sondern auch noch ehe die Arche Noah ge-

---

[6] *Adam und Eva*, Z. 1505–1514 (Halford: Lutwin's Eva und Adam, S. 153).

[7] Hieronymus, *Ep.* 130,9 (Patrologiae cursus completus series Latina [künftig „PL"] 22, Sp. 1115): *„Illa quasi secunda post naufragium miseris tabula sit"*.

[8] Tertullian, *De paen* 7,5 (Corpus Christianorum. Series Latina 1, S. 333,15–18); vgl. Hugo Rahner: Symbole der Kirche. Die Ekklesiologie der Väter, Salzburg 1964, S. 456–458.

baut war, nach der die Kirche als Schifflein im Sündenmeer bezeichnet werden konnte.[9] Und seine Sünde war als Ursünde der Menschheit eigentlich durch ihn nicht zu büßen, sondern bedurfte theologisch des Ausgleichs durch Gott selbst, wie im ausgehenden 11. Jahrhundert Anselm von Canterbury in seinem Dialog „*Cur Deus homo*" meisterlich ausführen sollte: Der Mensch hatte Schuld auf sich geladen, die ein Mensch auch wieder ableisten müsse – aber sie war so groß, dass dies allein Gott könne, daher galt

„Wenn also (...) dies nur sein kann, wenn die vorerwähnte Genugtuung geschieht, die allein Gott üben kann und die allein der Mensch schuldet, ist es notwendig, dass sie ein Gott-Mensch übe."[10]

Damit war für Anselm nicht allein die Möglichkeit der Vergebung erklärt, sondern zugleich die Denknotwendigkeit der scheinbar widersinnigen Inkarnation Gottes in Christus. Der erst würde, Jahrtausende nach Adam, in der Lage sein, wahrhaft Buße für dessen Vergehen zu üben. Und doch wurde Adam in der Dichtung Lutwins zu einem Vorbild christlicher Buße, zu einem Anreiz, sein Verhalten durch tätige Buße neu zu inszenieren, zum Ursprung eines Reenactments seiner Buße wie auch der durch die Buße ermöglichten neuen Zuwendung zum Leben: Das Entbrennen in Liebe war nun nicht allein, wie man es bei dem Kirchenvater Augustin lesen konnte, Aus-

---

[9] S. Tertullian, *De baptism* 12,7 (Corpus Christianorum. Series Latina 1, S. 288,38–43).

[10] Anselm, *Cur deus homo* II,6; (Anselmi Cantuariensis Archiepiscopi Opera Omnia, hg. v. Franz S. Schmitt. 6 Bde., Seckau u. a. 1938–1961 [= 2 Bde., Stuttgart/Bad Cannstatt 1984]. Bd. 2, S. 101,16–19: „*Si ergo (...) nec hoc esse valet, nisi fiat praedicta satisfactio, quam nec potest facere nisi deus nec debet nisi homo: necesse est ut eam faciat deus-homo.*"

druck der zutiefst sündigen *concupiscentia*, der Begierde. Die Buße befähigte auch zur Neuausrichtung des Lebens. Zeitlich begrenzte Buße, so war hier zu lernen, machte frei, Vergnügungen neu wahrzunehmen und zu genießen.

Und doch blieb Adam im kulturellen Gedächtnis des Christentums wichtiger als Ursprung der Sünde denn als Büßer. Die vielen Darstellungen der Kreuzigung Christi mit einem Schädel am Fuße des Kreuzes erinnerten nicht allein daran, dass Golgotha, der Ort der Hinrichtung Jesu, biblisch als „Schädelstätte" identifiziert wurde (Mk 15,22). Sie verwiesen auch darauf, dass hier das Grab Adams sein sollte: Die Typologie von Adam und Christus aus Röm 5 hatte so topographisch Gestalt gewonnen. Erst die Wiedergutmachung, die Erlösung durch Christus, eröffnete den Weg, in dieses Heil durch die Taufe hineingenommen zu werden, und wenn man dann innerhalb des Heils Schiffbruch erlitt, aufs Neue darin aufgenommen zu werden: eben durch die Buße.

Über die Buße konnte man dogmatisch viel sagen: Dass sie aus drei Teilen bestand, der Reue des Herzens, der Beichte mit dem Munde und der Wiedergutmachung durch das Werk (*contritio cordis*, *confessio oris*, *satisfactio operis*), wusste man seit der Alten Kirche. Der Pariser Gelehrte und Bischof Petrus Lombardus († 1160) hat dies in seiner Sentenzensammlung, dem Standardlehrbuch mittelalterlicher Theologie, für die weitere Entfaltung festgehalten.[11] Und das Vierte Laterankonzil im Jahre 1215 trieb die Entwicklung voran, indem es – in erstaunlich gegenwärtig anmutender inklusiver Sprache – dekretierte,

[11] Lombardus, *Sentenzen* IV d. 16 c. 1 (Petri Lombardi Sententiae in IV libris distinctae. Bd. 2, Quaracchi 1981 [Spicilegium Bonaventurianum 5], S. 336,13–15), hier mit dem Begriff *compunctio* statt des üblicheren *contritio*, der aber im folgenden Zitat begegnet.

dass „jeder Gläubige beiderlei Geschlechts (...) wenigstens einmal im Jahr all seine Sünden allein dem eigenen Priester getreu beichten“[12] solle. Solche Bestimmungen sind auch juristisch durchdacht: Die Beichte vor dem eigenen Priester sollte verhindern, dass man sich den Priester aussuchen könne, der einem genehm wäre (und der womöglich die am leichtesten überwindlichen Hürden errichtete). Dass dem „eigenen Priester“, das heißt, dem zuständigen Gemeindepriester, durch das Hören der Beichte Macht zuwuchs, war den Autoren der Konzilstexte durchaus bewusst. Wenn die Christinnen und Christen ihre Beichtpflicht ernstnahmen – und das mussten sie, um einmal jährlich an der Eucharistie teilnehmen zu können –, dann war der Priester, dem Sünden in Gedanken, Worten und Werken[13] gebeichtet werden müssten, nicht nur über das wohlinformiert, was sich in den Köpfen der Gläubigen vollzog, sondern auch in ihren Betten. So gab die Einführung der Beichtpflicht auch Anlass zur Regelung eines allgemeinen Beichtgeheimnisses: Unter schweren Strafen war dem Priester verboten, etwas von seinem Wissen auch nur andeutend zu erkennen zu geben.[14] Was hier eine schroffe Sozialkontrolle formierte, war theologischer Ausdruck des priesterlichen Modells von Repräsentation: die Beichtvollmacht des Priesters wurzelte letztlich in der Zusage Jesu Christi: „Alles, was ihr auf Erden binden werdet, soll auch im Himmel gebunden sein, und alles, was ihr auf Erden lösen werdet, soll auch im Himmel gelöst sein“ (Mt 18,18).

---

[12] DH 812: „*Omnis utriusque sexus fidelis* (...) *omnia sua solus peccata saltem semel in anno fideliter confiteatur proprio sacerdoti*“.

[13] Diese später übliche Trias des allgemeinen Sündenbekenntnisses in der Messe findet sich bereits um 1080 in Cluny; s. JUNGMANN: Missarum Sollemnia, S. 390.

[14] DH 814.

Mit diesem Auftrag handelten die Priester, wie wiederum der Lombarde sagen konnte, an Stelle Christi (*vicem Christi*).[15] So wie dieser das Ergehen im Jüngsten Gericht an das Verhalten ihm gegenüber hatte binden können, war nun der Priester mit der Schlüsselgewalt ausgestattet, die den Weg in die jenseitige Herrlichkeit eröffnen oder verschließen konnte.

Will man das traditionelle Bild von einer mittelalterlichen Kirche, die sich anmaße über die Seelen zu herrschen, bestätigt finden, so wird man in solchen Lehren rasch fündig. Und erfasst doch nur eine Seite der Wirklichkeit. Schon Petrus Lombardus selbst wusste, dass sakramentale Buße nur einen Teilbereich dessen erreichen konnte, was im Neuen Testament gemeint ist, wenn von der Notwendigkeit der Umkehr des Lebens die Rede ist. So kam er nach langem Nachdenken über die Frage, ob eigentlich die Beichte, also jener zweite Schritt des Sakramentes, zur Sündenvergebung nötig sei, zu dem Schluss,

„dass die Sünden ohne Beichte und Ableistung der äußeren Strafe zunichte gemacht werden, durch Reue und Demut des Herzens. Aufgrund dessen, dass einer mit gequältem Sinn sich vornimmt zu beichten, erlässt Gott [die Schuld], weil dort die Beichte des Herzens, wenn auch nicht des Mundes ist, durch welche die Seele innerlich von der Befleckung und Ansteckung durch die begangene Sünde gereinigt wird".[16]

---

[15] Lombardus, *Sentenzen* IV d. 15 c. 1 (Lombardus: Sententiae 2, S. 325,11).

[16] Petrus Lombardus, *Sentenzen* IV d. 17 c.1 (Lombardus: Sententiae 2, S. 345,19–23): „(...) *quod sine confessione oris et solutione poenae exterioris peccata delentur, per contritionem et humilitatem cordis. Ex quo enim proponit, mente compuncta, se confessurum, Deus dimittit; quia ibi est confessio cordis, etsi non oris, per quam anima interius mundatur a macula et contagio peccati commissi*". Zum Charakter der Buße als Geistestugend bei Petrus Lombardus

Einer der prominentesten theologischen Autoren des Mittelalters, durch sein Lehrbuch wohl der meist rezipierte unter ihnen, unterlief so die Notwendigkeit einer Repräsentation Christi durch den Priester! Dessen Binde- und Lösegewalt mochte ihren Sinn haben, „um zu zeigen, dass die Menschen gebunden oder gelöst sind“[17]. Aber davon abgesehen favorisierte der Lombarde jene Autoritäten, „die behaupten, dass es ausreiche Gott die Sünden zu bekennen, ohne Priester“[18].

Bewegt man sich im scholastischen Rahmen, so kann man diese Lehre des Lombardus im Unterschied zum sazerdotal-sakramentalen Standardmodell, wie es vom Vierten Lateranum eingeschärft wurde, das subjektive Modell nennen. Und der Pariser Gelehrte stand damit keineswegs allein.[19] Schon die Verbreitung seines Lehrbuches sorgte natürlich auch für eine weite Aufnahme. Gott unmittelbar gegenüberzustehen, das war nicht nur in der Theorie des theologischen Lehrbuchs möglich. Es konnte sich auch im Reenactment biblischer Modelle vollziehen. Für die Buße gab es ein ideales Vorbild, über dessen durchaus ambigue Erinnerung noch Jahrhunderte später Georg Wilhelm Friedrich Hegel (1770–1831), der schwäbische Philosoph in Berlin, sich mokieren würde:

---

vgl. Lothar Vogel: „Per tutti i giorni della vita“. Il concetto di penitenza nei testi dei barba valdesi tardo medievali, in: Protestantesimo 64 (2009), S. 1–20, S. 8.

[17] Petrus Lombardus, *Sentenzen* IV d. 18 c. 6 (Lombardus: Sententiae 2, S. 361,3 f): „(…) *potestatem ligandi et solvendi, id est ostendendi homines ligatos vel solutos*“.

[18] Petrus Lombardus, *Sentenzen* IV d. 17 c. 2 (Lombardus: Sententiae 2, S. 348.9 f): „(…) *qui sufficere contendunt Deo confiteri peccata, sine sacerdote*“.

[19] Zur großen Verbreitung s. Berndt Hamm: Der frühe Luther. Etappen reformatorischer Neuorientierung, Tübingen 2010, S. 7.

„umgekehrt hat man gesagt, die Darstellung der Maria Magdalena, der schönen Sünderin, die nachher Buße getan, habe schon viele zur Sünde verführt, weil es die Kunst so schön erscheinen lasse, Buße zu tun, wozu denn gehöre, vorher gesündigt zu haben."[20]

Hegel hat dabei wohl eher an Renaissance-Gemälde gedacht – besonders angetan hatte es ihm die heute verschollene büßende Magdalena von Antonio di Correggio (1489–1534),[21] eine in sich und ein Buch versunkene Maria Magdalena, deren über den Buchrand ragende entblößte Brüste ein Spiel von Verborgenheit und Sichtbarkeit auslösten [*Abb. 2*].

So weit wagten sich mittelalterliche Künstler nicht vor, und doch bot Maria Magdalena ihnen immer wieder die Möglichkeit, Konturen eines weiblichen Körpers erkennen zu lassen. So sieht man auf dem Magdalenenalter in der Kirche St. Maria Magdalena in Tiefenbronn auf dem rechten Seitenfeld einen durch kein Gewand verhüllten Frauenkörper, dessen Brüste ebenso deutlich erkennbar sind wie der durch Schattenwurf eher hervorgehobene als versteckte Schambereich [*Abb. 3*]. Gleichwohl ist Magdalena nicht einfach nackt, sondern von Haaren bedeckt. Diese Merkwürdigkeit erklärt sich durch die Erzählung von der Heiligen, wie sie in der *Legenda aurea* des Jacobus von Voragine († 1298), dem wichtigsten Sammelwerk über Heilige im Mittelalter, überliefert ist. Dargestellt ist nämlich das letzte Abendmahl der Heiligen. Das habe sie, so berichtet die *Legenda aurea*, empfangen, nachdem sie dreißig Jahre als Einsiedlerin gelebt und täglich neu die

[20] Georg Wilhelm Friedrich Hegel: Werke 13: Vorlesungen über die Ästhetik I, Frankfurt/M. 1970, S. 78.

[21] Georg Wilhelm Friedrich Hegel: Werke 13: Vorlesungen über die Ästhetik III, Frankfurt/M. 1970, S. 106f; 123.

Abb. 2: Johann Eleazar Schenau, Kopie nach Antonio di Correggio, Die büßende Maria Magdalena, Deutsches Damast- und Frottiermuseum Großschönau.

Schau Gottes erfahren habe.[22] Als kleine Andeutung findet sich hier nur, dass sie all die Jahre nackt war.[23] Da man aber dergleichen von einer anderen, weit weniger populären Heiligen, Maria aus Ägypten, kannte,[24] fiel es nicht schwer, Entsprechendes auch von Maria Magdalena ausführlich zu erzählen – und wohl vor allem: sich auszuden-

[22] *Legenda aurea* 96 (Jacobus de Voragine: Legenda aurea/Goldene Legende, hg. u. übers. v. BRUNO W. HÄUPTLI, Freiburg u.a. 2014 [Fontes Christiani Sonderbd.]), S. 1250–1253).

[23] *Legenda aurea* 96 (Jacobus de Voragine: Legenda aurea, S. 1252f mit Anm. 37).

[24] *Legenda aurea* 56 (Jacobus de Voragine: Legenda aurea, S. 772f).

Abb. 3: Lucas Moser, Magdalenenalter Tiefenbronn, Ausschnitt.

ken. Vor allem die männliche Phantasie dürfte dabei noch dadurch angefacht worden sein, dass Maria Magdalena sich vor ihrer Bekehrung voller „Wollust" (*voluptas*) den „Freuden des Leibes" (*deliciae corporis*) hingegeben habe,[25] so die Umschreibung des Jacobus für die verbreitete Annahme, sie habe als Prostituierte gelebt. Der verbotene Reiz käuflicher Sexualität und Unantastbarkeit der Heiligen verschwammen zu einem Wechselspiel aus erotischem und geistlichem Anreiz.

Diese Vielfalt von Projektionsmöglichkeiten hing letztlich daran, dass die Vorstellung von Maria Magdalena von früh an im Zusammenfluss unterschiedlicher biblischer Traditionen entstanden war. Den Kern der Nachrichten über sie bilden Berichte, nach denen sie zu den Anhängern und Anhängerinnen Jesu gehörte und bei seiner Kreuzigung und Grablegung anwesend war. Besonders wichtig wurde, dass nach dem Bericht des Johannesevangeliums sie diejenige war, die als erste den Auferstandenen erblickte und erkannte und dann den Auftrag erhielt, hiervon den anderen Jüngern zu berichten (Joh 20,17) – bis heute nicht unwichtig für das christliche Gedächtnis: die erste Auferstehungszeugin, auch für die Männer, war eine Frau.

Die Reihe von direkten Berichten über eine Maria aus Magdala wuchs dann im Laufe der Antike zusammen mit jenen über Maria von Bethanien, die dort gemeinsam mit ihren Geschwistern Martha und Lazarus lebte. Dass sie zur exemplarischen Sünderin werden konnte, hängt nun wiederum daran, dass eben von dieser Maria von Bethanien berichtet wird, dass sie bei einem Gastmahl Jesu Füße mit teurem Öl salbte und damit eine Debatte entfachte, ob das Geld dafür nicht besser den Armen hätte zukommen sollen (Joh 12,1–11). Hierzu gibt es in Lk 7,36–50 eine Parallelerzählung, in welcher die salbende Frau keinen Namen hat, sondern lediglich als ἁμαρτωλός (*hamartolos*)

---

[25] *Legenda aurea* 96 (Jacobus de Voragine: Legenda aurea, S. 1236f).

eingeführt wird, als Sünderin. Damit haftete diese Bezeichnung so sehr an Maria Magdalena, dass Jacobus von Voragine, die Traditionen variierend, berichten konnte, dass „man sie nicht mehr mit ihrem eigentlichen Namen, sondern als ‚die Sünderin' zu bezeichnen pflegte."[26]

In der Unnahbarkeit der Heiligen gewann Maria Magdalena so eine Nahbarkeit, die einen identifizierenden Nachvollzog ermöglichte. Heiligkeit war nicht allen gegeben, Sünde schon. Und die große Chance bestand nun darin, dass die meisten Menschen mit der Gewissheit leben konnten, selbst weit weniger gesündigt zu haben, als dies in ihrer Wahrnehmung eine Prostituierte tat. War normalerweise das Vorbild einer Heiligen unübertrefflich, ja eigentlich sogar unerreichbar, so konnte in der Bereitschaft zur Buße wenigstens Maria Magdalena übertroffen werden. Über ihre anfänglich mangelnde Bußgesinnung konnte man den Kopf schütteln und genau darin die eigenen Chancen erkennen: Das in einer für die Aufführung von 1498, evtl. 1492 gedachten Handschrift erhaltene,[27] aber wohl in Vorformen seit dem 14. Jahrhundert aufgeführte[28] Frankfurter Passionsspiel lässt die Zuschauer daran Anteil nehmen, wie Martha ihre Schwester zur Bekehrung mahnt,[29] Maria dem aber unverhohlen entgegenhält: „myn

---

[26] *Legenda aurea* 96 (Jacobus de Voragine: Legenda aurea, S. 1236f): *„iam nomine proprio perdito peccatrix consueverat appellari"*.

[27] Hansjürgen Linke: Art. Frankfurter Passionsspiel, in: Die deutsche Literatur des Mittelalters – Verfasserlexikon. Bd. 2, Berlin/New York 1980, S. 812–817, S. 812.

[28] Dorothea Freise: Geistliche Spiele in der Stadt des ausgehenden Mittelalters. Frankfurt – Friedberg – Alsfeld, Göttingen 2002 (Veröffentlichungen des Max-Planck-Instituts für Geschichte 178), S. 113.

[29] *Frankfurter Passionsspiel* (Das Drama des Mittelalters. 2. Teil: Passionsspiele, hg. v. R. Froning, Stuttgart 1891, S. 401,692–696).

freude ich driben sol!"[30] Da wissen die Zuschauer schon, dass es dabei nicht bleiben wird, und so bringt es nicht viel Überraschung, aber reichlich Identifikationsmöglichkeiten, wenn sich nach einer Weile Magdalena doch in Einsicht und Reue über ihre bisherigen Sünden hilfesuchend an die Schwester wendet, und von dieser die tröstenden Worte zu hören bekommt:

„Unser herre Jhesus Crist
So gar barmhertzig ist,
der uns zu troste wart gesant,
von hymmelreich her in diß lant (...),
zu dem ich hoffenung han,
– Ja sicher an allen wan! –
Er dut uns sin gnade
Mit syme heiligen rade,
das wir von sunden werden fry!
Ich wenen, das he icht ferre sij!"[31]

Dass Jesus Christus nicht fern sei, gilt für die beiden Schwestern ohnehin, die immer wieder Besuch von ihm erhalten. Es gilt auch für das Passionsspiel: Die Zuschauer sehen vor sich eine Simultanbühne,[32] auf welcher dann im unmittelbaren Anschluss an das Gespräch der Schwestern an einer anderen Stelle der Bühne der Heiland (*Salvator*) als der auftritt, der einen Leprosen heilt. Es gilt aber vor allem für die, die das heilige Geschehen nicht allein als Schauspiel vor ihren Augen wahrnehmen, sondern als Appell an ihre eigene Haltung Christus gegenüber.

---

[30] *Frankfurter Passionsspiel* (Das Drama des Mittelalters 2, S. 402,705).

[31] *Frankfurter Passionsspiel* (Das Drama des Mittelalters 2, S. 416,1104–1113).

[32] S. hierzu Wilfried Franzen: Die Karlsruher Passion und das „Erzählen in Bildern". Studien zur süddeutschen Tafelmalerei des 15. Jahrhunderts, Berlin 2002, S. 211.

Dieser Appell kann sehr deutlich und direkt erfolgen. Das Alsfelder Passionsspiel, das 1501 zum ersten Mal aufgeführt wurde,[33] bediente sich hierzu eigens eines *Proclamators*. Zu Beginn führte er in das Stück ein und gab als Ziel deutlich an, „das mer got damidde eren/und alle sunder und sunderyn sich bekeren".[34] Und im Blick darauf, wie das aussehen sollte, wurde er am Ende noch einmal sehr konkret: Der *Proclamator* empfiehlt nicht allein, nach Hause zu gehen, dort Brot und Wein zu sich zu nehmen und dann zum Beten in die Kirche zu gehen, sondern er verheißt auch Sündenvergebung hier und jetzt, „uff dieser stad": wer dies begehre, solle Amen sprechen – und, so ist im Duktus seiner Verkündigung klar: Ihm geschieht dann wie er es im Herzen erstrebt.[35] Solche expliziten Äußerungen unterstreichen die Zwischenstellung des aus der Liturgie entstandenen[36] Geistlichen Spiels zwischen Theater und Gottesdienst.[37] Im frömmigkeitsgeschichtlichen Kontext verdienen die Elemente des Letzteren besondere Aufmerksamkeit, zeigen sie doch nicht nur eine Einordnung in eine gängige rituelle Praxis, sondern auch

---

[33] HANSJÜRGEN LINKE: Art. Alsfelder Passionsspiel, in: Die deutsche Literatur des Mittelalters – Verfasserlexikon. Bd. 1, Berlin/New York 1978, S. 263–267, S. 263; S. 266; FREISE: Geistliche Spiele, S. 256.

[34] *Alsfelder Passionsspiel* (Das Drama des Mittelalters 2, S. 569, 77f).

[35] *Alsfelder Passionsspiel* (Das Drama des Mittelalters 2, S. 857, 1093–1095).

[36] CORA DIETL: Das frühe deutsche Drama von den Anfängen bis zum Barock, Helsinki 1998, S. 21.

[37] HELMUT DE BOOR/RICHARD NEWALD (Hg.): Geschichte der deutschen Literatur von den Anfängen bis zur Gegenwart. Bd. 3: Die deutsche Literatur im späten Mittelalter 1250–1370. Zweiter Teil: Reimpaargedichte, Drama, Prosa, hg. v. INGEBORG GLIER, München 1987, S. 183.

die erstaunliche Universalität des Heils: Die Theateraufführung wird zum Ort der Sündenvergebung, die sich aus dem Zusammenklang von belehrendem Vortrag und innerer Anteil- und Annahme konstituiert. Gerade da das Alsfelder Spiel betont mit dem Bußruf Johannes des Täufers beginnt,[38] erscheint die Partizipation hier als ein Modell nichtsakramentaler Buße. Diese Form ist von den dogmatischen Überlegungen zu subjektiver Buße gewiss nicht unmittelbar intendiert – und doch macht erst beides gemeinsam die Spannbreite des Bußverständnisses deutlich.

Das geistliche Spiel gibt durch seine dramatische Gestaltung die intensivierte Möglichkeit szenischen Nachvollzugs und damit des Hineinfindens in das biblische Geschehen. Eine geschickte Nutzung dieser literarischen Verfahrensweisen übersteigt den eher noch predigthaften Appell des *Proclamators* in Alsfeld. Der moralische Sinn unter den vier Schriftsinnen kann sich auch unmittelbar in der Identifikation mit den *dramatis personae* erschließen. Solche identifikatorische Inszenierung gipfelt im Frankfurter Spiel in der Szene unter dem Kreuz: Maria Magdalena, die sich inzwischen als Sünderin erkennt und bekennt, wendet sich an das Publikum:

„ach, nu sehet, ir frawen und man,
und lasset uch zu hertzen gan:
schauwent, wie ewige wißheit
dij marter vor uns armen sunder dreit!“[39]

---

[38] *Alsfelder Passionsspiel* (Das Drama des Mittelalters 2, S. 582, 466–469; angekündigt durch den *Proclamator* ebd. S. 569,69).

[39] *Frankfurter Passionsspiel* (Das Drama des Mittelalters 2, S. 528,4297–4299).

Aus dem „ich arme sunderin“[40] ist binnen weniger Zeilen eine inklusive Rede von „uns armen sunder“ geworden. Maria Magdalena wird so aus der exzeptionellen Heiligen mit der ebenso exzeptionellen Bekehrungsgeschichte zum Vorbild jeglicher Erkenntnis der Sünde und damit der *contritio* als dem ersten Schritt der Buße.

Das Bild, das hier spielerisch inszeniert wird, ist vielen Glaubenden von Abbildungen der Kreuzigungsszene auch bildlich bekannt. Die Evangelien berichteten davon, dass zu denen, die unter dem Kreuz standen, auch Maria Magdalena gehörte. Zwar hob Joh 19,25–27 ihr gegenüber Jesu Mutter und seinen Lieblingsjünger besonders hervor, aber die christliche Kunst vergaß die Bedeutung Maria Magdalenas nicht. Gerade sie war es, die als Büßende nahe an das Kreuz gerückt wurde. Die Salbende aus den anderen Erzählungen verschmolz mit der Trauernden unter dem Kreuz, die in ihrer Körperhaltung eben jene Einsicht in die eigene Sünde und damit die eigene Schuld am Tod Jesu ausdrückte, von der das Frankfurter Passionsspiel spricht. Besonders eindrücklich geschieht dies auf dem Isenheimer Altar des Matthias Grünewald [*Abb. 4*]: Maria Magdalena, die das Salbölgefäß neben sich abgestellt hat, bildet optisch in einer Gruppe zusammen mit Johannes und Maria den nach unten zeigenden Winkel eines Dreiecks und reckt aus dieser Tiefe ihre Hände betend zu Jesus Christus empor. Im Schmerz gelingt es ihr nicht mehr, die Hände zu falten, sondern die Finger spreizen sich, so dass sie den im Leid auseinandertretenden Fingern Jesu korrespondieren und damit daran erinnern, wessen Leid der Gottessohn am Kreuz trägt: das der Sünderin, die hier für alle sündigen Menschen steht.

[40] *Frankfurter Passionsspiel* (Das Drama des Mittelalters 2, S. 528,4292).

Abb. 4: Matthias Grünewald, Isenheimer Altar, Museum Unterlinden, Colmar.

Die Maria Magdalena von Isenheim spricht die Betrachtenden nicht an, wie es die des Passionsspiels tut – und nimmt sie dadurch umso mehr in das Geschehen: Die Lichtführung lenkt den Blick auf die leidende Mutter Gottes, Magdalenas Hände führen auf den Erlöser hin – und am Rande steht noch Johannes der Täufer, der auf Jesus Christus hinweist und, mit einem Lamm zu seinen Füßen, seine Worte in Erinnerung ruft: „Siehe, das ist Gottes Lamm, das der Welt Sünde trägt" (Joh 1,29). Das Tragen der Sünde war geistlich – aber es war auch ganz haptisch. Der geschundene Leib Christi auf dieser Darstellung ähnelte der Figur eines vom Antoniusfeuer geplagten Kranken, den ein Seitenflügel im Zusammenhang der Behelligung des Einsiedlers Antonius durch Dämonen darstellte. Diese Entsprechung wird zu einem sinnvollen Ensemble, wenn man sich klar macht, dass der Altar für das Spital der Antoniterniederlassung in Isenheim gedacht war. Wer als Kranker in dieses Spital kam, sah auf dem Altar die eigene Krankheit in Christus Jesus gespiegelt. Krankheit, so erzählte jener Flügel mit den Dämonen, kommt von den widergöttlichen Kräften. Und in seinem Leiden trägt Jesus Christus für die Leidenden diese Krankheit ebenso wie die Sünde. Das Lamm unter dem Kreuz, das Lamm am Kreuz verheißt denen, die sich vor das Bild begeben, Erlösung.

Und wie beim Passionsspiel gilt auch hier: Das Stehen oder Knien vor dem Altar bedeutet auch ein Hineingenommenwerden in die Wirksphäre, die dieser Altar abbildet und ausdrückt. Die Vorstellung von wundertätigen Bildern im späten Mittelalter drückt aus, dass ein Abbild am Abgebildeten Anteil hat. Dies kann man in neuplatonischen Theorien erklärt finden, es zeigt sich zugleich im Funktionieren im Alltag. Bilder waren nicht nur Objekte des Betrachtens, sie waren auch Subjekte heilenden Handelns. Klaus Schreiner hat am Beispiel frühneuzeitlicher Marienbilder deutlich gemacht, was wesentlich für ein Verständnis dieser Gnadenbilder ist:

> „Die (…) Gnadenbilder dokumentieren keine Kommunikationsvorgänge zwischen zwei körperlich anwesenden Gesprächspartnern, die nach dem Face-to-Face-Modell Erkenntnisse und Erfahrungen austauschen; als Medien der Kommunikation ermöglichen sie Verbindungen zwischen auf Erden lebenden Christenmenschen und der im Himmel thronenden Maria.“[41]

Diese Entschränkung der Kommunikation gilt nicht nur für die explizit als wundertätige Bilder verehrten Gemälde oder Skulpturen, denen oft eigene Wallfahrten gewidmet waren. Es gilt grundsätzlich für jedes Bild, das den semiotischen Zusammenhang hin zur transzendenten Wirklichkeit Gottes eröffnet – und die darin angezeigte Wunderhaftigkeit gilt in Besonderem, wenn das Bild das Transzendente in höchstmöglicher Diesseitigkeit darstellt, wie es im Leiden Christi der Fall ist. Der Altar im Spital von Isenheim eröffnet für die leidenden Kranken einen Kommunikationsraum, der sie ihres Leidens enthebt, weil er die Überwindung aller Sünde und allen körperlichen Leidens in Jesus Christus repräsentiert.[42]

---

[41] Klaus Schreiner: Siegbringende Marienbilder. Formen und Funktionen bildhafter Kommunikation in militärischen Konflikten des späten Mittelalters und der frühen Neuzeit, in: Peter Strohschneider (Hg.): Literarische und religiöse Kommunikation in Mittelalter und Früher Neuzeit. DFG-Symposion 2006, Berlin u. a. 2009, S. 844–903, S. 897.

[42] Zur repräsentativen Funktion des Bildes vgl. Michael Moxter: All at once? Simultaneität, Bild, Repräsentation, in: Philipp Stoellger/Thomas Klie (Hg.): Präsenz im Entzug. Ambivalenzen des Bildes, Tübingen 2011, S. 129–144, S. 133: „Die bildliche Darstellung ist ein Sonderfall der Repräsentation“.

Hineingenommen zu werden in ein solches Bild – das kann gelingen, wenn Sinnebenen einander überlagern, wie es in der Bibelauslegung permanent geschieht. Und es kann gelingen, wenn das Bild selbst deutlich macht, dass übliche Grenzen zwischen den Zeiten nicht zählen, wenn es um die Heilsgeschichte geht. Noch galten die theoretischen Überlegungen nicht, die Gotthold Ephraim Lessing (1720–1781) in seinem „Laokoon" entwickeln würde: dass bildende Kunst und Literatur sich grundlegend unterschieden und erstere nur Statisches darstellen konnte, Handlungen hingegen sprachlich vermittelt werden müssten: Es bleibe dabei, „die Zeitfolge ist das Gebiete des Dichters, so wie der Raum das Gebiete des Mahlers"[43]. Für die mittelalterliche Kunst hingegen war leitend das Grundprinzip von Horaz: „*Ut pictura poiesis*" – wie das Gemälde, so die Dichtung.[44] So konnten mittelalterliche Altäre ganze Geschichten erzählen, wie etwa noch wenige Jahre nach dem Isenheimer Altar der Herrenberger Altar [*Abb. 5*]: Jerg Ratgeb, der dieses Werk 1518–1521 für die Stiftskirche in Herrenberg schuf, konnte auf einer Tafel im Vordergrund die Kreuzigung Jesu Christi darstellen, ließ aber im Hintergrund den Weg dorthin – die Kreuztragung – ebenso erkennen wie die nach der Hinrichtung erfolgende Grablegung: Der ganze Erzählstoff entfaltete sich, entgegen der chronologischen Reihenfolge in zweidimensionaler Gleichzeitigkeit. Ratgebs Zeitgenosse Matthias Grünewald aber verdichtete in Isenheim viel stärker: Für die Kreuzigungsszene gibt

---

[43] Lessing, *Laokoon. Erster Theil* (Gotthold Ephraim Lessings sämtliche Schriften, hg. v. Karl Lachmann, bearb. v. Franz Muncker, Stuttgart [3]1893, S. 107,10f). Faktisch aufgenommen bei Moxter: All at once, S. 133.

[44] S. hierzu Rensselaer W. Lee: *Ut pictura poiesis*. The Humanistic Theory of Painting, in: Art Bulletin 22 (1940), S. 197–269.

Abb. 5: Jerg Ratgeb, Herrenberger Altar, Ausschnitt, Staatsgalerie Stuttgart.

es keine Episode davor und danach – und doch erscheint mit Johannes dem Täufer eine Person unter dem Kreuz, die nach biblischem Bericht schon längst enthauptet war (Mk 6,17–29). Dass die Zeitebenen ausgerechnet bei ihm ineinanderfließen können, hat natürlich auch mit seiner Rolle als Prophet, ja, als mehr als ein Prophet (Lk 7,26) zu tun: Wer den Heiland prophezeit und ihm den Weg bereitet hatte, konnte auch unter dem Kreuz stehen.

Wäre dies der alleinige Grund, so würde dies für die Einbeziehung der Menschen vor dem Bild, die man angesichts der interaktiven Dynamik, die religiöse Bilder entwickeln, kaum einfach als „Betrachtende" bezeichnen kann, noch wenig austragen. Die Verschiebung der Zeitebenen geht noch weiter. Andernorts findet man neben den Personen, die zur biblischen Szenerie gehören, unter dem Kreuz ganz andere Gestalten als Johannes den Täufer. Eine geniale Szenerie hat Niccolò di Pietro Gerini (†1415) entworfen: Auf seiner „heiligen Dreifaltigkeit mit den Heiligen Franz von Assisi und Maria Magdalena" [*Abb. 6*], die heute in der Florentiner Akademie aufbewahrt wird, erscheint auf den ersten Blick viel Vertrautes: Unter dem Kreuz kniet Maria Magdalena, auch hier die exemplarisch Büßende. Maria aber fehlt ebenso wie der Lieblingsjünger, denn das Kreuz bildet gar nicht die Szene auf Golgotha ab, sondern Gerini verbindet es mit einem anderen verbreiteten Bildmotiv: dem Gnadenstuhl, einer Darstellung der Trinität: Gott Vater sitzt hier auf einem marmornen Thron, dessen Fundament zugleich zum Fundament des Kreuzes wird. Zwischen dem Antlitz des Vaters und dem nach unten gesenkten Haupt schwebt die Taube des Heiligen Geistes. Das Bilderverbot aus dem Dekalog, das mindestens als Verbot der Darstellung Gottes eindeutig zu sein scheint, hat diese Möglichkeit der Darstellung of-

Abb. 6: Niccolò di Pietro Gerini, Die heilige Dreifaltigkeit mit den Heiligen Franz von Assisi und Maria Magdalena, Akademie Florenz.

fenkundig nicht verhindert. Der Grund dafür liegt in den Ergebnissen des Bilderstreites (s. u. 117), die jedenfalls soviel besagten, dass in Jesus Christus Gott selbst sichtbar und damit auch darstellbar geworden war – das zeigt sich bei Gerini noch darin, dass das Antlitz Gott Vaters dem des Sohnes, soweit dies in Leid und Neigung erkennbar ist, auffällig ähnlich sieht. Auch die Darstellung Jesu als des Gekreuzigten erinnert noch daran, dass die Begegnung zwischen Jenseits und Diesseits, zwischen Gott und den Menschen in dem Mensch gewordenen Gott, in Jesus Christus, möglich geworden ist. Als Ludwig Juppe († 1538) zwischen 1512 und 1517 für die Marburger Elisabethkirche eine Marienkrönung darstellte, war am Gottessohn, der diese Krönung zusammen mit dem Vater vollzog, die irdische Menschheit nur noch anhand der klar erkennbaren Wundmale, der Stigmata, zu erkennen. Gerini machte die Begegnung zwischen Gott und Mensch, zwischen Himmel und Erde, deutlicher und konnte genau deswegen den Gnadenstuhl mit der Kreuzigungsszene verbinden – und mit Franz von Assisi († 1226): Aus den Wunden des Gekreuzigten fuhren Strahlen auf ihn aus und machten ihn so, mit allen fünf Wunden, an den Händen, den Füßen und der Seite, zu einem Abbild des Gekreuzigten.

Das erinnerte an die Erzählung von der Stigmatisierung des umbrischen Heiligen, veränderte diese doch zugleich. Denn, so hatte es sein erster Biograph Thomas von Celano († 1260) geschildert, diese war eng mit der Vision eines Mannes verbunden, „einem Seraph ähnlich, der sechs Flügel hatte und mit ausgespannten Händen und aneinandergelegten Füßen ans Kreuz geheftet war“.[45] So war das

[45] Thomas von Celano, *Vita prima* 94,1 (Fontes Franciscani, hg. v. Enrico Menestò/Stefano Brufani, Assisi 1995, S. 370); Übers. nach Franziskus-Quellen. Die Schriften des heiligen Franziskus, Le-

Bild, vor allem durch die grandiose Darstellung Giottos in der Oberkirche von San Francescso in Assisi, auch in die Kunstgeschichte eingegangen. Gerini aber konkretisierte den merkwürdigen, irgendwie christomorphen und doch mit Christus nicht identischen Seraphen aus der Erzählung zu einer Darstellung des Gekreuzigten selbst, machte aus der *visio Dei*, von welcher Celano sprach, eine unmittelbare Präsenz des Heiligen im Kreuzigungsgeschehen, das seinerseits durch die Einbindung in den Gnadenstuhl die zeitliche Bindung überwand. Die Ewigkeit der Trinität, die auf Golgotha die Erde berührt hatte, konnte sie, so die bildliche Botschaft, stets neu berühren und tat dies in exzeptionellen Heiligen wie Franziskus, tat es aber unter Umständen auch für den Betrachter.

Wer diese mentale Welt nachvollziehen will, muss sich auf von allzu engen Bindungen an Raum und Zeit lösen. Im Grundsatz mag man – jenseits der Welt von Visionen und Entrückungen, auf die noch einzugehen sein wird (s. u. Kap. 6) – das Raumkontinuum noch als gegeben nehmen: Es ist letztlich die Bildsprache selbst, die die Personen im dreidimensionalen Raum vor dem Bild in dieses hineinnimmt, markant im Falle des Isenheimer Altars: Die zurückgelehnte Gruppe Maria Magdalenas, Marias und des Lieblingsjüngers Johannes öffnet den Raum nach hinten, in welchem sich vorne der Betrachter oder die Betrachterin vorfindet. Sie oder er wird so Teilhaber des Geschehens und bleibt doch, ganz angemessen angesichts all der dargestellten Heiligen, außerhalb.

Auch die Zeit wird offenkundig durch das Bild aufgehoben, und doch sind es hier weniger die ästhetischen

---

bensbeschreibungen, Chroniken und Zeugnisse über ihn und seinen Orden, hg. v. Dieter Berg/Leonhard Lehmann, Kevelaer [2]2014, S. 256.

Mittel der Malerei als die Inhalte, die Personen unterschiedlicher Zeiten zusammenführen. Vielleicht ist es kein Zufall, dass es mit Wilhelm Pinder (1878–1947) ein Kunsthistoriker war, der den Begriff der „Ungleichzeitigkeit des Gleichzeitigen"[46] prägte, der dann durch Ernst Bloch (1885–1977) intellektuelle Prägekraft entwickeln konnte.[47] Dessen Wirkung hat auch damit zu, dass Bloch als auch der DDR gegenüber kritischer Marxist, politisch-gesellschaftlich für eine intellektuelle Unabhängigkeit stand, die Pinder spätestens 1933 aufgab, als er sich rückhaltlos mit dem Nationalsozialismus identifizierte. Sachlich ging es bei beiden nicht nur um ein kunsthistorisches, sondern ein sozialhistorisches Phänomen, nämlich die Überlappung zwischen Generationen.

Doch die Kunst des Mittelalters kann geradezu als paradigmatische Verwirklichung einer solchen Gleichzeitigkeit des Ungleichzeitigen gelten: Die Erzählstränge auf ein und derselben Tafel, der längst enthauptete Johannes in voller Gestalt unter dem Kreuz – das zeigt, dass die Kunst die Möglichkeit hat, Zeitebenen zu überspringen, ja, dies noch besser kann als Literatur, da sie eben das Ungleichzeitige in Gleichzeitigkeit hineininszeniert. Wir bewegen uns hier in einer Vorstellungswelt, in welcher Zeit nicht primär als Abfolge von Momenten bestimmt ist, sondern durch eine bis heute philosophisch anregende Vorstellung von Augustin.[48] Für diesen nämlich galt:

---

[46] Wilhelm Pinder: Das Problem der Generation in der Kunstgeschichte Europas, Berlin 1926, S. 11 und 22.

[47] S. hierzu, auch zu der starken Bedeutung, die in diesem Zusammenhang Reinhard Koselleck zukommt, Falko Schmieder: Gleichzeitigkeit des Ungleichzeitigen. Zur Kritik und Aktualität einer Denkfigur, in: Zeitschrift für Kritische Sozialtheorie und Philosophie 4 (2017), S. 325–363, S. 327–329.

[48] Den Hinweis auf eine Verbindung des augustinischen Zeit-

„Soviel aber ist nun klar und deutlich: Weder die Zukunft noch die Vergangenheit ‚ist', und nicht eigentlich lässt sich sagen: Zeiten ‚sind' drei: Vergangenheit, Gegenwart und Zukunft; vielmehr sollte man, genau genommen, etwa sagen: Zeiten ‚sind' drei: eine Gegenwart von Vergangenem, eine Gegenwart von Gegenwärtigem, eine Gegenwart von Künftigem. Denn es sind diese Zeiten als eine Art Dreiheit in der Seele, und anderswo sehe ich sie nicht; und zwar ist da Gegenwart von Vergangenem, nämlich Erinnerung; Gegenwart von Gegenwärtigem, nämlich Augenschein; Gegenwart von Künftigem, nämlich Erwartung."[49]

Gegenwart, Gegenwart, Gegenwart – im Lateinischen immer wieder: *praesens*. Man kann beginnen zu fragen, ob es hier überhaupt noch um Re-Präsentation geht oder nicht um eine Zeitvorstellung, die Abfolge in Gleichzeitigkeit und Gegenwärtigkeit hinein auflöst.

Es sagt sich leicht, dass gewiss nicht jedem Menschen im späten Mittelalter Augustins Zeittheorie bewusst war. Das war sie nicht. Aber sie macht deutlich, wie begrenzt und intellektuell einengend eine Fixierung auf moderne Zeitkonzeptionen sein kann und wie breit Zeitverständnis sein konnte. Vor diesem Hintergrund werden jedenfalls die impliziten Zeitkonzeptionen mittelalterlicher Bild-

---

verständnisses mit der Vorstellung von der Ungleichzeitigkeit des Gleichzeitigen verdanke ich Ralf Becker: Sinn und Zeitlichkeit. vergleichende Studien zum Problem der Konstitution von Sinn durch die Zeit bei Husserl, Heidegger und Bloch, Würzburg 2002, S. 287.

[49] Augustin, *Confessiones* XI, S. 20,26 (Corpus Scriptorum Ecclesiasticorum Latinorum 33,297,26–298,5): „*Quod autem nunc liquet et claret, nec futura sunt nec preaterita, nec proprie dicitur: tempora sunt tria, preateritum, praesens et futurum, sed fortasse proprie diceretur: tempora sunt tria, praesens de praeteritis, praesens de praesentibus, praesens de futuris. Sunt enim haec in anima tria quaedam et alibi ea non uideo, praesens de preateritis memoria, praesens de praesentibus contuitus, praesens de futuris expectatio.*"; Übers. nach Augustinus, Bekenntnisse. Lateinisch/Deutsch, eingel., übers. u. erl. v. Joseph Bernhart, Frankfurt/M. 1987, S. 641–643.

kunst verständlich – und vor allem wird nachvollziehbar, dass der Mensch, der Maria Magdalena unter dem Kreuz steht, angesichts eben dieses Kreuzes eingeladen ist, mit ihr sich selbst als Sünderin oder Sünder zu erkennen und die Buße zu vollziehen, die auch sie vollzogen hat und für die unmittelbar Freisprechung verheißen ist:

„Stant uff, Maria, selick wypp!
Nicht vorsundige dynen lypp,
Habe vorbaß eyn reyn leben!
Dyn sunde synt der vorgebben!
Nu ganck und habe gutten mud
Und dyne gode! Das ist der gud!“[50]

so fordert Jesus Christus sie im Alsfelder Passionsspiel auf, nachdem sie ihm die Füße gesalbt hat. In wenigen Augenblicken vollzieht sich hier vor den Augen der Zuschauenden der Weg von der tiefsten inneren und tätigen Reue Magdalenas zur Lossprechung von den Sünden durch Christus.

Diese Lossprechung erwarten Christinnen und Christen eigentlich vom Priester nach der Beichte. Sie erleben nun aber in den Bildern und auf der Bühne des geistlichen Schauspiels eine Unmittelbarkeit des befreienden Geschehens, die in ihre Gegenwart einen Vollzug der Gnade Christi hineinwirken lässt, die mit der aufwändigen hierarchischen Vermittlung, auf welche sie sonst im Sakrament angewiesen sind, wenig bis gar nichts zu tun zu haben scheint. Dabei ist es gerade diese sakramentale Heilsvermittlung, die in vielen Bereichen das Leben der Glaubenden im späten Mittelalter zu bestimmen scheint. Das gilt nur zu Teilen für jene Anweisung des Vierten

[50] *Alsfelder Passionsspiel* (Das Drama des Mittelalters 2, S. 668f, S. 2822–2826).

Laterankonzils, einmal im Jahr zu Beichte zu gehen. Es gilt viel ausgeprägter für eine Folgeerscheinung der sakramentalen Buße: den Ablass, wohl das zugleich bekannteste wie verschrienste Phänomen spätmittelalterlicher Frömmigkeit. Sein Verständnis ergibt sich aus jener oben benannten Trias des Bußsakraments: „Ablass", Nachlass von Sündenstrafen bezieht sich auf den Bereich der *satisfactio*, Wiedergutmachung: Wer rechte Reue empfunden und an den Tag gelegt und dem Priester gebeichtet hatte, empfing die Absolution. Seine Schuld (*culpa*) war damit im Angesicht Gottes vergeben. Nicht aufgehoben war aber die Strafe (*poena*), die die Schuld nach sich zog. Sie sollte der Wiedergutmachung dienen. Und sie konnte einerseits als kanonische Strafe durch den Priester auferlegt werden, andererseits aber gab es die von Gott auferlegten Strafen. Nach erfolgter Freisprechung von der Schuld war dabei nicht mehr mit der ewigen Strafe in der Hölle zu rechnen, zeitliche Strafen aber blieben. Und es konnte das Dilemma entstehen, dass deren Ausmaß die verbleibende Lebensdauer überschritt. Diese Problematik ist der Grund für die Einführung eines Ortes zwischen Himmel und Hölle, des Fegefeuers, das im Zuge des Mittelalters immer mehr entfaltet und ausgemalt wurde und seinen literarischen Triumph in Dantes „*Divina Commedia*" feierte.[51] Das kulturelle Gedächtnis hält das Fegefeuer als einen Schreckensort in Erinnerung, und tatsächlich ist es voller furchterregender Strafen, deren individuelle Zumessung Dante wonnevoll ausmalt. Sein spiritueller Sinn aber wird durch den lateinischen Fachbegriff ausgedrückt: Purgatorium, Reinigungsort. Das Fegefeuer dient dazu, den Menschen von

---

[51] Zur Geschichte des Fegefeuers s. nach wie vor grandios: JACQUES LEGOFF: Die Geburt des Fegefeuers, München ²1991.

allen Schlacken der Sündenfolgen zu reinigen, um ihm den Weg in den Himmel zu eröffnen – und es führt tatsächlich nur in den Himmel. Wer einmal im Fegefeuer ist, weiß sich vor der Hölle bewahrt.

Die Schrecken des Fegefeuers gaben der Idee des Ablasses Kraft – entwickelt wurde sie aus der frühmittelalterlichen Vorstellung von der Redemption, die besagte, dass man Strafe in eine andere umwandeln könne, etwa eine Wallfahrt in eine bestimmte Anzahl von Gebeten. Die leitende Logik hierfür war nicht der innere Bezug zwischen Strafe und Tat, sondern die Ableistung eines bestimmten Strafkontingents, das Gott auferlegte. Deswegen konnte man die eigenen Strafen auch durch andere Personen erfüllen lassen – Adelige etwa trugen Nutzen von der Stiftung eines Klosters, weil die darin lebenden Mönche ihnen ihre guten Werke zugute kommen lassen konnten. Dem System wohnte allerdings ein Moment der Unbestimmtheit inne, das es bei aller scheinbaren Berechenbarkeit unberechenbar machte. Der seiner Sündigkeit bewusste Mensch musste stets damit rechnen, zu früh zu sterben oder auch zu oft neu zu sündigen, um in der Todesstunde ohne Erwartung weiterer Strafen in den Himmel zu kommen. Die Erwartung, zeitliche Strafen noch im Jenseits ableisten zu müssen, war der Normalfall, und daraus resultierend die Hoffnung auf Ablass, also einen Nachlass, eine Reduzierung eben dieser Strafen. Das inspirierte die Suche nach der Vergabe solcher Ablässe, im Zusammenhang von Kirchengründungen oder auch, dann gleich als Plenarablass, einen Ablass aller verhängten Strafen, als Lohn für die Teilnahme am Kreuzzug.

Vielfach wurde Ablass für Geld vergeben und diente so als einträgliche Quelle für die Kirche, durchaus als Bestandteil der festen Kalkulation mancher kirchlichen Investition – von einem „Geschäft mit der Sünde" spricht Christine Laudage zu Recht.[52] Solche Rationalitäten sind modernem Denken unmittelbar eingängig – auch heute scheinen ja in manchem öffentlichen Haushalt Bußgelder für Ordnungswidrigkeiten schon in einem solchen Maße eingepreist, dass ein komplett korrektes Verhalten der Bürgerinnen und Bürger ungeahnte Probleme hervorriefe. So und in noch viel höherem Maße war der Ablass ein hoch attraktiver Wirtschaftsfaktor – als Albrecht von Mainz (1514–1545) sich bei den Augsburger Fuggern hoch verschuldet hatte, um die Erlaubnis Roms für die Übernahme mehrerer Bistümer zugleich zu bezahlen, initiierte er einen Ablassverkauf in seinen Bistümern, um sich wieder gesundzustoßen.

Zu solcher in Zahlen benennbaren Attraktivität des Ablasses trug bei, dass Papst Sixtus IV. am 3. August 1476 in der Bulle „*Salvator noster*" ein Türchen für die Hoffnung öffnete, man könne nicht nur für sich selbst Ablass vor dem Eintritt in das Fegefeuer besorgen, sondern, obwohl die päpstliche Macht sich auf die Erde beschränkte, wenigstens „fürbittweise" (*per modum suffragii*) auch in das Fegefeuer hineinwirken.[53] So durfte man sich die Hoffnung machen, den eigenen Eltern die Leidenszeit zu verkürzen. Wie breit die Hoffnung auf Ablass war, zeigen die frühen Druckerzeugnisse, zu denen Ablassbriefe gehörten, ebenso wie die vielen Ablassprediger, die durch die Lande zogen, um Menschen dazu zu bewegen, sich rasch und in großer Zahl Ablässe zu erwerben.

Aber den Ablass nur als Wirtschaftsfaktor zu sehen, ginge an der mentalen Welt des späten Mittelalters weit

---

[52] Christiane Laudage: Das Geschäft mit der Sünde. Ablass und Ablasswesen im Mittelalter, Freiburg 2016.

[53] Sixtus IV., *Salvator noster* (DH 1398).

vorbei. Das gilt selbst dort, wo die finanziellen Interessen überdeutlich zu sein scheinen: Aus der in der Regel reformationshistorisch geleiteten Sicht ist geradezu das Paradebeispiel einer fiskalischen Orientierung des Ablasses der Petersablass, das Instruments, dessen sich Albrecht von Mainz zu seiner finanziellen Sanierung bediente. Die Propagierung dieses Ablasses durch Johannes Tetzel († 1519) hat Luthers Thesen gegen den Ablass veranlasst und zu einer entsprechenden Aufmerksamkeit auf diesen Vorgang geführt. Albrecht hatte, da er, ehe er zum Erzbischof von Mainz geweiht wurde, auch schon Erzbischof von Magdeburg und Administrator von Halberstadt geworden war, „eine auch für damalige Verhältnisse ungewöhnliche Kumulation wichtiger Kirchenprovinzen"[54] zusammengebracht. Das war nicht unproblematisch, aber möglich – vorausgesetzt, man erhielt die Freigabe hierfür von der Kurie. Das wiederum kostete einiges – genau genommen 26143 Dukaten. Auf diese Summe einigten sich Albrechts Abgesandte mit den päpstlichen Behörden. Zur Vorfinanzierung erteilte das Handelsgeschlecht der Fugger aus Augsburg einen Kredit, zu dessen Begleichung Albrecht mit den päpstlichen Behörden einen geschickten Weg fand. Ihm wurde die Vertreibung eines Ablasses zur Neuerrichtung des Petersdoms übertragen: der Petersablass. Dessen Erlös in geplanter Höhe von 50000 Dukaten aber ging nur rund zur Hälfte direkt an die Kurie, während der Rest zur Abzahlung des Kredits auf die Konten der Fugger fließen sollte, mehr zum Wohle des Bischofs als dem der Gläubigen. Über die Propagierung dieses Ablasses – Bernd Moeller hat für solche Vorgänge den treffen-

[54] Dokumente zur Causa Lutheri (1517–1521). 1. Teil, hg. v. Peter Fabisch/Erwin Iserloh, Münster 1988 (Corpus catholicorum 41), S. 202.

den Begriff der „Ablasskampagne“ eingeführt[55] – sind wir recht gut informiert, da die Anweisungen Albrechts für die Ablasskommissare erhalten sind. Die *Instructio summaria* für die Ablassverkäufer in Magdeburg und Halberstadt enthielt ausführliche Regelungen über die Tarife, die unterschiedliche soziale Gruppen – von den Königen über Erzbischöfe, Barone und Bürger bis hin zu armen Frauen – zu zahlen hatten, alles so abgestimmt, dass es für die Zahlenden spürbar, aber nicht erdrückend war.[56] Gerne übersehen wird allerdings eine kleine Schlusskautele: „Wo es für sie [die zuvor angesprochenen armen Frauen; V. L.] aber keinen Weg gibt, derartige Beiträge zu erwerben, da können sie für sich selbst wie für Verstorbene die zuvor erwähnten Gnaden durch Bitten und Gebete erlangen“.[57]

Charakteristisch ist übrigens auch, dass hier von Gnaden die Rede ist. Der Rückblick von der Reformation her tendiert dazu, die „Werke“, um die es in Wiedergutmachung und Ablass geht, der Gnade schroff entgegenzustellen. Das ist dann eine Gnade im Singular: die alles überragende Gnade Gottes. So erscheint sie in der *Instructio* nicht, aber im Plural, aufgeteilt, als erstens die Gnade der vollen Vergebung der Sünden, wenn ordentlich bereut und gebeichtet wurde, zweitens Sonderrechte im Zusammen-

---

[55] BERND MOELLER: Die letzten Ablaßkampagnen. Der Widerspruch Luthers gegen den Ablaß in seinem geschichtlichen Zusammenhang, in: DERS.: Die Reformation und das Mittelalter. Kirchenhistorische Aufsätze, hg. v. JOHANNES SCHILLING, Göttingen 1991, S. 53–72.

[56] *Instructio Summaria* 26–28 (Dokumente zur Causa Lutheri 1, S. 265 f).

[57] *Instructio Summaria* 28 (Dokumente zur Causa Lutheri 1, S. 266): „*Ubi vero nulla via ei spatet huiusmodi contributiones acquirendi, tunc precibus et orationibus tam pro se ipsis quam defunctis prefatas gratias consequi possunt*“.

hang der Beichte wie etwa die freie Wahl eines Beichtvaters, zum Dritten Einschluss in alle Gebete der Kirche und viertens voller Ablass für Seelen im Fegefeuer, *per modum suffragii*, versteht sich.[58] Das Angebot changierte zwischen Intensivierung und Aushebelung des sakramentalen Bußvollzuges, war aber in jedem Falle aus der Sicht eines seiner Sünden bewussten Gläubigen im späten Mittelalter großzügig und verheißungsvoll. Und es war nur Teil einer umfassenden Gnadenzusage des Ablasses, deren Ziel es war, wie Berndt Hamm schreibt, eine „Maximierung objektiver Gnaden und Heilssicherheit" mit einer „Minimierung des persönlich-subjektiven Unsicherheitsfaktors" zu verbinden.[59] Wie weit die Minimierung der persönlichen Einsatzes ging, zeigt nicht allein die tarifliche Reduktion in der *Instructio summaria*. Es wird erst richtig deutlich, wenn man bedenkt, dass die enge Verquickung, die das kulturelle Gedächtnis zwischen Ablass und Geldzahlung vornimmt, nur sehr begrenzt zutreffend ist. Ablass konnte man ohne jedes Geld und für ganz geringen Einsatz bekommen. Ein schönes Beispiel hierfür ist das Epitaph der Dominikanerin Dorothea Schürstab aus der Katharinenkirche Nürnberg [*Abb. 7*]. Hier findet sich folgende Inschrift:

„Wer dise figur kniennd ert mit einem pater noster und ave Maria, der hat von der erscheinung, die sant Gregorius erschain in ainer kirchhen, dy heist portacrucis, den selben ablas der selben kirchen, des ist xxx m iar ablas, und von ij pebsten von idem xx iar ablas und von xliij pischofen von ydem xl tag ablas und von xxx pebsten von ydem cc tag ablas. Den ablas allen hat pestetigt

---

[58] *Instructio Summaria* 19f; 30; 35; 37 (Dokumente zur Causa Lutheri 1, S. 264; S. 267–269).

[59] Berndt Hamm: Ablass und Reformation. Erstaunliche Kohärenzen, Tübingen 2016, S. 212.

Abb. 7: Epitaph der Dominikanerin Dorothea Schürstab, Germanisches Nationalmuseum Nürnberg.

pabst Clementzeus und allen den, di den ablas fürbas kunden, dise haben mcc tag ablas."

Der Text bezieht sich unmittelbar auf das Gemälde darüber. Es zeigt den beliebten Bildtypus der Gregorsmesse, der auf die Erzählung zurückgeht, nach welcher Papst Gregor dem Großen (590–604) bei der Feier der Messe in einer der römischen Stationskirchen, in Santa Croce in Gerusalemme – der in der Inschrift genannten *„portacrucis"* –, in der Hostie der leidende Jesus Christus selbst erschienen sei. Was das frömmigkeitsgeschichtlich mit sich bringt, wird weiter unten noch Thema sein (s. u. 180–182). Für die Katharinenkirche in Nürnberg ist es wichtig, dass der eigentlich an Santa Croce haftende Ablass nach der Weise des sogenannten *ad-instar*-Ablasses auf die dort Betenden übertragen werden konnte. Es war nicht mehr verlangt als ein Vaterunser und ein Avemaria, um wie Berndt Hamm errechnet hat, „30.061 Jahre und 57 Tage Nachlass der im Fegefeuer abzubüßenden Strafen" zu erhalten.[60] Nimmt man noch hinzu, dass diese Gebete mit demselben Erfolg immer wieder wiederholt werden konnten, bedeutet dies ein trotz aller Zahlenfreude letztlich unermessliches Gnadengeschenk. Die kurze Zeit der Gebete konnte ein Vielfaches von dem auslösen, was überhaupt realistischerweise an Strafe zu erwarten war. Ablass, so kann man sagen, ist nicht Zwang, sondern Gnade, nicht Forderung, sondern Geschenk.

Als Geschenk aber bleibt es trotz aller Übertreibungen stecken in einem quantifizierenden Denken, das schon im Mittelalter diejenigen Menschen, die eher nach einer verinnerlichten Frömmigkeit strebten, irritierte. So praktisch das Ablassgeschäft war, es war doch immer wieder von

60 S. hierzu HAMM: Ablass und Reformation, S. 124.

Kritik begleitet, bis hin zu der Rede von Ablässen als *„pie fraudes fidelium“*[61], frommem Betrug an den Gläubigen, wie es Johann Ruchrath von Wesel (†1481) formulierte. Ähnlich schrieb der Franziskaner Dietrich Kolde von Münster (†1515) in seinem 1470 entstandenen Christenspiegel, dass sich die Leute gegen das zweite Gebot vergingen, die „falsche Verzeichnisse und maßlose Ablässe für allerhand Gebete ausschreiben, womit sie viele Menschen betrügen und Gott entehren“[62]. Hinter solcher Kritik am Ablass steckte auch mancher Antiklerikalismus, wie er im späten Mittelalter verbreitet war:[63] Kleriker wie Mönche und Nonnen waren Objekte von Spott und Hass, denen man geradezu topisch allerhand Vergehen vorwarf, vor allem in Fragen wirtschaftlicher und sexueller Moral. Da passte das Ablassgeschäft bestens hinein.

Doch erschöpfte sich die Kritik daran nicht in den gängigen Vorurteilen gegenüber dem geldgierigen Klerus. Auch ganz zentrale Fragen, was denn nun eigentlich Buße sei und ob ihr Wesen durch den Ablass recht erfasst werde, wurden berührt. So teilte der Schotte John Major (†1550), der ab 1493 in Paris lehrte, in seinem 1509 gedruckten Kommentar zu der oben erwähnten Sentenzensammlung des Petrus Lombardus die Skepsis gegenüber den Miss-

[61] Johann Ruchrath von Wesel, *De indulgentiis*, in: Reformtheologen des 15. Jahrhunderts. Johann Pupper von Goch, Johann Ruchrath von Wesel, Wessel Gansfort (Texte zur Kirchen- und Theologiegeschichte 7), hg. v. Gustav Adolf Benrath, Gütersloh 1968, S. 39–60, S. 58.

[62] Der Christenspiegel des Dietrich Kolde von Münster, hg. v. Clemens Drees, Werl 1954 (Franziskanische Forschungen 9), S. 91: „die valsche rolkens ende onbescheidelicken aflaten voer sommige gebeden schriuen daer si vele menschen mede Bedrieghen ende got onteeren“.

[63] S. Peter A. Dykema (Hg.): Anticlericalism in Late Medieval and Early Modern Europe, Leiden u. a. 1994.

bräuchen der *quaestores*, der Ablassverkäufer, und derer, die die Siegel der Kirchenoberen fälschten.[64] Den gar nicht so frommen Betrug, von dem Ruchrath sprach, kannte er also offenkundig auch. Doch ging er noch einen Schritt weiter. Ausdrücklich warnte er vor der Vorstellung, ein äußerer Akt könne einem inneren etwas an Gutem hinzufügen.[65] Die Qualität also musste von innen kommen. Für die Buße hieß das: Entscheidend war der erste Schritt, die *contritio* oder Reue. So konnte selbst die Beichte fortfallen. Es reichte, wenn jemand *contritio* empfunden und den Willen zu beichten gehabt habe,[66] und auch für die Wiedergutmachung verbot sich jegliche quantitative Verrechnung: Wer aus Paddington zum Jubelablass nach Rom komme, erlangte denselben Ablass wie jemand, der den kurzen Weg von Viterbo hinter sich lege,[67] und ein Reicher, der drei Dutzend Mal den erforderlichen Betrag hinlege, erlange nicht mehr als ein Armer.[68] Das war noch eine vergleichsweise harmlose Kritik. Sehr viel deutlicher war wenige Jahre zuvor der Franziskaner Olivier Maillard (†1502) in seinen Ablasspredigten geworden. Vom Ablass, erklärte er, stehe „nichts (...) Gewisses in der Heiligen Schrift“[69], ihm fehle nicht nur jegliche Notwendigkeit, sondern auch überhaupt jeder vernünftige Grund.[70] Der einzig wahre Ablass sei, vom Leben in Sünde abzulassen.

---

[64] Quartus Sententiarum Johannis Maioris, Paris 1509, f. 125^{v} a.

[65] Major, IV *Sent*, f. 125^{r} a: *„nec tamen consequens est quod actus exterior aliquid boni superaddit actui interiori.“*

[66] Major, IV *Sent*, f. 125^{r} a.

[67] Major, IV *Sent*, f. 125^{r} a-b.

[68] Major, IV *Sent*, f. 125^{r} b.

[69] *Sacre theologie magistri: necnon | eloquii preconis celeberrimi | fratris oliuerii ordinis mi|norum professoris opus quadragesimale | perutilissimum*, Paris 1508, f. 26^{r} a: *„nichil (...) certum in sacra scriptura“*.

[70] Meillard, *Quadragesimale* 26^{r} b.

Das war der ferne Reflex einer Betonung des Inneren als dem entscheidenden Ort der Gottesbegegnung, die sich schon lange zuvor in der Mystik entwickelt hatte: Im 14. Kapitel des Büchleins der ewigen Weisheit sprach der Dominikaner Heinrich Seuse (†1366) zwar zunächst ganz konform von der Strafe im Fegefeuer.[71] Weil dies aber zu schlimm und zu langwierig für die Seele werde,[72] hat Christus ihr einen anderen Weg eröffnet:

„Siehe, diese Zeit der Buße und Bekehrung hat ihr mein unschuldiges ehrwürdiges Leiden verkürzt. Sie kann sehr wohl in den edlen Schatz meines verdienten Lohnes greifen und daraus für sich entnehmen. Und sollte sie tausend Jahre im Fegfeuer brennen, so hat sie in kurzer Zeit Schuld und Buße abgelegt, so dass sie ohne Fegfeuer zur ewigen Freude gelangt."[73]

Mit einer solchen Bußlehre, die ganz auf die Unmittelbarkeit zwischen Christus und der oder dem Büßenden setzte, nahm Seuse nicht allein die Angst vor dem Fegefeuer. Er hebelte mit der Rede vom Schatz Christi auch die Lehre vom *thesaurus ecclesiae* aus, die Papst Clemens VI. (1342–1352) gerade in dieser Zeit – am 27. Januar 1343 – in der Bulle *„Unigenitus Dei Filius"* amtlich bestätigte.[74] Sie

---

[71] Seuse, *Büchlein der ewigen Weisheit* 14 (Heinrich Seuse: Deutsche Schriften, hg. v. KARL BIHLMEYER, Stuttgart 1907, S. 258,5f).

[72] Seuse, *Büchlein der ewigen Weisheit* 14 (Seuse: Deutsche Schriften, S. 258,8).

[73] Seuse, *Büchlein der ewigen Weisheit* 14 (Seuse: Deutsche Schriften, S. 258,8–13): „Sih, daz hat si behendeklich gebůsset und gebessert mit minem unschuldigen wirdigen lidenne; si mag als wol in den edlen schatz mines verdinten lones kunnen grifen und zů ir ziehen. Und sőlte si tusent jar in dem vegfúr brinnen, si hat es in kurzer zit nah schuld und bůze ab geleit, daz si ane alles vegfúr in die ewigen vrőde vert"; Übers. nach Heinrich Seuse: Deutsche mystische Schriften, hg. u. übers. v. GEORG HOFMANN, Zürich/Düsseldorf 1999, S. 270.

[74] *Unigenitus Filius* (DH 1025–1027).

erklärte, woher die Kirche die Möglichkeit habe, Ablässe zu geben: weil nämlich Christus und die Heiligen einen solchen Schatz an Verdiensten aufgehäuft hätten, dass von diesem Übermaß auch die Sünder profitieren konnten, die bei Gott in der Schuld standen. Den Schatz kannte Seuse auch. Aber das Greifen in diesen Schatz, von dem er sprach, erfolgte nicht durch die üblichen Weisen, Ablass durch äußeres Tun zu erwerben, sondern wurde ganz von der inneren Haltung des Menschen aufgesogen. Vier Schritte listete Seuse auf, in denen sich das Greifen vollzog: als erstes durch ein reuiges Herz, dann aber nicht etwa durch Werke, sondern durch deren Verachtung, „denn die sind gegen einen Sünder wie ein Tröpflein Wasser gegen das tiefe Meer" („wand ú sint gezellet gegen den súnden als ein trôphli gegen dem tieffen mer"). Das Bedenken eines anderen Tröpfleins helfe im dritten Schritt dagegen: des Blutes Christi nämlich, von dem ein einziger Tropfen für die Sünden aus tausend Welten Genüge tue. So bleibe dem Sünder dann nur im vierten Schritt, „die kleinheit des sinen" in die Größe der Wiedergutmachung Christi zu versenken.[75] Da blieb offenbar nichts von der üblichen sakramentalen Buße übrig als die *contritio*. Die *satisfactio* jedenfalls hatte Christus vollbracht, und von der *confessio* sprach Seuse erst gar nicht. Sein Zeitgenosse und Ordensbruder Johannes Tauler († 1361) wurde in einem ähnlichen gedanklichen Zusammenhang noch deutlicher: Er mahnte zur steten Buße und dazu, mit den Sünden direkt in Gott zu dringen: „Vnd bleib innen. nit lauf zů hant da mit zů dem beichtiger", „Lauf damit nicht zum Beichtvater"[76].

---

[75] Seuse, *Büchlein der ewigen Weisheit* 14 (Seuse: Deutsche Schriften, S. 258,16–29); Übers. nach Seuse: Deutsche mystische Schriften, S. 270.

[76] *Sermones*: des hoch| geleerten in gnaden erleüchten do|ctoris

All diese Mahnungen zur Intensivierung der inneren Buße setzten freilich noch eine große Distanz zu Christus voraus: Sein Leiden ermöglichte den wahren Nachlass der Sünde. Und das Leiden wiederum ermöglichte die Vergegenwärtigung Christi in einem lebenslangen büßenden Reenactment. Davon schrieb die englische Asketin Juliana von Norwich (†nach 1413), die durch die Konfrontation mit einem Kruzifix von einer schweren Krankheit genesen war – und diesen Prozess in einer Reihe von Offenbarungen entfaltete, den „Revelations of Divine Love". Sie machten ihr deutlich, dass der Weg zu Gott durch ein erlösendes Mitleiden hindurchging:

„Ich verstand, dass wir eben jetzt, in Gottes Sinn, mit ihm an seinem Kreuz, in unseren Schmerzen und unserem Leiden, sterben. Und wenn wir aus freien Stücken durch seine Hilfe und Gnade an eben diesem Kreuz bis zum letzten Ende bleiben, wendet er plötzlich sein Antlitz zu uns, und wir werden mit ihm im Himmel sein. Zwischen dem einen und dem anderen wird keine Zeit liegen, und dann soll alles aufsteigen zur Freude."[77]

Mit Christus an seinem Kreuz: Das war die perfekte Form der Identifikation mit Christus. Nun war es nicht nur Maria aus Magdala, deren Leiden unter dem Kreuz in Sze-

Johannis Thaulerii sannt | dominici ordens die da weißend | auff den nächesten waren weg im | gaist zů wanderen durch übersweˌbendenn syn. Von latein in teütsch | gewendt manchem menschenn zů | såliger fruchtbarkaitt, Augsburg: Hans Otmar 1508, f. 192v.

[77] Julian, *Revelations. Long text* 21 (Julian of Norwich: Revelations of Divine Love. The Short Text and the Long Text, hg. v. Barry Windeatt, Oxford 2016, S. 63,11–14): „I understode that we be now, in our Lords menyng, in his crosse with hym in our peynys and our passion, deyng; and we willfully abydyng in the same cross with his helpe and his grace into the last poynte, soddenly he shall chonge his chere to us, and we shal be with hym in hevyn. Betwiyx that one and that other shal be no tyme, and than shal al be browte to joy".

ne gesetzt wurde, sondern es war Christus selbst, dessen Leiden in das irdische Leben hineingezogen werden sollte und musste.

Compassio wurde das Stichwort hierfür, Mitleiden. Der erlösende Vorgang besteht so in einer Übertragung des irdischen Leidens auf das himmlische und umgekehrt, so dass Johann von Staupitz († 1524), eine der führenden Gestalten des Augustinereremitenordens im ausgehenden Mittelalter, in Predigten, die den Leidensweg Christi nachzeichneten, sagen konnte: „All unser leiden und all unser krankhait ist ganz verstrickt und überwunden in seinem leiden“[78]. Dabei wechselte die Identifikation zwischen diesem sehr weitgehenden Schritt, sich mit Christus selbst zu identifizieren, und dem Angebot des Reenactments anderer biblischer Personen. Wie dies möglich und warum es sogar geradezu nötig sein konnte, machte eine ganze Textgattung von sogenannten *Planctus-Mariae*-Texten deutlich. In ihnen ging es um das Leiden Mariens angesichts des Leidens ihres Sohnes – und um die Übertragung dieses doppelten Leidens auf den frommen Christen oder die fromme Christin. Was dahinter stand, macht einer dieser Texte deutlich, der in mehreren Varianten unter dem Namen des Zisterzienserabtes Bernhard von Clairvaux kursierte († 1153), tatsächlich aber wohl von seinem Ordensbruder Ogier von Lucedio stammte.[79] Maria erklärte, warum ihr Gesprächspartner, dem sie die Passion Christi aus ihrer Sicht schilderte, für sie weinen müsse:

[78] Johann von Staupitz: Salzburger Predigten. Eine textkritische Edition, hg. v. Wolfram Schneider-Lastin, Tübingen 1990, S. 25,9 f.

[79] Goffredo Viti: Maria negli apocrifi bernardini e nei testi agiografici. Il *Planctus Mariae*, in: Marianum 54 (1992), S. 181–202, S. 196.

„Das, wonach du fragst, verursacht großen, stechenden Schmerz. Aber weil ich schon verherrlicht bin, kann ich nicht weinen. Schreibe du voller Tränen, was ich selbst unter großen Schmerzen wahrgenommen habe.“[80]

Maria die Himmelskönigin ist schmerzfrei – und so tritt nun der fromme Mensch für ihr Leiden ein: Die *compassio* mit Christus oder den Trauernden unter dem Kreuz ist so gesehen die neuerliche Inszenierung des einstigen Geschehens. Sie überbrückt die zeitliche Differenz zum Damals, sie überbrückt aber auch die Distanz zwischen dem Jenseits und dem Diesseits, weil sie in Gestalt der Stellvertretung Maria die Möglichkeit gibt, dass die irritierende Fühllosigkeit der verherrlichten Gottesmutter in Gefühle ausbricht, eben in die Gefühle derjenigen, die für sie einstehen.

In einem klassisch gewordenen Aufsatz hat Otto von Simson das *compassio*-Motiv in Rogier van der Weydens (1399–1464) Kreuzabnahme von 1437 beschrieben [*Abb. 8*]: Maria sinkt fast wie Christus selbst dahin, ihr Körper wird parallel zu ihm,[81] so wird sie zum Abbild und Vorbild jeglicher möglichen *compassio*, lädt die Betrachtenden dazu ein, mit ihr leidend dahin zu sinken, wie es die Pilgerin Margery Kempe (†1438) in dieser Zeit in Jerusalem auf dem Kreuzesberg tat:

„Danach empfing sie die Eucharistie auf dem Kalvarienberg und dann weinte sie, schluchzte, sie heulte so laut, dass es sich ganz

---

[80] *Passio domini | nostri iesu christi*, [Basel 1515], f. B 6^{v}b: *„Illud quod queris compunctiuum est et magni doloris. Sed qui iam glorificata sum flere non possum. Tu cum lachrymis scribe que cum magnis doloribus ipsa persensi.“*

[81] Otto von Simson: Compassio and Co-Redemptio in Roger van der Weyden’s Descent from the Cross, in: The Art Bulletin 35 (1953), S. 9–16, S. 11.

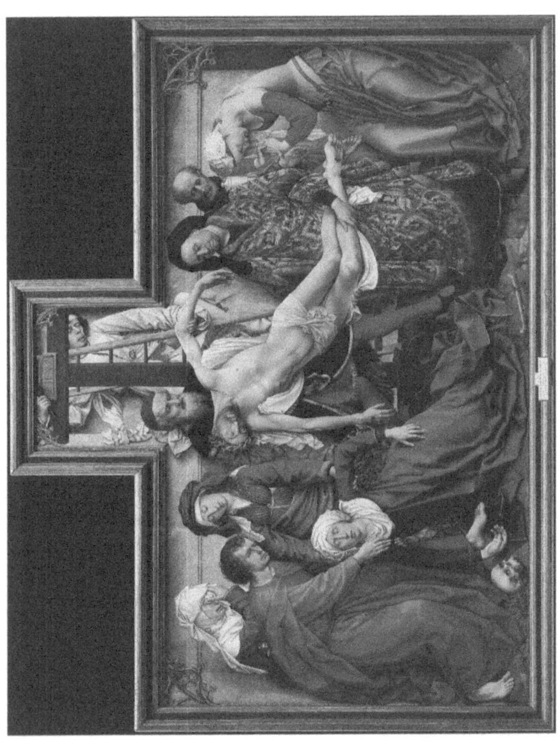

Abb. 8: Rogier van der Weyden, Kreuzabnahme, Museo del Prado, Madrid.

außergewöhnlich anhörte. Sie war so voller heiliger Gedanken und Meditationen und heiliger Kontemplationen über das Leiden unseres Herrn Jesus Christus und von heiligen Gesprächen, die unser Herr Jesus Christus mit ihrer Seele führte, dass sie sie nachher nicht ausdrücken konnte".[82]

Die Bildkompositionen konnten diesen Mitleidensaspekt noch deutlicher in den Mittelpunkt rücken: 1503 malte Lukas Cranach d. Ä. (1472–1553) die Schleißheimer Kreuzigung – und rückte hier das Kreuz selbst an den Rand, die leidenden Figuren Maria und Johannes aber in den Mittelpunkt [*Abb. 9*]. So entsteht ein „Affektraum",[83] in den die Gläubigen hineingenommen werden, die sich dessen bewusst werden, dass das Leiden am Kreuz ihre Sünden hinwegnimmt und doch zugleich gerade durch diese Sünden verursacht ist. Buße wird zu einem zugleich innerlichen wie medialen Vorgang, der seine eigenen Wege jenseits der sakramentalen Heilsvermittlung durch die unmittelbare Identifikation mit den Figuren des heiligen Geschehens findet. Der ferne Gott wird nahe, weil sich die Glaubenden in ihn oder doch mindestens in die, die ihn umgeben, über alle Grenzen von Raum und Zeit hinweg hineinfinden können.

---

[82] *The Book of Margery Kempe* I, 29 (The Book of Margery Kempe, hg. v. W. Butler-Bowdon. Bd. 1, London 1940, S. 71f): „Aftyrwardys sche was howselyd on þe Mownt of Caluarye, & þan sche wept, sche sobbyd, sche cryes so lowed, þat it [was] wondyr to heryn it. Sche was so ful of holy thowtys & medytacyons & holy contemplacyons in þe Passyon of owyr Lord Ihesu Crist & holy dalyawns þat owyr Lord Ihesu Crist dalyed to hir sowle þat sche cowed neuyr expressyn hem aftyr".

[83] Vgl. hierzu Heike Schlie: Exzentrische Kreuzigungen um 1500. Zur Erfindung eines bildlichen Affektraums, in: Johann Anselm Steiger/Ulrich Heinen (Hg.): Golgotha in den Konfessionen und Medien der Frühen Neuzeit, Berlin u. a. 2010 (Arbeiten zur Kirchengeschichte 113), S. 63–91, S. 75.

Abb. 9: Lukas Cranach, Schleißheimer Kreuzigung, Alte Pinakothek, München.

2. Das Heilige ins Leben ziehen

In Trauer und Leid konnte man mit Christus verbunden sein wie mit den Hinterbliebenen unter dem Kreuz. Aber die Forderung zur Nachfolge reichte weiter: „Und wer nicht sein Kreuz auf sich nimmt und folgt mir nach, der ist meiner nicht wert.“ (Mt 10,38) Das war ein hoher Anspruch, der das ganze Leben umfasste. Nicht um die Trauer um Christus ging es hier, sondern um ein Leben in seinem Namen, das, wie der Kontext im Matthäusevangelium besagte, nicht nur Frieden brachte, sondern auch „das Schwert“ (Mt 10,34). Dieser Ruf in die Nachfolge motivierte Christinnen und Christen seit der Antike und war vielleicht der stärkste Impuls überhaupt für ein Reenactment, ein Nachleben Christi, in dem Christus neu Wirklichkeit werden konnte und sollte.

Das begann schon in der frühchristlichen Zeit der Martyrien, die die exzeptionellste Form waren, im eigenen Leben das Leben Christi noch einmal neu Wirklichkeit werden zu lassen. Wenn die prokonsularischen Akten vom Verhör des Bischofs Cyprian von Karthago (†258) berichten, auf die Frage nach seinem Namen habe er gesagt: „Christ bin ich und Bischof“, „*Christianus sum et episcopus*“[1], so besagt dies – ganz gleich, ob die Aussage

[1] Richard Reitzenstein: Die Nachrichten über den Tod Cyprians. Ein philologischer Beitrag zur Geschichte der Märtyrerliteratur, Heidelberg 1913 (Sitzungsberichte der Heidelberger Akademie

so gefallen ist oder im Nachhinein stilisiert wurde –, dass die Identität des Bischofs nicht in seiner weltlichen Existenz liegt, sondern in seinem Bezug auf Christus durch Taufe und Weihe. Diese Identifikation mit Christus, die doch zugleich immer auch eine Differenz enthalten musste, wurde besonders deutlich, wenn die Todesart, durch die er umgebracht worden war, auch seine Nachfolger traf: die Kreuzigung. So begründete der Apostel Petrus die Tatsache, dass er auf dem Kopf gekreuzigt wurde, nach den *Acta Petri* ausdrücklich damit, er sei nicht würdig, auf dieselbe Weise zu sterben wie Christus.[2] Ähnlich steht es bei dem Apostel Andreas, der an der *crux decussata*, dem nach ihm benannten Andreaskreuz in Gestalt der römischen Zehn oder eben des griechischen Buchstabens X (*Chi*), mit welchem der Christustitel beginnt, gekreuzigt worden sein soll. Daran, dass die Erzählung hiervon erst im ausgehenden 12. Jahrhundert einsetzt[3] und im späteren Mittelalter größere bildliche Verbreitung erfuhr,[4] zeigt sich, dass jener in der Antike wurzelnde Ansatz des Ineinanders von Identität und Differenz mit Christus im Mittelalter fortlebte, ja, sich weiter entfaltete.

Den Weg an das Kreuz konnte und musste nicht jeder gehen, auch nicht jeder Heilige. Es gab andere Formen, Christus nachzuleben – auch der schon erwähnte Isenheimer Altar zeigte etwas davon. Er war dem heiligen Antoni-

---

der Wissenschaften, Philosophisch-Historische Klasse Jg. 1913, 14. Abh.), S. 12,7: „*Christianus sum et episcopus*".

[2] Acta Sancti Petri 12 (ActaSS Juni. Bd. 5, S. 428): „*Et accedens ad crucem rogavit, ut cruci inversis vestigiis figeretur, ea reverentia, ne ita servus crucifigi videretur ut Dominus*".

[3] Charlotte Denoël: Saint André. Culte et iconographie en France (V^{e}-XVe siècles), Paris 2004, S. 17.

[4] M. Lechner: Art. Andreas, in: Lexikon der christlichen Ikonographie. Bd. 5, Freiburg u. a. 1973, S. 138–152, S. 143.

us († 356) geweiht, dessen Leben durch die Vita, die Athanasius von Alexandrien († 373), einer der Kirchenväter des Ostens, über ihn verfasst hatte, gut bekannt war. Ausführlich war darin zu lesen, wie Antonius sein reiches Erbe verschmäht und sich immer weiter von jeder Zivilisation zurückgezogen hatte. In allen seinen Lebenslagen aber war er von Teufel und Dämonen bedrängt – der Isenheimer Altar zeigt drastisch, wie sie über ihn herfallen, obwohl ihre Listen, wie sie Athanasius beschrieb, subtiler waren: Der Teufel gab Antonius die Erinnerung an früheren Reichtum ein, verleitete ihn zu „schmutzigen Gedanken" (λογισμοὺς ῥυπαρούς), erschien ihm gar in Frauengestalt, um ihn zu verführen.[5] Ganz gleich aber, ob gedanklich oder physisch: Was Antonius widerfuhr, war ein Nachklang der Versuchung Jesu durch den Teufel selbst, die die Evangelien in Mt 4,1–11 parr schildern, und er siegte, so machte Athanasius deutlich, mit Gottes Beistand. Zu einem Leitmotiv des heiligen christlichen Lebens macht den Sieg über den Versucher wiederum die *Legenda aurea* in der Schilderung der Vita des Papstes Silvester (314–335): Die Erzählung über ihn inszeniert, gewiss weit entfernt von der historischen Realität, eine Disputation mit jüdischen Gelehrten, die Anstoß an der christlichen Trinitätslehre und Christologie nahmen – beides war zu Lebzeiten Silvesters noch keineswegs abschließend dogmatisch definiert. Die kritische Frage, wie es denn sein könne, dass der Sohn Gottes vom Teufel versucht worden sei, konterte der Papst der Legende mit dem Hinweis auf die Schutz- und Vorbildfunktion:

---

[5] Athanasius, *Vita Antonii* 5 (Athanasius von Alexandrien: Vita Antonii/Leben des Antonius. Eingel., übers. u. komm. v. PETER GEMEINHARDT, Freiburg u. a. 2018, S. 122–125).

„Wir glauben aber, dass Christus nicht als Gott, sondern als Mensch versucht wurde. Dreimal versucht wurde er, damit er alle Versuchungen von uns fernhalte und uns ein Beispiel gebe, wie man siege (*formam vincendi*).“[6]

Gerade die Versuchung nach der menschlichen Natur machte also das Nachleben Jesu möglich – und dies nicht nur Männern, sondern auch Frauen. Im Ulmer Münster befindet sich ein Gemälde von Bartholomäus Zeitblom († ca. 1518), das hiervon erzählt [*Abb. 10*]: die Heilige Margareta von Antiochien († 304) im Vordergrund einer ganzen Gruppe heiliger Jungfrauen. Sie hat ein Buch in der Hand, offenkundig die Bibel, auf die sie vertraut. Sie steht auf einem drachenartigen Wesen, dem sie eine in das Kreuz auslaufende Lanze in den Schlund stößt. In dieser Darstellung vermischt sich die Erinnerung an den heiligen Georg, den Drachentöter, mit dem Sieg über den Teufel, wie er in der Verfluchung der mit dem Teufel gleichgesetzten Schlange in Gen 3,15 angekündigt ist: „Und ich will Feindschaft setzen zwischen dir und der Frau und zwischen deinem Samen und ihrem Samen; er wird dir den Kopf zertreten, und du wirst ihn in die Ferse stechen“ – so heißt es korrekt in der heutigen Lutherübersetzung. Die im Mittelalter verbreitete lateinische Bibelübersetzung, die Vulgata, hatte aber an einer entscheidenden Stelle etwas anders formuliert: hier müsste es heißen: „Sie (*ipsa*) wird deinen Kopf zertreten“.[7] Nicht unmittelbar auf Jesus

[6] *Legenda aurea* 12 (Voragine: Legenda aurea, S. 278,16–18): *„Nos autem non in quantum deus, sed in quantum homo temptatum eum esse fatemur. Ideo autem tripliciter est temptatus, ut a nobis omnes temptations excluderet et formam vincendi daret.“*

[7] Vgl. zu dieser Übersetzung Hieronymus: Biblia Sacra Vulgata. Lateinisch/Deutsch, hg. v. ANDREAS BERIGER u. a. Bd. 1, Berlin u. a. 2018, S. 31.

Abb. 10: Bartholomäus Zeitblom, Die Heilige Margareta von Antiochien, Ulmer Münster.

zielte dann dieses sogenannte Protevangelium, sondern auf Maria[8] – unterstützt wurde dies durch die Erzählung vom Kampf der himmlischen Frau mit einem Drachen in Apk 12, die ihrerseits mit Maria gleichgesetzt wurde. All dies hallt wider, wenn Margareta, bei Zeitblom mit einem Lächeln, das sie gänzlich unbeeindruckt erscheinen lässt, den Drachen tötet – und damit, wie es die Erzählung von ihr sagt, den Teufel überwindet, der sie versucht hat, als sie wegen ihres christlichen Bekenntnisses ins Gefängnis geworfen worden war. Mit denselben Täuschungskünsten, die er auch bei Antonius angewandt hatte, verwandelte der Teufel sich in einen Mann, konnte Margareta aber auch so nicht täuschen: Sie warf ihn zu Boden und setzte ihren Fuß auf ihn, und der Teufel konnte nur noch wimmern:

> „O heilige Margareta, ich bin bezwungen! Wenn mich ein Jüngling besiegte, hätte ich's noch hingenommen. Doch siehe, von einem zarten Mädchen bin ich überwunden, und das schmerzt mich umso mehr, als dein Vater und deine Mutter meine Freunde waren."[9]

Diese unterschiedlichen Erzählungen von Teufelsbegegnungen eröffnen ein noch komplexeres semiotisches Repräsentationsgefüge als die vergleichsweise einfachen

---

[8] S. Heinrich Petri: Art. Protoevangelium, in: LThK 8, Freiburg u. a. [3]1999, S. 666–668, S. 667.

[9] *Legenda aurea* 93: *De Sancta Margareta* (Jacobus de Voragine: Legenda aurea, S. 1220f): „*O beata Margareta, supertus sum. Si iuvenis me vinceret, non curassem. Ecce, a tenera puella superatus sum et inde plus doleo, quia pater tuus et mater amici mei fuerunt*". Catherine Pearce: The Cult of St Margaret of Antioch, in: Feminist Theology 6 (1997), S. 70–85, S. 74f, greift hier die Formulierung einer „power feminine" für Margareta auf, was sicher einen Teil der literarischen Gestaltung erfasst, aber durch den marianischen Aspekt eher noch überhöht wird.

Erzählungen vom Nachvollzug des Kreuzestodes: Der Teufel schafft sich Realrepräsentationen in Verkleidungen oder in ihm entsprechenden Aussehen – das Bild aus dem Ulmer Münster dechiffriert seine wahre Gestalt unter der Travestie. Indem der Teufel präsent wird, gerät Antonius in die Rolle eines Repräsentanten Jesu, Margareta aber wird zur Repräsentation Evas, Marias – und letztlich, wie das Kreuz an der Waffe zeigt, vermittelt auch Jesu. Dessen Sieg über den Teufel, der vom Apostel Paulus mit dem Ausruf: „Tod, wo ist dein Stachel?" (1 Kor 15,55) gefeiert wird, bildet sich in dem Stachel, den Margareta dem Teufel ins Maul rammt, ab, und indem ein Altarbild des 15. Jahrhunderts diesen Moment einfängt, appelliert es an die, die es sehen, im Sinne der Disputation Silvesters, der Versuchung durch den Teufel nicht nachzugeben – wobei man angesichts der Konnotationen des Besuchs bei Margareta wie der Aussagen in der *„Vita Antonii"* davon ausgehen darf, dass die ärgste Versuchung auch hier der menschlichen Sexualität galt.

Wie eng Teufel und weibliche Sexualität zusammengedacht waren, unterstreicht schon allein die immer wieder aufgewärmte Erzählung von der Teufelsbuhlschaft im Zusammenhang der Lehre von den Hexen. Es zeigt sich auch in der derb-zotigen Wendung, die Giovanni Boccaccio dem Motiv in seinem *„Decamerone"* gab, jenem Buch, das nach seiner literarischen Konstruktion insgesamt hundert Novellen umfasste, mit denen sich zehn junge Menschen zehn Tage lang in einem Reigen abwechselnden Erzählens unterhalten hatten und die immer wieder um Lüge und Sexualität kreisten. Am dritten Tage erzählte einer der jungen Männer, Dioneo, wie ein Einsiedler nahe der fernen Stadt Capsa, beschlossen habe eine unerfahrene jugendliche Heidin „unter dem Vorwand einer Art Gottesdienstes“ zu verführen.[10] Man müsse, so erklärte er ihr, *„il diavolo in Inferno“* schicken[11] – und behauptete dann, sein Penis sei der Teufel, ihre Scheide aber die Hölle.[12]

Das Bild vom Sieg Margaretas über den Teufel diente vor dem Hintergrund solcher dämonologischer Aufladung von Sexualität gewiss, zumal in der Kombination mit weiteren Jungfrauen, der dringlichen Einschärfung bürgerlicher Tugendregeln für unverheiratete Frauen – aber dazu wurde ein enormer Aufwand an Erinnerungskultur abgerufen, die die Erzählung von den Martyrien in die christliche Reichsstadt des späten Mittelalters ebenso hereinzog wie die subkutan provokante Botschaft, dass Margareta nicht allein, wie es sich für fromme Frauen geziemte, als Braut Christi agierte, sondern in der Überwindung der Versuchung auch als Repräsentation seiner selbst, die ihrerseits abbildhafte Repräsentation im Altarbild fand.

Kreuzigung, Teufelskampf – das waren nicht die einzigen Formen, in denen Heiligenleben sich als Reenactment des von der Person Jesu vorgelebten Geschehens vollzogen. Die wohl häufigste Form dessen waren die Wunder. Wenn Ambrosius und andere Teufel und böse Geister austreiben,[13] so spiegeln sich darin offenkundig die Dä-

---

[10] Boccaccio, *Decamerone Giornata* III, *novella* 10,11 (Giovanni Boccaccio: Decameron, hg. v. Vittore Branca, Mailand 2020, S. 261): *„sotto spezie di servire a Deo“*; Übers. nach: Das Dekameron des Giovanni Boccaccio, übers. v. August Wilhelm Schlegel u. Karl Witte. Bd. 2, Berlin 1990, S. 411.

[11] Boccaccio, *Decamerone Giornata* III, *novella* 10,11 (Boccaccio: Decameron, S. 261).

[12] Boccaccio, *Decamerone Giornata* III, *novella* 10,13–18 (Boccaccio: Decameron, S. 262).

[13] *Legenda aurea* 57: De Sancto Ambrosio (Voragine: Legenda aurea, S. 788,7 f); 87: De Sanctis Iohanne et Paulo (ebd. 1120,10 f); 115: De Sancto Donato (ebd. 1450,483–487).

monenaustreibungen Christi. Und auch die Wunderheilungen wurden je neu verwirklicht: Schon vom Apostel Andreas wird erzählt, er habe den Apostelkollegen Matthäus von Blindheit geheilt – was Jacobus von Voragine freilich zu dem bedenkenswerten Zusatz verleitete, diese Notiz sei nicht unbedingt glaubwürdig, da ein solcher Vorgang ja den Eindruck erwecken könne, Matthäus sei nicht selbst in der Lage gewesen, sich diese Heilung von Gott zu erbitten.[14] Weniger Vorbehalte hat Jacobus bei der selbstverständlich gleichfalls Christus nachahmenden Erweckung Ertrunkener durch Andreas[15] oder, theologisch besonders wichtig, bei der Erweckung eines ungetauft verstorbenen Kindes durch Hilarius.[16] Auch dass Aegidius Schiffer rettet, indem er einen Sturm stillt,[17] reiht sich hier ein, und Remigius ahmt sogar in gewisser Weise die Hochzeit von Kana (Joh 2,1–12) nach, wenn er bei einer Frau das leere Fass im Keller mit dem Kreuz bezeichnet, so dass es voll wird.[18] Nicht einmal vor der Auferstehung macht die Repräsentationsfrömmigkeit Halt. Auch hier bleibt allerdings eine gewisse Distanz zu Christus gewahrt, wenn etwa der Heilige Sebastian nach seiner bekannten Marterung am Pfahl tot liegt, aber nach wenigen Tagen dem Kaiser Diokletian lebendig gegenübertritt, weil der Herr es ihm gewährte, ihn zu erwecken (*resus-*

---

[14] *Legenda aurea* 2: De Sancto Andrea apostolo (Voragine: Legenda aurea, S. 104,9–12).

[15] *Legenda aurea* 2: De sancto Andrea apostolo (Voragine: Legenda aurea, S. 108,21–24).

[16] *Legenda aurea* 17: De sancto Hilario (Voragine: Legenda aurea, S. 344,5–7).

[17] *Legenda aurea* 130: De sancto Aegidio (Voragine: Legenda aurea, S. 1724,15–18).

[18] *Legenda aurea* 16: De sancto Remigio (Voragine: Legenda aurea, S. 338,5–7).

citare).[19] Diese Auferstehung währt nur kurz, denn Sebastian wird neuerlich zu Tode geprügelt. Von einer solchen zeitweiligen Auferstehung berichtet auch die Geschichte von den sieben Schläfern,[20] sieben Christen, die unter der Verfolgung des Decius (249–251) entschliefen, ehe sie von dessen Soldaten ergriffen werden konnten, und erst unter Theodosius II. (408–450) wieder erwachten, um gegen häretische Leugner der Auferstehung deren Realität zu erweisen. Gerade die gegenüber Jesus Christus abgestufte Auferstehung wird also auf das Engste mit dessen Ergehen selbst gekoppelt.

Bei all diesen Erzählungen handelt es sich offenkundig um intertextuelles Spiel mit biblischem Material, das in seiner Überzeichnung gelegentlich geradezu grotesk wirkt. In frömmigkeitsgeschichtlicher Perspektive aber bildet sich in ihnen ein schwer aufzulösender Zusammenhang aus Nachahmung und Präsentmachung ab. Christus wird nicht nur nachgeahmt, er wird durch seine Heiligen hindurch sichtbar und präsent – manchmal in einer eigenartigen Konversstellung nicht als Subjekt des Handelns, sondern als dessen Objekt.

Herausragendes Beispiel für eine solche konverse Repräsentation ist die in der Spätantike aufkommende[21] Erzählung von Christophorus, der unwissentlich Christus

---

[19] *Legenda aurea* 23: De sancto Sebastiano (Voragine: Legenda aurea, S. 388,19–22).

[20] *Legenda aurea* 101: De septem dormientibus (Voragine: Legenda aurea, S. 1306–1314).

[21] Hans-Friedrich Rosenfeld: Der Hl. Christophorus. Seine Verehrung und seine Legende. Eine Untersuchung zur Kultgeographie und Legendenbildung des Mittelalters, Helsingfors 1937, S. 8, nennt als erstes Zeugnis eine Inschrift in Kleinasien, die die Weihe einer Christophoruskirche für das Jahr 452 bezeugt.

über einen Fluss trug[22] und von hier her auch seinen Namen erhielt. Er wurde zu einem der wichtigsten und beliebtesten Heiligen des Mittelalters: Durch die Sicherheit, die er jenem Kind gab, das er trug und erst im Nachhinein als Christus erkannte, war er Schutzpatron für alle Reisenden. Oft war sein Bild an oder in Kirchen so abgebildet, dass Reisende noch schnell einen Blick darauf werfen und sich dem Schutz des Heiligen anvertrauen konnten, ehe sie sich aufmachten – und damit als Getragene und Beschützte in die Rolle Jesu Christi aus der Legende einrückten.

Gerade für weibliche Heilige, gegenüber deren direkter Identifikation mit einer Christusrepräsentation oft noch Zurückhaltung herrschte, war diese Form der konversen Repräsentation besonders beliebt. Hier tritt nun das Motiv der Braut Christi auf, wenn die Heilige Agnes nach den Erzählungen der *Legenda aurea* das Werben des Sohnes des Präfekten unter dem Verweis, mit Christus verlobt zu sein, abwies. Zur Strafe sollte sie sich entweder den jungfräulichen Priesterinnen der Vesta anschließen oder in ein Bordell gehen. Die Wahl zwischen Gottesverrat und sexuellem Missbrauch, der sich im Rahmen des gültigen Wertekanons als Verlust der jungfräulichen Unschuld darstellte, entschied Agnes sich für das Bordell, wurde hier aber durch Gott selbst geschützt, der sie zunächst mit langen Haaren bedeckte und dann mit einem Lichtgewand. Als der Sohn des Präfekten dennoch zudringlich wurde, tötete Gott ihn. Dass Agnes ihn wieder vom Tod erweckte und so zugleich bekehrte, trug ihr noch mehr Hass ein – und so endete sie schließlich als Märtyrerin und wurde so dann, wie die *Legende aurea* festhält, tatsächlich Braut

[22] *Legenda aurea* 100: De sancto Christophoro (Voragine: Legenda aurea, S. 1298,11–34).

Christi.[23] Die Gegenwart Christi in ihrem Leben gestaltete sich also geschlechtsspezifisch und gerade auch geschlechtskonnotiert. Zugleich wurde sie so das Idealbild für Keuschheit und monastisches Leben.

Die geschlechtlichen Unterschiede im Bezug auf die Christusrepräsentation zeigen sich besonders deutlich bei zwei mittelalterlichen Heiligen, die in ihrer Spiritualität eng zusammengehören: Franz von Assisi († 1226) und Elisabeth von Thüringen († 1231): Franz von Assisi ist die paradigmatische Gestalt einer Repräsentation Christi hier auf Erden: Schon unmittelbar nach seinem Tod berichtete der Generalminister der von ihm gegründeten Ordensgemeinschaft der minderen Brüder, die gerne abgekürzt als Franziskaner bezeichnet werden, Elias von Cortona († 1253), von einem wundersamen Geschehen:

> „Ich verkünde euch eine große Freude und eine wundersame Neuheit! Von der Welt wurde ein solches Zeichen noch nicht gehört, außer am Sohn Gottes, welcher ist Christus der Herr. Nicht lange vor seinem Tod erschien der Bruder und Vater gekreuzigt und trug fünf Wunden, die wahrhaft die Wundmale Christi sind, an seinem Körper. Denn seine Hände und Füße hatten so etwas wie Stiche von Nägeln, von beiden Seiten durchbohrt, die noch die Narben aufwiesen und die Schwärze der Nägel zeigten. Seine Seite aber wirkte wie von einer Lanze durchbohrt und oft dampfte Blut heraus.“[24]

---

[23] *Legenda aurea* 24: De sancta Agnete (Voragine: Legenda aurea, S. 398,16 f).

[24] Elias von Cortona, *Epistola* 15–19 (Fontes Franciscani, S. 254): *„annuntio vobis gaudium magnum et miraculi novitatem. A saeculo non est auditum tale signum, praeterquam in Filio Dei, qui est Christus Dominus. Non diu ante mortem frater et pater noster apparuit crucifixus, quinque plagas, quae vere sunt stigmata Christi, portans in corpore suo. Nam manus eius et pedes quasi puncturas clavorum habuerunt, ex utraque parte confixas, reservantes cicatrices et clavorum*

Für die Frömmigkeitsgeschichte des Mittelalters ist es gänzlich belanglos, ob das Wunder, von dem Elias hier schreibt, tatsächlich geschehen ist oder nicht. Für das überwiegende Verständnis der Zeitgenossen war es geschehen. Zweifler, von denen gelegentlich berichtet wird,[25] sind eher Ausnahmen und zwar die berühmten, die die Regel bestätigen, dass mit dem Wunder in der Zeit gerechnet und der Bericht über das, was Elias hier knapp zusammenfasst, als glaubwürdig eingestuft wurde. Franz von Assisi hatte die Wundmale Jesu Christi selbst an seinem Leib erfahren: die Wunden der Nägel in Händen und Füßen und vor allem die Wunde an der Seite, die durch die Lanze des römischen Soldaten entstanden war, die dieser nach Jesu Tod in dessen Leib gestochen hatte (Joh 19,34). Aus dem Bericht des Elias wird nicht ganz klar, ob er tatsächlich an einen physischen Vorgang dachte oder nicht eher an eine visionäre Erfahrung kurz vor dem Tod des Franziskus.[26] Bald aber überboten die Biographen sich darin, das Geschehen physisch auszumalen. Schon der erste Biograph, Thomas von Celano († 1260), meinte, genauer als Elias dies getan hatte, erzählen zu können, wie es zu den Stigmata gekommen war. Franz, so erzählte er, hatte sich zwei Jahre vor seinem Tod, auf den Berg La Verna zurückgezogen und hier die Vision von einem Mann, der am Kreuz hing und in Gestalt eines Seraphen, wie ihn der Prophet Jesaja gesehen hatte (Jes 1,2), mit drei Flügelpaaren ausgestattet war. Nachdem er dies gesehen habe,

---

negredinem ostendentes. Latus vero eius lanceatum apparuit et saepe sanguinem evaporavit."

[25] S. Thomas von Celano, Mirakelbuch 6,5–7 (Fontes Franciscani, S. 650).

[26] S. Volker Leppin: Franziskus von Assisi, Darmstadt 2018, S. 289–291.

hätten sich dann jene Wundmale an Franz' Körper gebildet. Diese habe er dann zu seinen Lebzeiten selbst vor den nächsten Personen in seinem Umfeld versteckt, so dass sie erst in seiner Todesstunde sichtbar wurden.

Was hier als Wunder berichtet wurde, entsprach dem, was viele Menschen mit eigenen Mühen anstrebten: Jakob von Vitry († 1240) beschrieb in seiner *Vita* der Begine Marie von Oignies († 1213), wie diese junge Frau, die sich im Einvernehmen mit ihrem Ehemann für ein Leben in Enthaltsamkeit entschieden hatte, Fleischstücke aus dem eigenen Körper riss, um Jesus Christus nahe zu sein.[27] Modernem Denken mag es naheliegen, dieses Verhalten mit Selbstverletzungen von heutigen jungen Menschen mit Borderline-Syndrom zu vergleichen. Eine solche Ferndiagnose würde aber an dem Selbstverständnis nicht nur Maries selbst, sondern ihres ganzen Umfeldes vorbeigehen. Die Selbstverstümmelung war grausam, aber in ihrer Grausamkeit eine Form, Christus näherzukommen, dem sie sonst auch auf ganz andere Weise nahekommen konnte: An anderer Stelle konnte Jakob über Maria berichten, dass sie „drei Tage hindurch in ihrem Bett lag und angenehm mit ihrem Bräutigam ruhte“[28]. Leidensfrömmigkeit und Erotik verschwimmen hier. Bei Marie geschieht dies in der bemerkenswerten Verbindung aus einerseits konverser Identifikation mit Christus als ihrem Geliebtem, und direkter Identifikation durch die Selbstverletzung andererseits. Solche Identifikation konnte bis dahin gehen, dass Menschen sich tatsächlich selbst die Stigmata, die Kreuzesmale Christi zufügten – so berichtet eine engli-

[27] Vitry, *Vita Maria* I,7,22 (ActaSS Juni. Bd. 4 [1707], S. 641D).

[28] Vitry, *Vita Maria* II,10,87 (ActaSS Juni. Bd. 4 [1707], S. 659E): „*in lecto suo per tres dies continue jacuisset, & cum Sponso suaviter quievisset*“.

sche Chronik eher nebenher, dass auf einem Konzil in Oxford im Jahre 1222 ein Mann verurteilt wurde, weil er sich selbst die Stigmata beigefügt hatte.[29] Das war kein Einzelfall – der eben schon erwähnte Jakob von Vitry erzählte in einer seiner Predigten von einem Laien, der in Huy, einer Stadt in der Provinz Lüttich, beschlossen habe, er wolle für Christus eben das erleiden, was Christus für ihn erlitten habe. Daher sei er an einem Karfreitag allein auf einen Berg etwas außerhalb der Ortschaft gestiegen, habe dort zunächst seine Füße mit Nägeln an einem hierfür bereiteten Kreuz festgenagelt, dann seine beiden Hände durchbohrt, um zunächst die linke mit der rechten festzunageln und dann durch die schon präparierte Durchbohrung auch die rechte Hand zu befestigen. Erst als dieses massive Reenactment der Kreuzigung lebensbedrohlich wurde, haben ihn Hirten gegen seinen Widerstand vom Kreuz abgenommen und nach Hause gebracht.[30] Auch hier blieb die Distanz bewahrt: Der Mann wollte ja für Christus tun, was dieser für ihn getan hatte, und doch war genau in diesem Wechselspiel auch eine Form der gegenseitigen Identifikation unübersehbar.

Zugleich bilden diese Erzählungen den Hintergrund für das Geschehen das Franz von Assisi widerfuhr und das in diesem Rahmen auch gelegentlich als Selbststigmatisierung gedeutet wird.[31] Solche Erklärungen erinnern ein

---

[29] Matthaei Parisiensis monachi Sancti Albani Chronica Majora, hg. v. Henry Richard Luard. Bd. 3, London 1876, S. 71.

[30] Die Exempla aus den Sermones feriales et communes des Jakob von Vitry, hg. v. Joseph Greven, Heidelberg 1914 (Sammlung mittellateinsicher Texte 9), S. 31 f; vgl. zu beiden Fällen der Selbststigmatisierung Christoph Daxelmüller: „Süße Nägel der Passion". Die Geschichte der Selbstkreuzigung von Franz von Assisi bis heute, Düsseldorf 2001, S. 90–93.

[31] Helmut Feld: Franziskus von Assisi. Der Namenspatron des

wenig an die Versuche des 19. Jahrhunderts, den Seewandel Jesu mit dem Hinweis verständlich zu machen, dass im See Genezareth Hölzer getrieben wären, über die Jesus schreiten konnte.[32] Ein Geschehnis, das in der Mentalität der Zeitgenossen ein Wunder war, wird rationalisierend aufgelöst. Zum Verständnis dessen, was die Erzählungen in ihrer Zeit bedeuteten und bewirkten, trägt eine solche Erklärung wenig bei. Denn die Erzählungen schufen Realität, ganz jenseits heutiger Rekonstruktionen einer „Realität". Die Realität war vielfach abgebildet: Den Heiligen aus Assisi konnte und kann man auf Gemälden an den Wundmalen erkennen, auch und gerade, wenn er unter dem Kreuz abgebildet wurde: der Gekreuzigte unter dem Gekreuzigten. So wie Elias mit der Verkündigung der großen Freude an die Worte der Engel bei der Verkündigung an die Hirten vor der Erscheinung Jesu Christi (Lk 2,10) anspielte, konnte jedem bei diesem Anblick deutlich werden: Der seit Jahrhunderten verstorbene Herr Jesus Christus war in Franz von Assisi neu präsent geworden, hatte eine Repräsentation erfahren, wie sie bis dahin niemandem zuteil geworden war, und die doch an eben die Geschichte der Heiligenleben als Nachleben Christi anknüpfte, die die Jahrhunderte zuvor geprägt hatten.

Dieses Modell war in einer Welt starker Abwertung des weiblichen Geschlechts gegenüber dem männlichen nicht ganz einfach auf Frauen übertragbar. Besonders deutlich ist dies in der Erzählung, die lange nach ihrem Tod über Elisabeth von Thüringen kursierte. Ähnlich wie Franz

---

Papstes, Darmstadt [3]2014, S. 265–267; Daxelmüller: Süße Nägel, S. 117.

[32] Bernd Kollmann: Wunder, in: Lukas Bormann (Hg.): Neues Testament: Zentrale Themen, Neukirchen-Vluyn 2014, S. 71–90, S. 72.

und vielfach an ihm orientiert hatte die junge Adelige eine Diskrepanz zwischen ihrer sozialen Herkunft und dem Armutsgebot der Bibel empfunden und sich nach dem Tod ihres Ehemannes für ein asketisches Leben im Dienst der Kranken entschieden. In seiner Heiligenvita berichtete nun Dietrich von Apolda (†nach 1302), dass sie, als sie noch auf dem landgräflichen Schloss lebte, einen Aussätzigen hereingeholt habe, um ihn zu pflegen, und ihn in Abwesenheit des Gatten Ludwig IV. von Thüringen (1217–1227) sogar in das Ehebett gelegt habe. Als dieser heimkehrte, unterrichtete ihn seine Mutter sofort davon, er ging in das eheliche Schlafgemach, damit er sich von Elisabeths Vergehen gegen höfische Etikette und, so die deutlichen Assoziationen, auch gegen die eheliche Treue überzeugen könne. Aber als er an dem Bett stand, sah er, dass der Leprakranke im Bett wahrhaft der Gekreuzigte war.[33] Ähnlich wie im Falle des Berichts des Elias über Franz geht es hier wohl eher um eine visionäre Wirklichkeit als eine reale, denn Dietrich vermerkte ausdrücklich, Ludwig habe dies gesehen, weil ihm die inneren Augen (*interiores oculi*) geöffnet wurden. Aber visionäres Geschehen ist, da es von Gott gesandt ist, nicht weniger real als die empirische Wirklichkeit. Mag für die moderne Sicht eine solche Schau „bloß" visionär sein, so erfasst sie für die mittelalterliche Frömmigkeit die Wirklichkeit Gottes vollgültig. Und diese besagt in dieser Erzählung, dass in dem Leprösen, um den Elisabeth sich gekümmert hatte, Christus selbst Wirklichkeit geworden war. Die Ambiguität der Geschichte zwischen Ehebruch und Diakonie hat auch

---

[33] Dietrich, *Vita* l. 2 c. 7 (Dietrich von Apolda: Das Leben der heiligen Elisabeth, hg. u. übers. v. MONIKA RENER, Marburg 2007 [Veröffentlichungen der Historischen Kommission für Hessen 67], S. 62).

frömmigkeitsgeschichtlich einen doppelten Anklang: Mit dem Kranken im Ehebett war die Vorstellung brautmystischer Nähe verbunden, wie sie sich bei anderen heiligen Frauen noch drastischer äußern konnte, wenn etwa Angela von Foligno erklärte, das Kreuz selbst sei ihr „Bett" (*lectus/leto*[34]). Das Handeln an den Kranken und Schwachen aber wies noch eine ganz andere Dimension auf. In ihm erfüllte sich Mt 25,40: „Was ihr getan habt einem von diesen meinen geringsten Brüdern, das habt ihr mir getan." Die hier in der Rede vom Großen Gericht ausgesprochene Identifikation war sehr konkret Wirklichkeit geworden. Christusrepräsentation konnte also sowohl direkt erfolgen wie im Falle von Franz von Assisi als auch konvers wie im Falle Elisabeths und anderer. Nicht sie selbst wurde so ohne Weiteres zur Christusrepräsentantin, sondern das Objekt ihres Handelns. Damit war allerdings die Gegenwart Christi in noch viel höherem Maße in die Gegenwart des mittelalterlichen Europa gezogen: In jedem Bettler, in jedem Kranken, in jedem Gefangenen konnten die Menschen, wenn sie Mt 25 beherzigten, Christus selbst entdecken. Das löste einen enormen Appell an das Tun aller Menschen, nicht nur derer, die in den Geruch der Heiligkeit kommen wollten, aus.

Ehe dem aber nachgegangen wird, muss zu den Schilderungen hinzugefügt werden, dass das geschlechtliche Ungleichgewicht, das sich hier zwischen Franz und Elisabeth abzuzeichnen scheint – direkte Repräsentation bei ihm, konverse bei ihr –, keineswegs durchweg und auf Dauer Bestand hatte: Stigmatisierung wurde auch eine Möglichkeit für Frauen. Dabei bleibt es eine Konstante, dass diese

[34] Angela de Foligno, *Memoriale* 9 (Il libro della beata Angela da Foligno, hg. v. Ludger Thier/Abele Calufetti, Grottaferrata [2]1985, S. 364,113 f; 365).

Form der Repräsentation Christi nicht einfach als ein physisch beschreibbares Phänomen begegnet. Die Zisterzienserin Gertrud von Helfta († 1301/02) etwa beschrieb, wie sie die Wunden Christi geistlich an ihrem Leib empfing, um dann im Folgenden zu schildern, dass sie sich wie die Taube des Hohenliedes (Hld 2,14) in die linke Handwunde legte.[35] Man mag dies damit erklären, dass sie nun wieder die Wunden Christi meinte, in welche meditative Beter in der Frömmigkeitskultur ihre Sünden legen konnten[36] – aber das würde die Ambiguität von Text und Bild auflösen: Gertrud legt sich offenbar mit ihrer ganzen Person in eine jener Wunden, die ihr selbst zugefügt sind. Die Realität und jede Vorstellung von ihr gerät hier ins Gleiten, weil die gebrochene Identität mit Christus jegliches übliche Gefüge von Raum und Zeit überwindet. Repräsentation Christi ist mehr als ein Abbild, mehr als die modellhafte Nachbildung eines Originals.

In der Folgezeit konnten Frauen geradezu paradigmatische Stigmatisierte werden. Unter dem beziehungsreichen Begriff „Stigmatic Diversity" beschreibt Carolyn Muessig in ihrer großen Studie über die Geschichte der Stigmata Jesu, wie Katharina von Siena (1347–1380) geradezu als Gegenbild zu der betonten Franziskus-Repräsentationsfrömmigkeit der Franziskaner aufgebaut wurde.[37] Dieses Gegenbild bestand auch darin, dass die Wunden, die sie erfuhr, zwar spürbar und fühlbar waren – für andere aber

---

[35] Gertrud, *Legatus* II,1 (Gertrud von Helfta: Botschaft von Gottes Güte. Bd. 1: Buch 1 & 2. Lateinisch/Deutsch, übers. u. hg. v. Maria Hildegard Brem, Heiligenkreuz 2013, S. 180–183).

[36] S. das meditative Gebet in Johannes von Paltz, *Coelifodina* (bei Johannes von Paltz: Werke. Bd. 1: Coelifodina, hg. v. Christoph Burger/Friedhelm Stasch, Berlin/New York 1983, S. 109–111).

[37] Carolyn Muessig: The Stigmata in Medieval and Early Modern Europe, Oxford 2020, S. 138–188.

nicht sichtbar: Katharina, so beschrieb es ihr Biograph Raimund von Capua († 1399), habe gesehen, wie von einem Kruzifix Blutstrahlen auf sie ausgingen und angesichts dessen ausgerufen: „Oh Herr, mein Gott, die Wunden mögen bitte nicht äußerlich an meinem Körper erscheinen!“[38] Daraufhin hätten die Strahlen sich aus dem roten Blut in Licht gewandelt und ihr die Wunden auf eine für andere verborgene Weise zugefügt. Die heilige Frau war damit zur Trägerin der Gegenwart Christi geworden – und wo dies nicht sichtbar war, blieb es dem Glauben anheimgegeben, hierauf zu vertrauen und das Wunder der Gegenwart Christi aufzunehmen und wahrzunehmen. Verborgen, unsichtbar, nach der gültigen Wertehierarchie noch dazu in einer Frau: Diese Gegenwart Christi war unerwartet, erfolgte fernab der priesterlich dominierten sakramentalen Heilsvermittlung und der dieser eigenen Weise Christus realpräsent zu machen (s. u. 161–179).

Die Stigmatisierung wurde zur Möglichkeit von Menschen, die nicht durch die Weihe für eine besondere Verbindung mit Christus ausersehen waren. Gleichwohl war sie nicht allen Christinnen und Christen zugänglich. Doch hatte hier die diakonische Seite im Leben der Elisabeth von Thüringen einen Weg der Christusrepräsentation aufgezeigt, der in faszinierender Weise einfach war: ein gläubiger Mensch musste nicht durch sein eigenes Leben Christus gleich werden, sondern es reichte, in dem anderen Christus zu entdecken. Wer nach Marburg pilgerte, um den dort ausgestellten Schrein Elisabeths zu betrachten, sah auf seinen Dachseiten das Leben Elisabeths in Gold dargestellt – und darin verwoben ihre Fürsorge für die

[38] Raimund von Capua, *Vita S. Catharinae Senensis* p.2 c. 7 (ActaSS April. Bd. 3 [1675] 901B): „*Ha, Domine Deus meus, non appareant obsecro cicatrices in corpore meo exterius.*“

Hungrigen und Siechen. Es sind die Werke der Barmherzigkeit, die hier „in Elisabeths Persönlichkeit erfüllt" sind.[39] Sie erfüllt damit etwas, was eigentlich von jedem Menschen erwartet wird und erwartet werden kann. Damit warb der franziskanische Prediger Berthold von Regensburg (†1272) sehr unmittelbar:

„Er richtet alles auf unsere Besserung aus. Und daher mutet er uns nichts zu, was wir nicht gut vollbringen könnten. Wer das gut vollbringen kann, soll es auch gut vollbringen. Wer reich ist, der soll Almosen geben und Messen stiften und Wege und Stege machen und Klöster und Spitaler ausstatten und den Hungrigen zu essen geben und den Durstigen zu trinken, und er soll die Nackten kleiden und die Elenden beherbergen und soll alle sechs Werke der Barmherzigkeit tun. Denn danach, nach den sechs Werken der Barmherzigkeit, wird er am Jüngsten Tag besonders fragen."[40]

Die sechs Werke der Barmherzigkeit ergaben sich aus Mt 25: Hungrige speisen, Durstigen zu trinken geben, Nackte bekleiden, Fremde aufnehmen, sich um Kranke kümmern und Gefangene besuchen – als siebtes Werk fügte der französische Gelehrte Johannes Beleth (†1182) unter Berufung auf Tob 1,17 die Bestattung der Toten hin-

---

[39] Erika Dinkler-von Schubert: Der Elisabethschrein zu Marburg, Marburg/L., Witzenhausen ²1974, S. 25.

[40] Berthold von Regensburg, *Predigt* 13 (Berthold von Regensburg: Vollständige Ausgabe seiner Predigten, hg. v. Franz Pfeiffer. Bd. 1, Wien 1862, S. 190): „Er ist allez bezzernhalp gein uns, unde dâ von muotet er gein uns niht wan daz wir wol vollebringen mügen. Der wol mac, der tuo ouch wol. Der rîche sî, der sol almuosen geben und messe frumen und wege unde stege machen unde klœster rîchen unde spitâle unde den hungerigen etzen unde den durstigen trinken und den den nacketen kleiden und den ellenden herbergen unde diu sehs werc der erbarmherzikeit toun alles. Wan dâ von wirt er sunderliche frâgen an dem jungesten tage umbe die sehs werc der erbarmherzikeit."

zu. Beleth erklärte in dem Zusammenhang den Sinn dieser Werke auf eine Weise, die an eben jene Verlusterfahrung anklingt, die Michel de Certeau beschrieben hat: „Wenn Christus auch hinsichtlich seiner Gottheit uns gegenwärtig ist (...) so befindet er sich doch, insofern er Mensch ist, im Himmel und sitzt zur Rechten des Vaters".[41] Die bei ihm nun sieben Werke der Barmherzigkeit füllten also jene Leerstelle, gaben die Möglichkeit, in denen, denen man Barmherzigkeit übte, Christus präsent zu haben.

Dass sich nach diesen Werken der Barmherzigkeit das Gericht vollzog, wie Mt 25 es ankündigte, schärfte Berthold ein, und zahlreiche Darstellungen des Jüngsten Gerichts unterstrichen das. Wer auf die Galluspforte am Basler Münster zuschreitet [*Abb. 11*], kann dort ein ganzes Programm des Jüngsten Gerichtes sehen: Im Zentrum des Tympanons sitzt Jesus Christus, offenkundig zum Gericht – darunter erinnern die gleichfalls aus Mt 25 stammenden klugen und törichten Jungfrauen daran, dass man sich rechtzeitig auf das Gericht bereiten soll: Die klugen hatten ihre Öllampen zum Geleit des Bräutigams gefüllt, die törichten nicht – und weil diese deswegen noch Öl kaufen gehen mussten, verpassten sie die Hochzeit. So soll es den Menschen nicht gehen. Und was für sie die Bereitung mit der ständig leuchtenden Öllampe ist, zeigen an den Seiten, neben den Evangelisten, sechs Felder – die eben die Werke der Barmherzigkeit darstellen.

Sieht man ein solches Gesamtensemble, so wird deutlich, dass Angst ein starkes Motiv in diesem Appell zu ethi-

[41] Johannes von Beleth, *Summa de ecclesiasticis officiis/Rationale divinorum officiorum* c. 77 (Corpus Christianorum. Continuatio mediaevalis 41A, S. 142,78–82): „*Licet enim Christus sit nobis presens secundum diuinitatem* (...) *tandem secundum quod est homo, in celo est et sedet ad dexteram Patri*".

Abb. 11: Galluspforte, Basler Münster.

schem Verhalten war. Die Mahnung vor dem Gericht, nicht nur in Basel, sondern an vielen mittelalterlichen Kirchen über dem Tympanon angebracht, schürte offenkundig die Furcht vor dem künftigen Ergehen. Allerdings übersehen moderne Deuter in ihrer Faszination über diese negativen Emotionen, die sich so grandios wie einseitig in der Abhandlung von Jean Delumeau über die „Angst im Abendland" zeigt,[42] dass auch die Mahnung vor dem Jüngsten Gericht vielfach in eine Trost- und Ermutigungsstruktur eingebettet ist. Jener Hinweis Bertholds, dass Gott nichts vom Menschen verlange, ist noch eine vergleichsweise schwache Ermutigung. In die Sentenzensammlung des Petrus Lombardus war die Auffassung Augustins eingegangen: „Wenn Gott unsere Verdienste bekrönt, bekrönt er nichts anderes als seine Leistungen".[43] Dahinter stand die verbreitete tiefe Überzeugung, dass aller menschlichen Anstrengung letztlich die Hilfe Gottes zugrunde lag: Die Warnung vor dem Gericht war eine Verheißung, dass Gott helfen werde. Entsprechend sollte man bei dem Versuch, sich in die Mentalität des Mittelalters einzudenken, nicht vor der Kirche stehen bleiben: Das Tympanon war ja über einer Pforte angebracht, und wer diese durchschritt, schritt in den Kirchenraum, in welchem in der Repräsentation der Gemälde und im Reenactment Christi Präsenz gefeiert werden konnte.

---

[42] Jean Delumeau: Angst im Abendland. Die Geschichte kollektiver Ängste im Europa des 14. bis 18. Jahrhunderts. 2 Bde., Reinbek bei Hamburg 1985.

[43] Petrus Lombardus, *Sentenzen* l. 2 d. 27 c. 6 (Petri Lombardi Sententiae in IV libros distinctae. Bd. 1, Quaracchi 1971, S. 484, S. 14 f): „*cum coronat merita nostra, nihil aliud coronat quam munera sua*".

Es erinnerte freilich daran, dass jede Christin und jeder Christ die Möglichkeit hatte, ähnlich wie Elisabeth von Thüringen ein konverses Reenactment zu vollziehen, indem sie oder er in den Notleidenden Christus selbst entdeckte. Vorgemacht hatte dies nicht allein Elisabeth, sondern einer der verbreitetsten mittelalterlichen Heiligen überhaupt: Martin von Tours (†397), der nach der ihm gewidmeten *Vita* aus der Feder des Sulpicius Severus einem Bettler die Hälfte seines Mantels geschenkt hatte und dem Christus im Traum mitgeteilt hatte, dass der Beschenkte er selbst gewesen war.[44] Martin hatte vorbildlich Mt 25 gelebt – und war nun selbst zum Vorbild geworden: Dass der Minnesänger Walther von der Vogelweide (†ca. 1230) am Tag nach dem Martinstag, am 12. November 1203, von Wolfger von Ellenbrechtskirchen, damals Bischof von Passau (†1218), einen Mantel erhielt,[45] klingt zu beziehungsreich, als dass man den Bezug auf Martin vermeiden könnte. Indem man andere beschenkte, konnte man sie sich zu Christus machen: Das Reenactment der Heiligen, das eine je neue Präsenz Christi aktualisierte, brachte ein dynamisches Beziehungsgeflecht mit sich, das durch den Gedanken einer Gerichts- und Strafmoral nicht recht erfasst wird. In dem je anderen letztlich Christus zu erkennen, hieß, die Erzählungen von Jesus Wirklichkeit werden zu lassen.

---

[44] Sulpicius Severus, *Vita Sancti Martini* 3 (Sulpicius Severus: Vita sancti Martini/Das Leben des heiligen Martin. Lateinisch/Deutsch, hg. u. übers. v. Gerlinde Huber-Rebenich, Ditzingen 2010, S. 14–17).

[45] Wilhelm Willmanns: Walther von der Vogelweide. Bd. 1: Leben und Dichten Walthers von der Vogelweide, Halle/Saale 1916, S. 68.

Vor allem aber schlägt das Geschehen noch einmal eine eigenartige Volte, denn die Zuwendung zu Christus im Bedürftigen bedeutete ja nicht allein, Christus in diesem Objekt des eigenen Handelns zu entdecken, sondern es bedeutete Nachfolge Christi selbst. Christus selbst hatte sich den Ausgegrenzten zugewandt. Wer also Christus im anderen entdeckte, machte sich selbst an Christus zum Christus – noch dazu gestützt von dem, der allein die guten Taten belohnenswert machte. Das hebt die Zweckrationalität, mit der Menschen danach schauten, das Gericht zu vermeiden, nicht auf, bettet sie aber in einen semiotischen Zusammenhang ein, dessen Komplexität kaum geringer ist als jene Stigmatisierung Gertruds von Helfta: Der Raum, der hier durch Handeln eröffnet wird, verweist immer wieder, im Objekt wie im Subjekt des Handelns, auf Christus allein und macht die handelnde Person zum Wohltäter Christi wie auch zu dessen Nachfolger.

Mit dieser Vorstellung von der Nachfolge Christi, der *imitatio*, ist ein zentraler Gesichtspunkt ethischen Reenactments angesprochen: Begrifflich kommen die Überlegungen hier an die Schnittstelle zweier Nachfolgekonzeptionen, die durchaus in Konflikt miteinander treten konnten. Es gab für die ersten zur Nachfolge Berufenen, für die Apostel, eine klare Regelung der Nachfolge in Gestalt der *successio*, der Sukzession, die Nachfolge als Abfolge gestaltet. Die Apostel, so die schon im zweiten Jahrhundert für den hervorgehobenen Bischofssitz in Rom geschaffene Fiktion, hatten sich selbst ihre Nachfolger erwählt und diese, wie es der Paulus zugeschriebene Zweite Timotheusbrief voraussetzt, durch Handauflegung in ihr Amt eingesetzt (2 Tim 1,6). Da die Nachfolge nicht immer zu Lebzeiten geklärt und geregelt werden konnte, erwies sich als sichereres Verfahren die Übergabe der *vasa sacra*, der liturgischen Geräte.[46] Der Gedanke aber blieb: In ununterbrochener (faktisch freilich vielfach gerissener) Kette wurde die Gabe des Geistes im Amt weitergereicht. Das machte es möglich, dass die in dieser Reihe Geweihten stets neu vollgültig das Opfer Christi vollzogen und so das sakramentale Reenactment in Gang setzten.

In Spannung dazu aber gab es ein Konzept der Nachfolge, das sich mit dem Begriff der *imitatio* fassen lässt. Wie bei der *successio* ging es dabei zunächst nicht unmittelbar um den Bezug auf Christus, sondern zunächst um die Apostolizität, weswegen die Bewegung, die sich ab dem hohen Mittelalter die wahre *imitatio* auf die Fahnen geschrieben hatte, als *vita-apostolica*-Bewegung bezeichnet wird. In ihr artikulierte sich miteinander die Kritik an den Amtsinhabern, deren formale *successio* nicht durch *imitatio* gedeckt war. Vielfach äußerte sich die *Vita-apostolica*-Bewegung daher in einem massiven Antiklerikalismus. Der negative Impuls stellte aber nur die Kehrseite des eigenen Anspruchs, apostolisch zu leben, dar. Im 12. Jahrhundert lassen sich mehrere Gruppierungen beobachten, deren Anliegen es war, die apostolische Wanderpredigt neu zu beleben und so im Europa des Mittelalters die Jesus-Bewegung im eigenen Leben nachzuvollziehen.

Die bekanntesten unter diesen Bewegungen sind die Katharer und die Waldenser, die zum Ziel hatten: das Leben Jesu zu predigen. Der Gründer der Waldenserbewegung, der Kaufmannssohn Waldes erhielt möglicherweise sekundär den Vornamen Petrus zugesprochen, der ausdrückte, dass hier neben und gegen den Nachfolger Petri in Rom, der Fischer und Apostel Petrus neu und unerwartet Gestalt gewonnen hat. Diese Bewegung bildete

[46] DH 1326.

den Hintergrund auch für Franz von Assisi und seine Anhänger, die in ihren Anfängen eher Apostelnachfolge aufleben ließen als unmittelbare Christusnachfolge. Bezeichnend ist die unterschiedliche Zählweise für die erste Gruppe, die Franz um sich scharte: Die Berichte sind sich einig, dass sich hier eine Zwölfergruppe gesammelt hatte. Ob aber Franz Teil der Zwölf war oder, wie einst Christus den zwölf Aposteln, diesen als Anführer gegenüberstand, darin sind sie sich uneinig.[47] Dieses rechnerische Problem ist theologisch alles andere als banal, denn daran hängt, ob Franziskus schon hier als Repräsentant Christi gesehen wurde oder er in diese Rolle erst durch die Erzählung von seiner Stigmatisierung hineingewachsen ist. Diesen Zusammenhang deutete die berühmte Formel, Franz habe „als Nackter dem Nackten folgen" wollen (*nudus nudum sequi*)[48] – Franz selbst blieb sich der Distanz zu Christus stets bewusst und machte keine Anstalten, sich selbst in eine christusgleiche Position zu bringen.

Nachfolge blieb allerdings ein besonderes Thema der Franziskaner und mit ihr die Frage, in welcher Weise ein Reenactment Jesu oder seines Umfeldes jenseits der durch Weihe sanktionierten Handlungen möglich sein könnte. Einer der bedeutendsten in der Reihe der Generalminister des Ordens, Bonaventura von Bonareggio († 1274), der aufgrund seiner Bemühungen, die auseinanderdriftenden

---

[47] Zu den Details s. LEPPIN: Franziskus, S. 111 f.

[48] Sie findet sich wiederum bei Jakob von Vitry (Analekten zur Geschichte des Franciscus von Assisi, hg. v. HEINRICH BOEHMER, durchgesehen von Friedrich Wiegand, mit einem Nachwort von Carl Andresen, Tübingen ³1961 [Sammlung ausgewählter kirchen- und dogmengeschichtlicher Quellenschriften als Grundlage für Seminarübungen. NF 4], S. 70,10); vgl. MATTHÄUS BERNARDS: *Nudus nudum Christum sequi*, in: Wissenschaft und Weisheit 14 (1951), S. 148–151.

Kräfte der Franziskaner zusammenzuhalten als zweiter Gründer des Ordens gilt, hat die Gedanken über die *imitatio Christi* in einen eigenen Brief gefasst: Fünf Tugenden habe Christus vorgelebt: Demut, Armut, vollkommene Nächstenliebe, unermessliche Geduld und bewundernswerter Gehorsam.[49] Bonaventura verhieß nicht, dass der Mensch hierdurch Christusgleichheit erlange, aber er könne ihm folgen und ihn finden und auf seinem Weg gehen.[50] Christus war so das letztlich unerreichbare Ideal – das im jeweiligen Leben eines Ordensbruders neu zur Verwirklichung kommen wollte.

War bei Bonaventura, allein schon wegen seiner eigenen Aufgaben im Orden diese Ausrichtung auf das monastische Leben unverkennbar, so strahlte der Anspruch, Christus im eigenen Leben nachzufolgen, immer mehr in das bürgerliche Leben jenseits der Klöster aus. Vor allem die *Devotio moderna*, die Frömmigkeitsbewegung, die im ausgehenden 14. Jahrhundert in den Niederlanden aufkam, pflegte ein Ideal von Christusentsprechung auch im Alltag. Ihr entstammt eines der berühmtesten und weitestverbreiteten Bücher in der Geschichte des Christentums: die *imitatio Christi* des Thomas von Kempen († 1471). Die Frage, ob Thomas ihr Autor war oder lediglich ihr Redaktor, vielleicht gar nur ein Schreiber, der das Manuskript überlieferte, kann hier außer Acht bleiben, denn frömmigkeitsgeschichtlich ist nicht der Autor wichtig, sondern die Konzeption von Nachfolge, die Thomas hier entwarf. Jeder Mensch sollte durch das Leiden hindurch auf Christus

---

[49] Bonaventura, *Epistola de imitatione Christo* (Doctoris Seraphicae S. Bonaventurae Opera omnia. Bd. 8, Quaracchi 1898, S. 499 f).

[50] Bonaventura, *Epistola de imitatione Christo* (Bonaventura, Opera 8, S. 500).

zugehen. Leiden hieß, das Kreuz auf sich zu nehmen, und wenn man dies bereitwillig tat, so war die Nähe Christi verheißen.

In beiden *imitatio*-Texten, bei Bonaventura wie bei Thomas, war die Distanz zu Christus auch noch im stärksten Aufruf ihm zu folgen gegeben. Und doch verheißen beide auf andere Weise auch dessen Nähe: Der Nachfolgende wurde nicht Christus, Christus aber wurde Wirklichkeit in ihm, in Gestalt einer mystischen Vereinigung. Dabei waren Aktivität und Mystik nicht ganz miteinander vermittelt. Man kann wohl erahnen, dass die Tugendskala, welche Bonaventura beschrieb, die Voraussetzung eben jener mystischen Nähe Christi war – aber die Tugenden selbst, insbesondere die Nennung der Nächstenliebe, zielen doch auf eine Aktivität hin, die mit der Passivität mystischer Gottesbegegnung in Spannung steht. Damit bildete der Franziskanergeneral freilich eine Spannung ab, die sich ja auch beim Ordensgründer selbst schon gezeigt hatte, dessen Leben in aller Aktivität nicht das war, was ihn christusförmig machte, sondern dem dies in einem einsamen Rückzug widerfuhr.

Diese Spannung weist darauf hin, dass die Vorstellungmuster von Repräsentation und Reenactment unterschiedliche Aspekte im Christenleben ansprechen, die ethische Aktivität einerseits, die im handelnden Nachvollzug auf den Spuren Christi wandelt, und andererseits, gegenläufig zu diesem dynamischen, Kräfte frei setzenden Bild die Erwartung, dass Christus sich in überwältigender Weise einstellt, dass er über alle Kräfte des Menschen hinweg aktiv wird. In klassischen dogmatischen Mustern ist damit das Verhältnis zwischen ethischem Handeln und gnadengewirktem Empfangen angesprochen – eine Spannung, die im Rückblick auf das Mittelalter durch die Folie reformatorischer Kritik hindurch gerne in einer Weise aufgelöst wird, die mittelalterlicher Frömmigkeit eine Tendenz zur Selbsterlösung durch Werke zuspricht. Genau das ist aber auch dort, wo zur *imitatio Christi* aufgerufen wird, nicht intendiert. In ihr geht es um einen Nachvollzug, der sich getragen weiß von der Gnade Christi und der letztlich auch sein Ziel und seine Erfüllung nur gnadenhaft erfahren kann.

Zusammengedacht werden konnte dies im Gedanken der *conformitas cum Christo*, der Gleichförmigkeit mit Christus. Der Augustinereremit Johann von Staupitz († 1524) fasste diese Vorstellung programmatisch zusammen:

> „Da wir ja durch den Gehorsam Christi auch selbst gehorsam geworden sind durch die Gnade Gottes, in welcher wir als wiedergeborene Kinder Gottes Christus haben. Dem muss ein Christ, das heißt, ein Prädestinierter, gleichgestaltet werden (*conformari*) – denn dessen Söhne sind wir, dessen Werke wir tun (vgl. Joh 8,39) – nach dem Vorbild, das uns auf dem Berg (vgl. Ex 25,40), das heißt in Christus unserem Herrn. gezeigt worden ist. Indem wir dessen Gehorsam nachahmen (*imitantes*), werden wir formal als gerechte begründet".[51]

Markus Wriedt hat gezeigt, wie sich in dieser kurzen Passage in nuce eine ganze Theologie einer *conformitas* ent-

[51] Staupitz, *De exsecutione aeterna praedestinationis* XXI, S. 207 (Johann von Staupitz, Sämtliche Schriften. Abhandlungen, Predigten, Zeugnisse, hg. v. LOTHAR GRAF ZU DOHNA/RICHARD WETZEL. Bd. 2: Lateinische Schriften 2, Berlin/New York 1979 [Spätmittelalter und Reformation. Texte und Untersuchungen 14], S. 264): „*Siquidem oboedientia Christi facti sumus et nos oboedientes per gratiam dei, in qua renati filii dei Christum habemus. Cui oportet christianum id est praedestinatum, conformari – nam illius filii sumus cuius opera facimus – iuxta exemplar quod nostro monstratum est in monte, hoc est in Christo domino nostro: cuius oboedientiam imitantes constituimus formaliter iusti*".

faltet:[52] Betont wird die Gnade auch noch einmal durch die Rede von der Prädestination, die nicht eine Droh-, sondern eine Heilsbotschaft ist. Sie bedeutet zugleich, dass hier von jedem Christen und jeder Christin die Rede ist. Ihnen allen gilt der Anspruch und Zuspruch, Christus gleichgestaltig zu werden: Es sind die Werke, die durch Nachfolge diese Gleichgestaltung auf Grundlage der Gnade verwirklichen und die den Menschen, in eins mit der Gnade, gerecht machen. Solches Denken verweigert sich den Denkschemata, die Gnade und Werke einander gegenüberstellen, vor allem aber unterstreicht es, dass es in diesen Überlegungen nicht um ein Hasten nach Lohn geht: Es geht darum, Christus in das Leben zu ziehen, Christus durch Nachvollzug seiner Taten neu in Wirklichkeit zu setzen. Dieses Reenactment ist eine Aufgabe aller Christen. Vorbildlich vollzogen wurde es durch die Heiligen. So ist für den Glauben des mittelalterlichen Menschen nicht allein Christus selbst Ort der Präsenz des Göttlichen, sondern grundsätzlich jede Gestalt eines oder einer Heiligen, die in ihrem Leben die Vollkommenheit Christi gelebt hat. Sie werden durch ihren Nachvollzug von Christi Leben zu seinen Repräsentanten auf Erden.

---

[52] Markus Wriedt: Gnade und Erwählung. Eine Untersuchung zu Johann von Staupitz und Martin Luther, Mainz 1991 (Veröffentlichungen des Instituts für Europäische Geschichte Mainz 141), S. 147–151.

3. Das Heilige fühlen und erlaufen

Das Reenactment des Lebens Jesu, das sich durch Heilige vollzog, konnte seinerseits eigentlich immer nur im Modus der zeitlichen Distanz nachvollzogen werden, denn Heiligkeit war eine Qualität, die den betreffenden Personen erst durch die entsprechende Kanonisierung nach ihrem Tod hindurch definitiv zukam. Dieses Verfahren hatte sich seit seiner Etablierung im 10. Jahrhundert immer mehr ausdifferenziert, bedurfte vielfältiger Zeugnisse, die gründlich erwogen werden mussten. Selbst in einem so raschen Kanonisationsprozess wie dem des Franz von Assisi, der schon zwei Jahre nach seinem Tod heiliggesprochen wurde, war dieser Vorgang kompliziert und aufwändig. Gerade in seinem Falle zeigt sich allerdings auch, dass die unmittelbaren Zeitgenossen schon zu seinen Lebzeiten beziehungsweise gleich nach seinem Ableben eine Ahnung davon hatten, dass sie es hier mit einem Heiligen zu tun hatten: Franziskus war stets eng mit der Portiuncula, dem Kirchlein im Tal unterhalb von Assisi, verbunden gewesen. Hier hatte er seine erste Gemeinschaft gesammelt, hierhin ließ er sich tragen, als er den Tod nahen fühlte,[1] hier wollte er auch bestattet werden – aber dieser Wunsch wurde ihm nicht gewährt, weil die Befürchtung bestand, dass die Bewohner des Nach-

[1] Celano, Vita 1,108 (Fontes Franciscani, S. 386).

barortes den Leichnam gewaltsam entwenden würden, damit ihr Ort statt der Heimat des Franz zum Ort seiner postmortalen Wunder werde.[2] Die Perugianer konnten da noch nicht absehen, dass der Leichendiebstahl sich langfristig auch wirtschaftlich ausgezahlt hätte – noch heute lebt Assisi vom Erbe des Heiligen Franziskus. Religiöse Pilger besuchen es ebenso wie Kunstliebhaber, die von den Gemälden angelockt werden, mit denen Giotto († 1337) zu Ehren des Heiligen die Wände von dessen Grabeskirche ausgestattet hat. Mittelalterliche Frömmigkeit erwartete sich hier Heilung und Gesundung. Das Grab selbst konnte haptisch solche Heilung übertragen, wie die Erzählung von einem Besessenen erkennen lässt:

„Petrus aus Foligno machte einmal eine Wallfahrt zum Heiligtum des heiligen Michael. Als er vom Wasser einer Quelle kostete, schien es ihm, als habe er Dämonen in sich hineingetrunken. Und von da ab war er drei Jahre lang besessen. Sein Körper wurde hin- und hergerissen, wobei er Schreckliches redete und scheußliche Dinge vollführte. Schließlich wurde er aber im gleichen Augenblick, als er das Grab des seligen Vaters [Franziskus; V. L.] mit der Hand berührte und demütig die Kraft des heiligen Vaters anflehte, von den Dämonen, die ihn grausam hin- und herzerrten, wunderbar befreit.“[3]

---

[2] Jordan, *Chronica* 50 (Die Chronica des Bruders Jordan von Giano. Einführung und kritische Edition nach den bisher bekannten Handschriften, hg. v. Johannes Schlageter, in: Archivum Franciscanum historicum 104 [2011], S. 3–63, S. 54).

[3] Thomas von Celano, *Tractatus de miraculis* XVI, S. 150 (Fontes Franciscani, S. 730): *„Petrus de Fulgineo, qui ad visitandum limina beate Micaelis quodam tempore properavit, cum fontis cuiusdam aquam gustaret, visum est sibi daemones imbibisse. Unde et per tres annos obsessus, discerpebatur in coropore, pessima loquens et horrenda praetendens. Tandem, mox ut sepulcrum beati patris manu contigit et sancti patris virtutem humiliter invocavit, a daemonibus eum crudeliter discerpentibus mirifice liberatus fuit“*; Übers.: Franziskus-Quellen. Die Schriften des heiligen Franziskus, Lebensbeschreibun-

Diese Wundergeschichte aus einer fernen Welt ist außerordentlich vielschichtig. Fast ironisch wird die Konkurrenz des Wallfahrtzieles Assisi zu dem großen Heiligtum San Michele in Sant'Angelo in Apulien angesprochen: Von der gut 500 Kilometer langen Wallfahrt dorthin kam der Mann aus Foligno krank zurück – die zwanzig Kilometer nach Assisi hingegen brachten Heilung. Petrus traf allerdings nur begrenzte Schuld, denn als er sich nach Sant'Angelo aufmachte, muss Franz noch gelebt haben: Sein Grab konnte man nur berühren, solange es bekannt war, und das war nur bis 1230 der Fall, als er provisorisch in der Kirche San Giorgio bestattet war (s. dazu unten S. 113). Petrus hatte seine Wallfahrt also unternommen, ehe Franziskus heiliggesprochen war. Nun aber, da er sich vertrauensvoll dem anerkannten Heiligen zuwandte, widerfuhr ihm ein Geschehen, das in mehrfacher Perspektive biblische Erzählungen in der mittelalterlichen Gegenwart abbildete. Nicht allein die Heilung von Besessenen war aus dem vielfältigen Wunderwirken Jesu bekannt, sondern auch die Übertragung seiner Heiligkeit auf Gegenstände, die in Zusammenhang mit ihm standen: Eine Frau, die zwölf Jahre lang an Blutungen gelitten hatte, war nach dem Bericht der Evangelien (Mt 9,18–22 parr) durch die Berührung des Saumes von Jesu Gewand, biblisch zugespitzt allerdings: durch ihren Glauben dabei geheilt worden.

Im Mittelalter wurde hieraus die Vorstellung von Berührungsreliquien. Unter ihnen sind die bekanntesten das – erst seit 1578 in Turin aufbewahrte – Grabtuch Jesu und das Schweißtuch der Veronika. Beiden kommt dabei jene Eindeutigkeit nicht zu, die der Streit um Reliquien

---

gen, Chroniken und Zeugnisse über ihn und seinen Orden, hg. v. Dieter Berg/Leonhard Lehmann, Kevelaer [2]2014, S. 474.

in der Moderne von beiden Seiten gerne suggeriert. Die Geschichte des Grabtuchs ist eine Geschichte des Streits um seine Echtheit,[4] beginnend mit Petrus von Arcis (1377–1395), dem Bischof von Troyes, der es für eine glatte Fälschung durch den Dekan der Kirche in Lirey hielt, die das Grabtuch zeigte. Clemens VII. (1378–1394), der als avignonesischer Papst in Konkurrenz zu Rom stand, hatte allerdings ein gewisses Interesse daran, Reliquien und Wallfahrten im französischen Raum zu fördern. So wählte er, als Petrus von Arcis ihm seine Bedenken vortrug, einen Mittelweg: Er erlaubte die Verehrung des Tuches – sofern es nicht als Original, sondern als dessen Abbildung angesehen werde. Dieser Vorgang zeigt auch etwas davon, wie sich Kräfte übertragen können: Die Verehrung des Tuches konnte ja nur funktionieren, wenn die Abbildung etwas von der Kraft empfangen hatte, die auf das originale Grabtuch seinerseits von dem Leichnam Jesu Christi selbst übertragen worden war.

So wie Petrus von Foligno in Assisi die Kraft (*virtus*) des Franziskus angerufen hatte, war auch in dem Tuch und seinem Abbild noch Kraft Christi präsent. Eigentlich sind die Fälle sogar parallel, denn auch Franz ist ja nicht wegen seiner eigenen Kraft verehrungswürdig und heilbringend, sondern, wenn Heiligkeit ihrerseits durch Repräsentation und Reenactment Christi generiert wird (s. o. Kapitel 2), so ist es die Kraft Jesu Christi, die in ihm fortwirkt und die nun noch in seinem Leichnam präsent ist und von diesem auf das Grab übertragen wird. Diese Übertragung gilt sogar dann, wenn das Grab selbst eigentlich nicht mehr bekannt ist: 1230 hat eben jener Elias von Cortona, von dem

[4] S. noch heute grundlegend für die Materialsichtung: Ulysse Chevalier: Étude critique sur l'origine du St. Suaire de Lirey-Chambéry-Turin, Paris 1900.

oben schon die Rede war, den Leichnam des Heiligen aus der Kirche San Giorgio an eine unbekannte Stelle in der noch im Bau befindlichen Grabeskirche gebracht und so die Peinlichkeit ausgelöst, dass die angesetzten Translationsfeierlichkeiten zwar stattfanden – „allerdings ohne den Leichnam“[5]! Die Hintergründe hierfür sind nicht ganz klar. Vermutungen, Elias habe Unruhe befürchtet, weil der Leichnam die Erwartungen an einen Stigmatisierten nicht erfüllte oder aus anderen Gründen nicht für einen Heiligen passend gewesen wäre,[6] sind nicht ganz von der Hand zu weisen: Zum Komplex von Heiligkeit gehörte auch, dass der Leichnam eines Heiligen unverwest blieb.[7] Allerdings bleiben solche Annahmen spekulativ. Angesichts der geschilderten Begehrlichkeiten aus Perugia ist auch die Annahme nicht unbegründet, dass Elias Reliquienraub befürchtete. Er kreierte so eine Grabeskirche ohne klar lokalisierbares Grab. Wirksam blieb dieser Ort aber dennoch: Bonaventura berichtet in seinem Mirakelbuch, wie während der Predigt Rainalds von Jenne, des späteren Papstes Alexander IV. (1254–1261) in der Grabeskirche von Assisi ein Stein auf eine Frau stürzte, sie dies aber, weil sie gerade vor dem Altar des Franziskus gewesen war, wundersam und gegen alle Erwartungen überlebte.[8] So weit reichte die durch den Heiligen auf Materie übertragene Kraft Jesu Christi.

Da diese Kraft letztlich an der Gottessohnschaft Christi hängt, ein Grabtuch wie auch das Reenactment des Lebens

---

[5] Feld: Franziskus, S. 365.

[6] Feld: Franziskus, S. 368f.

[7] Arnold Angenendt: Heilige und Reliquien. Die Geschichte ihres Kultes vom frühen Christentum bis zur Gegenwart, München [2]1997, S. 150–152.

[8] Bonaventura, *Legenda Maior. Miracula* III,4 (Fontes Franciscani, S. 927).

Jesu sich aber stets zunächst auf die menschliche Natur Christi bezieht, setzen alle diese Vorgänge eine komplexe Erklärung des Verhältnisses von menschlicher und göttlicher Natur Christi voraus. In seiner berühmten Definition hatte das Konzil von Chalcedon 451

> „einen und denselben Christus, Sohn, Eingeborenen, in zwei Naturen unvermischt, unverwandelt, ungetrennt, ungesondert erkannt, wobei keineswegs die Verschiedenheit der Naturen um der Einung willen aufgehoben wird, sondern die Eigentümlichkeit einer jeden Natur erhalten bleibt und sich zu einer Person und Hypostase verbindet",[9]

bekannt. Damit war über den Zusammenhang der Naturen nicht viel gesagt, aber doch so viel, dass dieser Zusammenhang eng war. Die antiken Kirchenlehrer, insbesondere Johannes von Damaskus († 754), entwickelten zur näheren Erklärung die Lehre von der Perichorese, die im Mittelalter als *circumincessio* (oder – aufgrund eines Schreibfehlers – *circuminsessio*) tradiert, aber nicht besonders intensiv behandelt wurde.[10] Das heißt freilich nicht, dass sie keine Rolle gespielt hat. Sie beschrieb die wundersame gegenseitige Durchdringung beider Naturen, die letztlich dazu führte, dass sich Aussagen, die von der einen Natur getroffen wurden, auch über die andere treffen ließen.

Das führte, etwa bei Thomas von Aquin zu intensiven Überlegungen darüber, was wie von Christus ausgesagt

[9] DH 302: „ἕνα καὶ τὸν αὐτὸν Χριστὸν υἱὸν κύριον μονογενῆ ἐν δύο φύσεσιν ἀσυγχύτως, ἀτρέπτως, ἀδιαιρέτως, ἀχωρίστως γνωριζόμενον, οὐδαμοῦ τῆς τῶν φύσεων διαφορᾶς ἀνῃρεμένης διὰ τὴν ἕνωσιν, σωζωμένης δὲ μᾶλλον τῆς ἰδιότης ἑκατέρας φύσεως, καὶ εἰς ἓν πρόσωπον καὶ μίαν ὑπόστασιν συντρεχούσης".

[10] Peter Stemmer: Art. Perichorese, in: Historisches Wörterbuch der Philosophie 7, Basel 1989, S. 255–259, S. 256.

werden könne. Grundsätzlich, so legte er in *Summa theologiae* III q. 16 a. 4 resp. dar, könne in Christus vom Menschen ausgesagt werden, was von der göttlichen Natur gelte und von Gott, was von der menschlichen Natur gelte, freilich immer nur in Hinsicht auf die jeweils in den Blick genommene Natur.[11] Der Sache nach waren beide Naturen ihm zufolge so eng verbunden, dass Thomas unter ausdrücklicher Berufung auf Johannes von Damaskus erklären konnte, dass die Einigung von menschlicher und göttlicher Natur durch den Tod Christi nicht aufgehoben wurde.[12] Und umgekehrt galt, dass dieser menschlichen Natur besondere Bedeutung für das Heilsgeschehen zukam, weil eben durch ihre Kreuzigung den Menschen das Heil erlangt worden war.

Diese enge Durchdringung von menschlicher und göttlicher Natur begründet, dass auch im Leib und Fleisch Christi Gott präsent ist und sich diese geistliche Wirklichkeit weiter auf Materie übertragen kann. Geradezu paradigmatisch hierfür steht die Erzählung von Veronika, einem Namen, der auf die *vera icon*, das wahre Abbild anspielt. Lange Zeit war ein solches wahres Abbild der byzantinischen Tradition vorbehalten, in der das sogenannte *Mandylion* verehrt wurde, von dem man erzählte, König Abgar von Edessa habe sich noch zu dessen Lebzeiten ein Bild von Christus anfertigen lassen, das dieser selbst dadurch zum Abschluss gebracht habe, dass er „sein Antlitz in das Tuch drückte".[13] Damit war zumindest zum Teil die

[11] Thomas, *Summa theologiae* III q. 16 a. 4 resp. (Editio Leonina 11, S. 204).

[12] Thomas, *Summa theologiae* III q. 50 a. 3 resp. (Editio Leonina 11, S. 482).

[13] Hans Belting: Bild und Kult. Eine Geschichte des Bildes vor dem Zeitalter der Kunst, München [5]2000, S. 233; hier und auf den

Idee eines *Acheiropoieton*, eines nicht von Händen gemalten Bildes in die Legende eingegangen. Das Bild selbst ging in den Wirren infolge des Vierten Kreuzzuges verloren, in dessen Verlauf 1204 die Heere aus dem lateinischen Westen Konstantinopel geplündert und ihre christlichen Geschwister drangsaliert hatten. Im Osten entwendet, konnte sein Kult sich aber im Westen nicht neu etablieren. An seine Stelle trat ein anderes Bild, die *vera icon* eben. Der Name der Veronika war nicht neu. Er stellte die latinisierte Form von Berenike dar, so lautete in den apokryphen *Acta Pilati* der Name jener oben erwähnten blutflüssigen Frau.[14] Spätere Erzählungen schmückten deren vorsichtig-indirekte Annäherung an Christus noch weiter aus. Die apokryphe Pilatustradition wurde jedenfalls vor dem 9. Jahrhundert[15] durch die sogenannten *Vindicta Salvatoris* ergänzt. Hier musste jene Veronika unter der Folter zugeben, dass sie über ein Antlitz (*vultus*) Jesu verfüge. Der Dialog, in welchem sie dies tat, ist theologisch wiederum in besonderer Weise doppeldeutig: „Ich habe es in einem reinen Tuch, mein Herr, und täglich bete ich es an".[16] Ambigue wird dieser Satz, weil das Wort *illum* sich zwar, wie es die zweimalige Wiedergabe mit „es" in dieser Übersetzung voraussetzt, auf das Antlitz beziehen

---

folgenden Seiten auch die weiteren Informationen zum Schicksal des Mandylions und der Entstehung der *vera icon*.

[14] *Acta Pilati* VII (*Evangelia apocrypha*, hg. v. Konstantin von Tischendorf, Leipzig ²1876, S. 298); *Gesta Pilati* VII (ebd. 356).

[15] Rémi Gounelle: Les origines littéraires de la légende de Véronique et de la Sainte Face: La *Cura sanitatis Tiberii* et la *vindicta Salvatoris*, in: Adele Monaci Castagni (Hg.): Sacre impronte e oggetti „Non fatti da mano d'uomo" nell religioni. Atti del Convegno Internazionale, Torino, S. 18–20 maggio 2010, Turin 2011, S. 231–251, S. 245.

[16] *Vindicta Salvatoris* 24 (Evangelia apocrypha, S. 481): „*Ego habeo illum in sindone munda, domine mi, et quotidie adoro illum*".

kann, grammatikalisch aber auch unmittelbar auf Jesus Christus, und tatsächlich ist spätestens der Satz „Ich bete es an" in einer Zeit, in der im Umfeld des siebten Ökumenischen Konzils von Nizäa 787 von westlicher Seite immer wieder betont wurde, dass Bildern keine Verehrung, gewiss jedenfalls keine Anbetung geschuldet sei, kaum auf die Abbildung im Leintuch zu beziehen, selbst wenn sie auf eine tatsächliche Imprägnierung durch das Antlitz Jesu zurückging. Ausdrücklich lehnte die von Karl dem Großen (768–814) 794 in Frankfurt versammelte Synode das Konzil von Nizäa mit der – sprachlich präzise betrachtet: falschen – Begründung ab, dort werde eine solche *adoratio* von Bildern gelehrt,[17] und die zur Unterstützung dieser Auffassung von Karl selbst in Auftrag gegebenen „*Libri Carolini*" bestritten die Auffassung, dass Bilder in einer der Eucharistie vergleichbaren Weise Heiliges enthielten.[18] Mindestens demgegenüber war die implizite Bildtheologie der *Vindicta Salvatoris*, gerade in ihrer Doppeldeutigkeit bemerkenswert weitgehend: Las man den zweiten Teil des Satzes dogmatisch korrekt, musste er lauten „täglich bete ich ihn an" – dann aber gibt es kaum Gründe, die erste Hälfte anders zu übersetzen. Sie hieße dann: „Ich habe ihn in einem reinen Tuch". Gerade der Umstand, dass dies nur eine mögliche, nicht aber die zwingende und eindeutige Bedeutung des Satzes ist, macht diesen meist nur als Ursprungsgeschichte der Veronikalegende angeführten Text frömmigkeitsgeschichtlich spannend, denn so gelesen, sprach die Veronika der Legende von einer Präsenz Christi selbst in ihrem Tuch und wenn Christus, so wie er hier

[17] *Synodus Francofurtensis* c. 2 (Monumenta Germaniae Historica. Capitularia regum Francorum 1, S. 73,29).

[18] *Libri Carolini* II,27 (Monumenta Germaniae Historica. Concilia 2 Suppl. 1, S. 290–293).

präsent war, Anbetung galt, ging es auch hier um die mit der Menschheit verbundene Gottheit. In der Gesamtheit sprengte die Aussage auch in dieser Variante die in Frankfurt festgehaltene bilderskeptische Lehre und unterstrich gerade so, dass die Bilderverehrung im Westen bald sehr viel intensiver fortlebte, als es den Hoftheologen Karls des Großen lieb gewesen war.

Das galt vollends, als nun jenes Schweißtuch, von dem die frühe Legende erzählte, im mentalen Leben Europas Existenz gewann. Das war noch vor der Übertragung des *Mandylion* der Fall,[19] die erkennbare Konkurrenz zu diesem beflügelte aber offenkundig die Verehrung Veronikas und mit ihr die des Schweißtuches. Indem dieses nun seinerseits abgebildet wurde, setzte sich eine ähnliche Abbildungs- und Übertragungskette in Gang, wie sie oben schon bei Franz von Assisi beobachtet worden war: Die Realität des Antlitzes Christi im originalen Schweißtuch übertrug sich nun auch auf dessen Abbildungen, so dass, wer es sah, direkt auf Jesus Christus – und durch seine Menschlichkeit hindurch auf seine Göttlichkeit – bezogen war. Das Interesse an seinem Antlitz war dabei nicht allein eines der historischen Neugier, sondern „[d]ie Schau des Tuchbilds wird zur vorgezogenen Gottesschau“ (Hans Belting).[20] Die Versuche, dieses Phänomen ästhetisch zu erfassen, mussten sich einem gewagten Spiel aus Identität und Differenz aussetzen. Das gilt von Schriftstellern wie Petrarca und Dante, die die Schau Gottes in der *vera icon* schon hier von der jenseitigen Schau unterschieden.[21] Es gilt aber auch für die Künstler, die sich vor die heikle Auf-

---

[19] Zu den frühen Zeugnissen um 11. Jahrhundert s. Belting: Bild und Kult, S. 602.

[20] Belting: Bild und Kult, S. 251.

[21] Belting: Bild und Kult, S. 252.

Abb. 12: Robert Campin, Veronika mit dem Schweißtuch, Städel Museum, Frankfurt am Main.

gabe gestellt sahen, Identität und Differenz zugleich Ausdruck zu geben. In genialer Weise ist dies Robert Campin (†1444) gelungen [*Abb. 12*]. Veronika hält hier ein Schweißtuch, das, von dem Antlitz Christi abgesehen, durchsichtig ist. Der Gesichtsabdruck selbst entzieht sich aller Räumlichkeit: Einerseits ist das Antlitz Jesu, mitsamt dem Tuch, klar im Vordergrund vor Veronika selbst, andererseits reicht es „mit den Spitzen der Haare aber bereits in die dahinterliegende, tapetenhafte Wand“[22]. Diese faszinierende künstlerische Ausführung bedeutet für die Frömmigkeitskultur, dass der Raum und Zeit enthobene Christus in das Hier und Jetzt hineinreicht und sich ihm doch zugleich entzieht. Das Spiel von Repräsentation und Entzug gehört zu den Inszenierungsmöglichkeiten des Umgangs mit solchen heiligen Gegenständen, gerade auch mit der *vera icon*. Schon Anfang des 13. Jahrhunderts berichtete Gerald von Wales über diese:

> „Ein anderes Bild befindet sich in Rom, das wird Veronica genannt, nach einer Dame namens Veronica (...). Diesem gilt gleicherweise große Ehrfurcht, und es wird von niemandem erblickt, außer durch das Hindernis von Vorhängen, die davor hängen, hindurch.“[23]

Gott wurde in Christus sichtbar, aber indem er in die Menschheit kam, war er immer nur in dialektisch gebrochener Weise sichtbar. Gott zu sehen, war möglich gewor-

---

22 Horst Bredekamp: Der Bildakt, Berlin 2015, S. 180.

23 Gerald von Wales, *Speculum ecclesiae* d. 4 c. 6 (Giraldi Cambrensis Opera. Bd. 4: *Speculum ecclesiae*, hg. v. J. S. Brewer, London 1873 [Rerum Britannicarum medii aevi scriptores 21], S. 278 f): „*Alia autem imago Romae habetur, quae dicitur Veronica, a Veronica matrona (...) Haec in magna reverentia, et a nemine, nisi per velorum quae ante dependent interpositionem inspicitur.*“; vgl. hierzu Belting: Bild und Kult, S. 603.

den und doch galt auch: „Niemand hat Gott je gesehen; der Eingeborene, der Gott ist und in des Vaters Schoß ist, der hat es verkündigt" (Joh 1,18). Der Verkündiger, der nach demselben Johannesevangelium, dem dieser Satz entstammt, mit dem Vater eins ist, gibt doch nicht alles von Gott preis, was Gott ist. Anders wäre die Passion Christi, von der ja auch das Schweißtuch zeugt, gar nicht denkbar. Das Christentum lebt nicht allein in der von de Certeau beschriebenen Weise von der Entzogenheit des Körpers, sondern der Körper selbst ist immer schon eine partielle Entzogenheit des Göttlichen, das letztlich im Kreuz verborgen ist, wie es Absalon von Springiersbach, der im späten 12. Jahrhundert lebte, in einer Passionspredigt gefasst hat: „Das Zeichen dieses Sieges wollte er am Holz des Kreuzes errichten, weil auch nach dem Wort des Propheten, dort seine Kraft verborgen (*abscondita*) war [Hab 3,4]."[24] Das Kreuz als tiefster Ort der Gottesverborgenheit und zugleich als Ort des Sieges über den „alten Feind" (*hostis antiquus*), wie Absalon anfügte – das drückt das besondere Geheimnis von Chalcedon aus. Campin hat es auf seine Weise zur Darstellung gebracht, die Wächter des Schweißtuches, die es sichtbar unsichtbar machten, ebenso.

Angesichts solcher Inszenierungsstrategie sollte man vorsichtig damit sein, mittelalterliche Frömmigkeit nur durch einfache Strukturen aufzulösen. Hier erging nicht im theologischen Traktat, sondern in der ästhetischen In-

---

[24] Absalon von Springiersbach, *Sermo* 23 (PL 211, Sp. 137C): „*Huius autem signum victoriae in ligno crucis constituere voluit, quia et iuxta dictum prophetae, ibi abscondita erat fortitudo eius.*"; vgl. ähnlich Gerhoch von Reichersberg, *Expositio in cancticum Habacuc* (PL 194, Sp. 1032C): „*In cruce ergo paulisper abscondita est fortitudo ejus*".

szenierung eine hochkomplexe Botschaft von mehrfacher Gebrochenheit. Auch wer das Konzil von Chalcedon nicht nachbuchstabieren konnte, wusste doch, dass hinter den Vorhängen ein menschliches Antlitz zu sehen war, dessen Heiligkeit aber so hoch war, dass es ebenso verborgen war wie Gott, der von sich gesagt hat: „denn kein Mensch wird leben, der mich sieht" (Ex 33,20). Die Verborgenheit der Reliquien Jesu Christi konnte sogar so weit gehen, dass der Heilige Rock Jesu, der nach Joh 19,23f ungeteilt geblieben war und den die Kaisermutter Helena († ca. 330) nach Trier gebracht haben sollte, über Jahrhunderte verborgen im Altar des dortigen Domes lag, bis er anlässlich eines Reichstages 1512 für Kaiser Maximilian (1486–1519) gezeigt wurde und von da an regelmäßig Wallfahrten ausgerufen wurden, zu denen er zur Schau gestellt wurde.

Wie beim Schweißtuch handelte es sich allerdings auch hier nur um eine Berührungsreliquie – von hervorgehobener Bedeutung waren natürlich solche Reliquien, die tatsächlich Überreste von Heiligen oder gar Christus selbst waren. Diese waren allerdings nach der Auferstehung des Leibes nicht leicht zu haben. Doch gaben Geburt und Beschneidung Anlass für solche leiblichen Überreste, und so wies in Rom eine Inschrift auf ganz besondere Reliquien hin, die zunächst in der Lateranbasilika, dann in der Kapelle des päpstlichen Palastes, der *Sancta Sanctorum* aufbewahrt wurden:

> „Christi beschnittenes Fleisch, die berühmten Sandalen bekommen, wie der Nabelschnur Teil, hier Verehrung von Seiten der Frommen."[25]

---

[25] *Legenda Aurea* 13 (Voragine: Legenda aurea, S. 304f): *„Circumcisa caro Christi, sandalia clara/atque umbilici viget hic praecisio cara."*

Jacobus von Voragine, der in der *Legenda aurea* zum 1. Januar, dem Tag der Beschneidung des Herrn über diesen erstaunlich formgerechten Hexameter berichtet, hatte allerdings Zweifel, ob es diese Reliquien überhaupt geben konnte:

„Wenn die Sache wahr ist, ist sie jedenfalls erstaunlich. Da nämlich das Fleisch wirklich menschlicher Natur ist, glauben wir, dass es nach Christi Auferstehung an seine glorreiche Stelle zurückgekehrt ist".[26]

Man mag diese Debatten um die Vorhaut Jesu degoutant finden – sie machen doch deutlich, wie Reliquien durchgehend unter dem Gesichtspunkt der christologischen Grundlagen reflektiert wurden. Die von Jacobus angesprochene Frage war ja die, ob und inwieweit der gesamte Leib Christi auferstanden sein konnte und musste – oder ob er ohne Vorhaut in irgendeiner Weise defizient war. Für beide in Rom aufbewahrten Reliquien, die Vorhaut ebenso wie die Nabelschnur, galt, dass sie per definitionem einmalig waren. Das Gegenteil war der Fall beim Blut Jesu.

Blickt man auf die spätmittelalterlichen *Ecce-homo-* oder Schmerzensmanndarstellungen, so könnte man sich viele Quellen für das Blut Christi vorstellen: Überreich floss es, in der Kreuzigung aus den Nagelwunden, schon bei der Qual zuvor unter der Dornenkrone – die selbst eine bedeutende Reliquie war, die seit Ludwig IX. (1226–1270) an unterschiedlichen Stellen in Paris verwahrt wird. An ihr ließ sich die fortdauernde und von keiner historischen Kritik zu schmälernde Faszination über Reliquien noch im

---

[26] *Legenda Aurea* 13 (Voragine: Legenda aurea, S. 306f): *„Sed si hoc verum est, valde utique mirabile est. Cum enim caro ipsa sit de veritate humanae naturae, credimus, quod resurgente Christo rediit ad locum suum glorificatum."*

21. Jahrhundert ablesen, als ein Kaplan der Feuerwehr sie 2019 aus der brennenden Kathedrale Notre-Dame rettete.[27] Auf den Darstellungen Jesu gemahnte sie an den Spott über ihn und an sein Leiden – schon im biblischen Text mit dem zynischen Ineinander von Herrschaftsinsignie und Leidenswerkzeug. Das Blut aber, das in Europa als Reliquie präsent war, entstammt der Seitenwunde Jesu. Schon als Longinus sie Jesus zufügte, erwies das Blut seine Kraft und heilte ihn der Legende nach von einer schweren Sehbehinderung.[28]

Vor allem aber galt diese Seitenwunde als Ursprung der Sakramente Taufe und Eucharistie, war doch neben dem Blut Wasser aus ihr ausgetreten (Joh 19,33–37). So wie aus Adam, als er schlief, Eva geschaffen wurde, seien, so erklärte es der Kirchenvater Augustin (354–430), aus der Seitenwunde Jesu die Sakramente und damit letztlich die Kirche geflossen.[29] Die Seitenwunde also ist Ursprungsort der paradigmatischen Form von Realpräsenz in der Eucharistie. Zugleich ist sie Ursprung einer besonderen Reliquie, die in Mantua aufgefunden wurde. Longinus hatte das Blut, das ihn geheilt hatte, mit sich genommen – und als er in Mantua bestattet wurde, wurde ihm die Reliquie mit in sein Grab gegeben. Auf wunderhafte Weise entdeckte diesen Schatz Bonifaz von Tuszien in Gegenwart des salischen Kaisers Heinrichs III. (1039–1056) und des Papstes Leo IX. (1049–1054) im Jahre 1049, und von hier

[27] Katholische Sonntagszeitung, S. 25.4.2019 (https://www.katholische-sonntagszeitung.de/Im-Blickpunkt/Liegt-Jesu-Dornenkrone-in-Paris-Donnerstag-25.-April-2019-09-02-00/(f_Rubriken)/536,64,1105,609,1053,83,472,39337,474/(f_TagsEvents)/7,13,155,75,171,36; Zugriff 6.8.2020).

[28] *Legenda Aurea* 47 (Voragine: Legenda aurea, S. 644 f).

[29] Augustin, *Enarratio in Psalmum* 126 7,27 (Corpus Scriptorum Ecclesiasticorum Latinorum 95/3, S. 196,9–11).

wurde es wiederum nach Weingarten transferiert.[30] Der Kult um diese Reliquie wurde in der Neuzeit intensiv ausgebaut und gepflegt, doch gilt schon für die mittelalterliche Kultur, dass auf diese Weise eine Form von Präsenz Christi gegeben war. Gemeinsam mit den Reliquien der drei Könige, die Rainald van Dassel (1159–1164) im Zusammenspiel mit Friedrich I. Barbarossa (1151–1190) aus Mailand entwendet und in seine Kathedrale gebracht hatte, sowie dem schon erwähnten Heiligen Rock war damit die leibliche Präsenz Jesu und seines Umfeldes fernab der Stätten der Heilsgeschichte im nordalpinen Raum möglich. Der Vorteil des Blutes war dabei, dass es – ähnlich wie die berühmten Kreuzessplitter – nahezu beliebig vermehrbar war, und in jeder dieser Reliquien war Jesus Christus mit seiner heilbringenden Kraft auf vollkommene Weise präsent. Die Heilsgeschichte war so nicht durch einen garstigen Graben der Geschichte von den religiösen Menschen des Mittelalters getrennt, sondern es ließ sich die Verbindung vom Geschehen auf Golgotha bis in die Wirklichkeit am Bodensee nachzeichnen, ja das damalige Geschehen war hier und jetzt präsent. Die Tradierung des Geschehens nicht nur über Erzählzusammenhänge, sondern über reale Geschehenszusammenhänge garantierte eine Verbindung zu den Ursprüngen, die durch Berichte vom Verschwinden und Wiederentdecken wie im Falle des Longinus die Gewissheit der Unmittelbarkeit eher verbürgten als in Frage stellten. Hier stellte sich, anders als im Falle des Schweißtuches der Veronika auch gar nicht die Frage nach dem Zusammenhang zwischen der geistlichen Wirklichkeit der göttlichen Natur und der Materie, denn in der biblischen Er-

---

[30] *De inventione et translatione sanguinis Domini* (Monumenta Germaniae Historica. Scriptores in folio 15,2, S. 921–923).

zählung war ja tief verankert, dass es das Blut Christi war, durch das sich die Erlösung vollzog. Eben dieses Medium der Erlösung war nun sichtbar vorhanden – und sicherte so die Medialität des christlichen Heilszusammenhanges. Christus war in einer Weise gegenwärtig, die sich von der Präsenz des auf Erden wandelnden Jesus zwar unterschied und dieses auch nicht einfach handelnd nachvollzog, die aber die entscheidende Wirkung dieses Erdenwandels, die Erlösung durch den Tod, nicht allein memorierte, sondern tatsächlich vergegenwärtigte.

Arnold Angenendt hat in seiner großen Studie über Heilige und Reliquien die bislang behandelten Jesusreliquien zu Recht als „Sonderfälle“ klassifiziert.[31] Das sind sie allein schon wegen der beschriebenen Problematik des auferstandenen und damit für der Erde entzogenen Körpers. Sie sind zugleich aber auch paradigmatisch, weil sich an ihnen das Grundproblem der Materialisierung von Geistlichem zeigt – und weil sie vor allem deutlich machen, dass die Übersetzung von Geistlichem in Haptisches, materiell Greifbares nicht als Defizienz des mittelalterlichen Christentums zu sehen ist, sondern als konsequente Umsetzung der Grundlagen des Christentums in eine lebbare Frömmigkeitskultur. So lassen sich auch die „normalen“ Reliquien, also die Überbleibsel von Heiligen, zunächst einmal konsequent christologisch erklären: Im Reenactment ihres Lebens haben sie eine Vergegenwärtigung Christi vollzogen, die nun in ihren leiblichen Überresten als Repräsentation Christi dauerhaften Bestand hat.

Besonders greifbar war dies, wo der Leib noch gegenwärtig war, also an der Grabstätte. Um 1100 verfasste der

---

[31] Arnold Angenendt: Heilige und Reliquien. Die Geschichte ihres Kultes vom frühen Christentum bis zur Gegenwart, München ²1997, S. 214.

Benediktinerabt Thiofried von Echternach einen Traktat über die Bedeutung der Heiligengräber und der Reliquien, die *Flores Epitaphii Sanctorum*. Darin hob er hervor, dass das Fleisch der Heiligen, abgesehen vom Fleisch Christi, erhabener sei als jedes sonstige Fleisch[32] und begründete dies auch geradezu elegisch:

„so verbreitet sich die Kraft der heiligen, schon mit Gott regierenden Seele, wunderbar auf alles ihr Zugehörige, ob im Inneren oder Äußeren, ob noch eingeschlossen im Gefängnis des Fleisches oder schon erhoben in die himmlische Stadt Jerusalem. Und was sie, aufgrund ihrer zuvorkommenden und fürbittenden heiligen Verdienste in Fleisch und Bein wunderbar tut, dasselbe tut sie noch wunderbarer im aufgelösten Staub und strahlt aus auf alles, das Äußere wie auch Innere, auf jedwede Materie und Kostbarkeit der Ornamentik und der Bedeckung. Wie die Seele selbst im Leib nicht zu sehen ist und doch wunderbar darin wirkt, so tut es auch der Schatz des kostbaren Staubes, selbst wenn er nicht gesehen wird und nicht berührbar ist. Den Überfluss seiner Heiligkeit (…) überträgt er auf alles, worin er inwendig geborgen und von außen umschlossen ist. Wenn einer festen Glaubens mit seiner Hand den äußeren Verschluss berührt, etwa ein Gold- oder Silberplättchen, einen gleichwie wertvollen Edelstein oder sonst ein Stück Gewebe, Ziermetall, Bronze, Marmor oder Holz – es wird berührt, was innen drin ist.“[33]

---

[32] Thiofried, *Flores Epitahpii Sanctorum* I,3 (PL 157, Sp. 324B).

[33] Thiofried, *Flores Epitaphii Sanctorum* II,3 (PL 157, Sp. 345A-B): *„sic sanctae vis animae, cum Deo iam regnantis, ab intimis ad extima ad se, cum in carnis carcere clausam, tum in coelestis Hierusalem municipatum translatam, pertinentia, se mirifice diffundit: et quidquid sanctis praevenientibus, ac intercedentibus meritis, per carnem et ossa, mirabile gerit; idem mirabilius de dissoluto pulvere, in omnia tam exteriora, quam interiora, cuiuscunque materiae, vel pretii, tantae favillae ornamenta, et operimenta transfundit. Atque ut ipsa anima in corpore non videtur, et tamen mira per corpus operatur, sic pretiosi pulveris thesaurus, licet non videatur, licet non tangatur; sanctitatis tamen affluentiam* (…) *transmittit in omnia, in quibus intra et extra occultatur. Si constantissimae manu fidei, exterior eius*

Wieder ist es die eigentümliche Kraft, die schon im Falle von Franz von Assisi benannt war, von Thiofried als *vis* benannt, von Thomas von Celano im Zusammenhang mit Petrus von Foligno mit dem gebräuchlicheren Wort *virtus*.[34] Der Begriff drückt eine den Heiligen innewohnende Begabung aus, die von ihnen unterschieden ist, weil sie von Gott kommt und ihnen, offenbar selbst ihren materiellen Überresten, auf Dauer anhaftet. Man muss Thiofried und denen, deren Frömmigkeitshaltung er zum Ausdruck bringt, kein umfassendes neuplatonisches System unterstellen, um eine entsprechende Ontologie als Hintergrund anzunehmen – wiederum ist es Augustin, der die Grundlagen hierfür gelegt hat: In seiner Auslegung von Ps 83 (84) erklärte er, im Sinne von 1 Kor 1,18, dass die eigentliche *virtus Dei* Christus ist. Von ihm aber leiten sich die Tugenden – *virtutes* – auf Erden ab.[35] Sie haben Anteil an Christus und sind von ihm doch unterschieden, und ganz so verhält es sich auch mit der *virtus* der Heiligen. Diese neuplatonische Vorstellung lebt davon, dass stärker materialisierte Existenzweisen immer auch Anteil an der

---

attrectetur clausula, auri ac argenti bractea, seu cuiuscunque pretii gemmula, sive quaelibet textilis vel productilis, aut fusilis aut marmorea vel lignea materia; ac si hoc tangatur, quod interius occultatur.“ Übers. nach ANGENENDT: Heilige und Reliquien.

[34] Insofern ist es zwar nicht philologisch, der Sache nach aber durchaus zutreffend, wenn ANGENENDT: Heilige und Reliquien, S. 132, an der entsprechenden Stelle seiner Übersetzung nicht *vis*, sondern *virtus* erklärend hinzufügt.

[35] Augustin, *Enarratio in Ps* 83,11,15–21 (Corpus Christianorum Series Latina 39, S. 1157); CHRISTOPH HORN: Augustinus über Tugend, Moralität und das höchste Gut, in: THERESE FUHRER/MICHAEL ERLER (Hg.): Zur Rezeption der hellenistischen Philosophie in der Spätantike, Stuttgart 1999, S. 173–190, S. 177, deutet diese Textstelle als geradezu paradigmatische Anwendung des neuplatonischen *virtus*-Verständnisses.

geistig-geistlichen Wirklichkeit haben, welche ihnen vorgegeben ist. Genau das vollzieht sich nun am Grab des Heiligen. Was Petrus von Foligno am Grab des Franziskus widerfuhr, ist nicht eine Ausnahme, sondern es ist innerhalb eines Denkens in abgestuften Wirklichkeiten die konsequente Realisierung eben dieser Abstufung: Noch an der Außenseite des materialisierten Grabes, das nur die stofflichen Knochen enthält ist jene *virtus* präsent, die den Menschen, dessen Überbleibsel dort sind, zu einem Heiligen gemacht hat.

Was sich philosophisch mit neuplatonischen Mustern erklären lässt, spielt zugleich mit einem Vorstellungshorizont, der oben schon im Zusammenhang der Veronika oder auch des Rockes Christi begegnete: Das Eigentliche, das Wirkmächtige ist verborgen, und doch lässt Thiofried auch erkennen, dass die verbergende Materie aus Edelsteinen und anderem wertvollen Material durch ihre sinnlich wahrnehmbare Beschaffenheit durchscheinen lässt, wie wertvoll ist, was sie in sich verbirgt. Jenes Spiel also zwischen Verborgenheit und Sichtbarkeit ist nach dieser Deutung ein Grundkonstituens der Grabplätze von Heiligen, die über ganz Europa verteilt waren. Eine der bedeutendsten Grablegen war Tours, wo Martin von Tours bestattet war. Auf wunderbare Weise wurde aber auch in Santiago eines der bedeutendsten Grabmäler möglich, wo die Gebeine des Heiligen Jakobus aufgetaucht sein sollten. Wie im Falle des Blutes Christi lebt auch dieser Ort von einer gerissenen Kette der Erinnerung, die im 9. Jahrhundert plötzlich neu belebt wurde. Wieder wird nach Kontinuität, nach historischer Glaubwürdigkeit weit weniger gefragt als nach der wunderbaren Erfahrung von Präsenz in den Gebeinen, die in diesem Falle nun wiederum unmittelbar mit der biblischen Erzählung verbunden waren.

Gräber von Heiligen allerdings waren selten, im nordalpinen Raum zumal, der zu wenig an römischer Besiedlung erfahren hatte, um viele Märtyrergeschichten hervorzubringen. Gräber waren denn auch nicht die einzige Form, Präsenz von materialisierter Heiligkeit zu pflegen, denn die Leichname konnten ja auch zerteilt werden. Arnold Angenendt hat gezeigt, dass dies in der Anfangszeit des Christentums keineswegs üblich war. Die Scheu vor dem heiligen Leichnam und seiner Unversehrtheit war zu groß. Dessen Verteilung begann daher mit jenen Teilen, von denen man – wohl aufgrund der beim Austrocknen zurückweichenden Haut – annahm, dass sie weiterwüchsen: Haare und Nägel. Irgendwann wurde auch das Herausbrechen von Zähnen akzeptiert,[36] und einen besonderen Fall stellten jene Märtyrer dar, die enthauptet worden waren. Ihre Schädelreliquien konnten entsprechend getrennt vom restlichen Leib gezeigt werden. Das prominenteste Beispiel bildeten die Häupter der Apostelfürsten Petrus und Paulus, die bis 1367 in jener oben schon erwähnten *Sancta Sanctorum* aufbewahrt und dann in die Lateranbasilika transferiert wurden.[37] Über Rom spannte sich so ein eigenes Netz der möglichen Verehrung von Heiligen vor Ort: Beide Apostel waren ja hier begraben, Paulus unter der Kirche San Paolo fuori le mura, Petrus unter der Vatikanbasilika. Dabei kann an dieser Stelle die lang anhaltende, auch konfessionell aufgeladene Debatte um die Historizität dieser Grabstätten außer Acht bleiben.[38] Für

[36] Angenendt: Heilige und Reliquien, S. 154.

[37] Theodor Klauser: Die römische Petrustradition im Lichte der neuen Ausgrabungen unter der Peterskirche, Wiesbaden 1956, S. 92.

[38] S. hierzu die zusammenführenden Studien von Hans Georg Thümmel: Die Memorien für Petrus und Paulus in Rom, Berlin/

das Mittelalter handelte es sich zweifelsfrei um das heilige Grab, über dem sich die Kirche des Petrusnachfolgers erhob, dessen bischöfliche Residenz im Lateran über jene Häupter verfügte, die in ihrer Gemeinsamkeit zugleich unterstrichen, dass der Bischof von Rom in doppelter Weise Apostelnachfolger war.

Was so im frühen Mittelalter einzeln und vorsichtig begonnen hatte, war im späten Mittelalter längst verbreitet und üblich. Es gab nicht nur – wie im schon erwähnten Falle der drei Könige – die Übertragung ganzer Leiber, sondern auch und vor allem die Verteilung der Einzelreliquien. Für einen Fall galt sie seit dem frühen Mittelalter[39] als obligatorisch: In Umsetzung der Schau des Johannes, der „unten am Altar die Seelen derer, die umgebracht worden waren um des Wortes Gottes und um ihres Zeugnisses willen" (Apk 6,9), sah, wurden jeweils in die Altäre Reliquien von Heiligen eingelassen. Wie bedeutsam dieser Vorgang war, lassen liturgische Vorschriften aus dem 9. Jahrhundert über die Einlassung der Reliquien in die Grabesnische im Altar (*confessio*)[40] erkennen, die der Bischof mit der Weihe der Kirche vollzog:

New York 1999. Die wesentliche Weiterentwicklung seit Erscheinen dieser Monographie stellt die Entdeckung von Gebeinen aus dem 1. Jahrhundert v. Chr. im Zusammenhang des Paulusgrabes dar (Giorgio Filippi: La tomba dell'Apostolo Paolo: nuovi dati dai recenti scavi. Note storiche e archeologiche, in: Ottavio Bucarelli/Martín María Morales [Hg.]: Paulo apostolo martyri: l'apostolo San Paolo nella storia, nell'arte e nell'archeologia, Rom 2011, S. 97–117), deren Identifikation mit Paulus allerdings nicht eindeutig ist; vgl. den jüngsten Forschungsstand bei Martin Wallraff/Jörg Frey (Hg.): Petrusliteratur und Petrusarchäologie. Römische Begegnungen, Tübingen 2020.

[39] Angenendt: Heilige und Reliquien, S. 168.

[40] Zu dieser Bedeutung von *confessio* s. Glossarium artis. Bd. 2:

„Wenn dieses [Gebet] abgeschlossen ist, nimmt der Bischof von einem Priester die Reliquien selbst entgegen und trägt sie unter dem Gesang einer Litanei hinein zum Altar in der Kirche und stellt sie auf den neuen Altar; und bevor sie eingeschlossen werden, gießt er das Salböl in der Grabesnische in Kreuzesform in die vier Ecken und spricht: ‚Im Namen des Vaters, des Sohnes und des Heiligen Geistes sei Friede mit dir.' Antwort: ‚Und mit deinem Geist.' Darauf legt er drei Stückchen vom [eucharistischen] Leib des Herrn in die Grabesnische und drei Stückchen Weihrauch, und die Reliquien werden innen in der Grabesnische eingeschlossen. Während sie eingeschlossen werden, singen [die Anwesenden] die Antiphon: ‚Unter dem Altar des Herrn habt ihr einen Sitz eingenommen; tretet für uns ein bei dem, durch welchen ihr Verdienste erlangt habt'".[41]

Durch solche Weiheakte war also in jedem Altar, damit mindestens in größeren Kirchen mit ihren mannigfachen Seitenaltären mehrfach die *virtus* von Heiligen präsent und durch diese ein semiotischer Bezug auf Gott selbst erstellt, der, so hieß es weiter, seine „himmlischen Samen" (*incrementa coelestia*) geben sollte, um die Übertragung der Verdienste der Heiligen auf die Gläubigen zu ermöglichen. Der Himmel also war mitgemeint, wenn vom Altar des Herrn die Rede war, der zunächst einmal so bezeichnet werden konnte, weil auf ihm je neu das eucharistische Opfer vollzogen wurde, in welchem Jesus Christus selbst

Kirchengeräte, Kreuze und Reliquiare der christlichen Kirchen, München u. a. [3]1992, S. 206f.

[41] *Ordo quomodo ecclesia debet dedicari* (PL 138, Sp. 1020B-C): „*Ipsa finita suscipit ipsas reliquias a presbytero, et portat eas cum letania ad altare intus in ecclesia, et ponit super altare novo; et antequam recludantur, ponit chrysma intus in confessione per angulos quatuor in cruce intra dicendo: In nomine Patris et Filii et Spiritus sancti pax tibi. R. Et cum spiritu tuo. Deinde ponit tres portiones corporis Dni intus in confessione, et tres de incenso, et recluduntur reliquiae intus in confessione, et dum recluduntur, canunt antiph: Sub altare Domini sedes accepistis; intercedite pro nobis, per quem meruistis.*"

gegenwärtig wurde – und da er in den Elementen gegenwärtig blieb, war er mit den drei Stückchen von der Hostie, die der Nische beigegeben wurden, zusammen mit den Gebeinen der Heiligen, in denen er in Reenactment und Repräsentation Gestalt gewonnen hatte, auf mehrfache Weise gegenwärtig. Die Kirche war so für die mittelalterliche Glaubenswelt im wahrsten Sinne des Wortes Haus des Herrn, holte dessen Gegenwart auf mehrfach abgestufte Weise in die eigene zeitliche Gegenwart hinein. Und wiederum war diese Präsenz eine verborgene. Was die Gläubigen sahen, war lediglich der Steinblock des Altars, darin allerdings eine gleichfalls im Ritus davor gesetzte Tafel, welche die Aufmerksamkeit auf die Grabesnische lenkte, den Blick auf sie selbst allerdings nicht ermöglichte.

Dieser Blick war besonderen Gelegenheiten vorbehalten. Und auch wenn man der Reliquie ansichtig wurde, geschah dies in dem nun schon vertrauten Wechselspiel aus Gegebensein und Entzogenheit. Wenn etwa ein Armknochen in einem kostbaren Armreliquiar gezeigt wird, ergänzt dies einerseits den Knochen durch seine äußere Gestalt gewissermaßen um das ursprünglich zugehörige Fleisch, verbirgt den Knochen als Knochen aber zugleich auch. Für das späte Mittelalter ist dabei charakteristisch, dass die Fülle der Heiligkeit sich immer mehr vermehrte. Man hätte ja schon bei jener frühmittelalterlichen Weihe einwenden können, dass eigentlich schon das Gebein oder eben die eucharistischen Partikel gereicht hätten, um die Gegenwart Christi zu begründen. Und doch wurde beides in das Altargrab gelegt. Mit dem Aufkommen von Messen, die auch ohne Gemeindebeteiligung gefeiert werden konnten, weil der Priester nicht nur der Kirche gegenüber Christus repräsentierte, sondern auch Gott gegenüber die

Gemeinde, vermehrte sich die Zahl der Altäre und mit ihnen natürlich auch die Anzahl von Altargräbern. Zunehmend aber wurden auch Reliquien jenseits und außerhalb der Altäre gesammelt und seit dem 14. Jahrhundert auch immer häufiger „sichtbar gemacht"[42]. Die Gegenwart des Heiligen, die Repräsentation Christi in den Reliquien, wurde überreichlich. An einzelnen Orten wurden regelrechte Heiltümer angehäuft – eines der berühmtesten von Friedrich dem Weisen (1486–1525) in Wittenberg. Die Präsentation dieser Sammlung durch das von Lukas Cranach ausgestattete Wittenberger Heiltumsbuch von 1509 zeigt, wie die Präsenzgestalt von Heiligkeit in Reliquien hier einer ganz anderen Form von Repräsentation diente: Der kurfürstliche Herrscher repräsentierte seine eigene Bedeutung durch die vielen Partikel, die listenartig in dem Buch aufgeführt wurden. Bei aller Mahnung zur Besserung des Lebens und zur andächtigen Begegnung mit den Reliquien stand auch für die Gläubigen, die hier angesprochen wurden, weniger die erschütternde Erfahrung mit der Gegenwart des Heiligen im Vordergrund als die Verheißung von vielfältigem Ablass. Das weckt natürlich besonderes Interesse, geht es hier doch um eben jenes Heiltum – so der Begriff für Reliquiensammlungen –, auf dessen Schaustellung sich Luthers Protest gegen den Ablass beziehen sollte. Sabine Heiser hat aber darauf hingewiesen, dass die Lektüre von Cranachs Buch unter der Perspektive der veräußerlichten Ablassfrömmigkeit allein der damit initiierten Frömmigkeit nicht gerecht wird. Mitten in allen Darstellungen und knappen Identifikationen von Reliquien findet sich im Wittenberger Heiltumsbuch eine Szene von Jesu Gebet im Garten Gethsemane: Nicht

[42] ANGENENDT: Heilige und Reliquien, S. 160.

die Besonderheit der Reliquien und ihrer Behälter wird hier also demonstriert, sondern jene Szene, die die tiefste Menschlichkeit Jesu ausdrückt.[43] Während seine Jünger seinem Auftrag zu wachen nicht folgten, sondern in Schlaf fielen, rief er seinen himmlischen Vater an, dass der Kelch des Leidens an ihm vorübergehen möge, „doch nicht, wie ich will, sondern wie du willst" (Mt 26,19). Die damit verbundene ästhetische Inszenierung macht deutlich, dass das Heiltumsbuch als sensationslüsterner Reiseführer unterschätzt wäre. Das Gegenteil war bei dieser Gattung der Fall: Sieben Jahre vor Entstehung des Wittenberger Heiltumsbuches war ein ähnliches Werk zur Schau des Wiener Heiltums entstanden. Es mahnte ausdrücklich, „kain Gedrang Aufrur oder geschrai" anzufangen, „darmit niymand in seiner Andacht geirret noch verhindert werde. Vnd die menschnn diss hochwirdgie heyltumb mit seiner gezierde andechtigklich vnd mit berewtem hertzen anschawnn".[44] Die Andacht, die so inspiriert werden sollte, stand dabei durchaus im Zusammenhang mit Ablassfrömmigkeit, ja, sogar in ihrem Dienst: Beiden Heiltumsbüchern ist gemein, dass der Ablass dort besonders wirkte, wo die Menschen Andacht und Bußgesinnung entwickelten. Und doch zeigen sich hier selbst noch mitten im vermeintlichen Ablasstrubel Formen von Frömmigkeit, die

[43] Dye zaigung des hochlobwirdi-|gen heiligthums der Stifft|kirchen aller hailigen zu | wittenburg, [Wittenberg 1509], f. K 2r; vgl. Sabine Heiser: Andacht, Andachtspraxis und Medienstrategie. Das Wiener Heiltumsbuch von 1502 und seine Folgen für das Wittenberger Heiltumsbuch von 1509, in: Andreas Tacke (Hg.): „Ich armer sundiger mensch". Heiligen- und Reliquienkult am Übergang zum konfessionellen Zeitalter, Göttingen 2006, S. 208–238, S. 233 f.

[44] In disem Puechlein ist Verzaichent das | hochwirdig heyligtumb do man In der Lob-|lichen stat Wienn in Oste alle iar an | suntag nach dem Ostertag zezaigen pfligt, Wien: Winterburg 1502, f. A 4r; vgl. Heiser: Andenken, S. 221.

auf eine passive, innerliche Aufnahme der Präsenz von Heiligkeit hinwirkten.

Die Andacht ist gewiss eine sublimere Form von Frömmigkeit als jene Erwartung einer materiellen Übertragbarkeit der Heiligkeit – sie bedeutet letztlich, dass der Weg durch die Materialisierung den glaubenden Menschen zurückführt zu einer geistlichen Begegnung mit Gott. Allerdings muss man sich dann davor hüten anzunehmen, es habe eine Art Prozess der Zivilisierung von Frömmigkeit gegeben, an deren Beginn materielle Frömmigkeitsformen standen und die schließlich zu einer Spiritualisierung führten: in dieselbe Zeit um 1500 wie die beiden Heiltumsbücher fällt die Entstehung des großen Gemäldezyklus „Wunder des Wahren Kreuzes" der *Scuola* (so der venezianische Begriff für geistliche Bruderschaften) di San Giovanni Baptista in Venedig.[45] Er erzählte von der dauernden tätigen Kraft einer Kreuzespartikel, die die Scuola beherbergte. Vittore Carpaccio († 1525/26) etwa stellte die Geschichte dar, wie Francesco Querini, Patriarch von Grado († 1372), einen jungen Mann mit Hilfe des Kreuzesstückchens von Besessenheit heilte. Andacht und wundertätige materielle Kraft der Reliquie, sie gehören ebenso wie die Hoffnung auf Verdienste und Ablass zur Frömmigkeitswelt des Mittelalters, sind Zeugnisse von einer Durchdringung dieser Welt durch eine Sphäre des Heiligen, die in den Reliquien stets neue Kristallisationspunkte fand. Und sie konnte diese, das ist die Pointe jener Sammlungen, gar

[45] S. hierzu Daniela Wagner: Konfiguration der Wahrnehmung. Die Prozession als Stifter narrativer Ambivalenz in den *Wundern des Wahren Kreuzes* der Scuola Grande di San Giovanni Evangelista, in: dies./Fridericke Conrad (Hg.): Rahmen und frames. Dispositionen des Visuellen in der Kunst der Vormoderne, Berlin/Boston 2018, S. 129–144.

nicht häufig genug bekommen. Was auf der einen Seite aussieht wie die Sucht nach einem immer Mehr, erweist sich auf der anderen Seite als Ausdruck dessen, dass die auf die Erde gekommene Gnade Gottes so oft, so reichlich und so unermesslich wirksam präsent ist, dass ihr keine Grenze gesetzt ist.

Die implizite Konzeption von Wirklichkeit in dieser Frömmigkeitspraxis lässt sich nicht ganz einfach fassen. Einerseits gibt es offenkundig die Vorstellung, dass Gott letztlich überall gegenwärtig sein kann. Und doch gibt es Verdichtungen dieser Gegenwart. Die Kirchen in der spätmittelalterlichen Dorf- und Stadtlandschaft sind nicht nur Angebote für Versammlungen, sie beherbergen Christus und was von ihm auf Erden auch nach der Auferstehung, nach dem Aufreißen jener von Certeau beschriebenen Lücke gegenwärtig geblieben ist. In ihnen gibt es dann weitere Konzentrationspunkte von Heiligkeit: Die Dispersion der Reliquien über ganz Europa hat die Heiligkeit der Heiligen und damit letztlich die Heiligkeit Christi überall gegenwärtig gemacht, und doch immer an bestimmten Stellen besonders. Das unermesslich zur Verfügung stehende Heilige wurde so zugleich auch wieder verknappt und kontrolliert, besonders deutlich wiederum in jenen Heiltümern, an denen das in Wien befürchtete Gedränge deswegen entstehen konnte, weil sie nur zu bestimmten Gelegenheiten gezeigt wurden.[46] Das Wechselspiel von Sichtbarkeit und Verborgenheit blieb nicht überall in seiner Ambiguität erhalten, sondern führte zu einem Wechsel zwischen beidem, innerhalb dessen die Sichtbarkeit einen klaren Vor-

---

[46] S. zu diesem Phänomen HARTMUT KÜHNE: *Ostensio reliquarum.* Untersuchungen über Entstehung, Ausbreitung, Gestalt und Funktion der Heiltumsweisungen im römisch-deutschen Regnum, Berlin/Boston 2000.

sprung an Attraktivität hatte. Die sekundär verstreuten und gesammelten Reliquien generierten so eigene Wallfahrtsorte.

Allerdings waren diese Wallfahrtsorte in ihrer Dignität nicht vergleichbar mit jenen ursprünglichen Pilgerzielen, die wie Rom durch Apostolizität oder gar wie Jerusalem durch die Anmutung der Verbindung mit Jesus Christus selbst ausgezeichnet waren. Wer nach Rom reiste, bewegte sich *„ad limina apostolorum"*, an die Schwellen der Grabeskirchen der Apostel. Die Heiligkeit dehnte sich allerdings über die beiden Grablegen hinaus aus: Seit dem Frühen Mittelalter konnten Rompilger die alte Hauptkirche des römischen Bischofs San Giovanni in Laterano besuchen, dazu den Petersdom, San Paolo fuori le mure, Santa Maria Maggiore, San Lorenzo fuori le mure, Santa Croce in Gerusalemme, San Sebastiano alle Catacombe.[47] Ein kleines Stück Heilsgeschichte wurde so abgeschritten. Auch wenn der Namenspatron der Lateranbasilika in der Regel eine nachrangige Rolle spielte, war mit Johannes dem Täufer doch die Vollendung des Weges des Alten Bundes angesprochen. Das Kreuz, von dem ein Stück in Santa Croce auch aufbewahrt wurde, erinnerte einerseits an die legendarische Auffinderin des Kreuzes, Helena, die Mutter Konstantins des Großen (306–337), andererseits aber an den zentralen Ort des Leidens und des Heils durch Jesus Christus selbst. Mit Maria Maggiore stand natürlich die Gottesmutter selbst im Blick, freilich wiederum in eigentümlicher Verknüpfung mit Rom: Der Beiname „Santa Maria della Neve" erinnerte an die Legende, dass Maria

[47] So die Reihenfolge in den Texten bei NINE ROBIJNTJE MIEDEMA: Rompilgerführer in Spätmittelalter und Früher Neuzeit. Die *„Indulgentiae ecclesiarum urbis Romae"*. Deutsch/Niederländisch. Edition und Kommentar, Tübingen 2003.

selbst den Ort angezeigt haben sollte, an welchem sie in der Tiberstadt verehrt werden wollte, indem sie, mitten im August, Schnee auf dieser Stelle ausbreitete.[48] Dass das in Rom ein eindeutiges Zeichen nicht nur für einen Platz, sondern auch für ein Wunder war, kann man sich rasch ausmalen. Mit Sebastian und Laurentius schließlich waren wichtige Märtyrer der römischen Tradition in den Reigen der sieben Stationskirchen integriert, die für das Leiden der Christenheit standen, welches durch die mit der Konstantinischen Schenkung verbundene Erhebung des Papsttums zu universaler Macht beendet war.

Ausgangspunkt und Zentrum des Weges durch die Stationskirchen waren selbstverständlich die Heiligtümer der beiden Apostel, die Rom zur heiligen Stadt machten. Dies verwob sich aber mit der Geschichte der Stadt Rom und des Christentums insgesamt. Die Lateranbasilika war auch deswegen wichtig, weil sie laut einer Fälschung des frühen Mittelalters[49] als Teil der *Donatio Constantini*, der sogenannten Konstantinischen Schenkung, von Konstantin Papst Silvester I. als Dank für eine wundersame Heilung übertragen worden sein sollte. Dass im Zuge des Humanismus der Gelehrte Lorenzo Valla († 1457) schon im 15. Jahrhundert den fiktiven Charakter dieser Erzählung nachgewiesen hatte,[50] focht den Autor eines um 1475

[48] *Historia et descriptio* (Miedema: Rompilgerführer, S. 254,3–13).

[49] Die übliche Datierung in das 8. Jahrhundert als eine Art Legitimationstext der Pippinschen Schenkung hat Johannes Fried: „Donation of Constantine" and „Constitutum Constantini". The Misinterpretation of a Fiction and its Original Meaning. With a Contribution: „The Satraps of Constantine" by Wolfram Brandes. Berlin u. a. 2007, deutlich hinterfragt.

[50] Lorenzo Valla, *De falso credita et ementita Constantini donatione*, hg. v. Wolfram Setz, München 1986 (= Weimar 1976) (Mo-

entstandenen Textes über die *„Indulgentiae ecclesiarum urbis Romae"*, die Ablässe der Kirchen von Rom, nicht an: Für ihn war der Moment der Schenkung auch der Moment, in welchem Silvester die Vergebung für alle Menschen verkündete, die mit Beichte und Reue diese Kirche betraten:

> „Vnd auch wir, von Gotes gwalt vnd der hailigen herren Sant Peter vnd sant Paul, vergeben wir allen den christenleitt, die dar einkument mit peicht vnd mit rew jr sund".[51]

In diesen Silvester in den Mund gelegten Worten verdichtete sich die ganze Verheißung des Ablasses: Gebunden an die Vollmacht des Papstes, wurde er, über die Wallfahrt vermittelt, allen Christinnen und Christen versprochen – genauer gesagt, denen die mit Reue dorthin traten. Diese wichtige Voraussetzung für die Wirkung des Ablasses wird in der Rückschau gerne vergessen, in welcher das eiskalte Geschäft, das mit ihm getrieben wurde, meist im Vordergrund steht.

Tatsächlich bot die Romreise reichlich Ablass – in Jubeljahren, die zunächst, als Bonifaz VIII. (1294–1303) sich diese durch spontane Pilgerzüge vorweggenommenen Idee im Jahre 1300 zu eigen machte, alle hundert Jahre stattfinden sollten, dann aber in immer größerem Tempo ausgerufen wurden, galt die Verheißung eines Plenarablasses, der Vergebung aller Sündenschulden. Auch hier wird man sich allerdings vor Überlagerungen des kulturellen Gedächtnisses zu hüten haben: Auch wenn die Jubeljahre immer rascher aufeinander folgten, bedeuteten doch Zeitspannen von in der Regel einem Vierteljahrhundert, dass nicht jeder gläubige Christ damit rechnen konnte, Rom in

---

numenta Germaniae Historica. Quellen zur Geistesgeschichte des Mittelalters 10).

[51] *Indulgentiae* (Miedema: Rompilgerführer, S. 92,16–18).

einem solchen Jubeljahr zu erreichen. Die Heiligkeit war ja auch dazwischen präsent. Martin Luther (1483–1546) war, als er wohl 1511/12 nach Rom reiste,[52] nicht in einem Jubeljahr unterwegs, die Heilshoffnung war aber zumindest nach den Berichten von seinen Erinnerungen groß. So soll er erzählt haben, dass er versucht habe, seinen Großvater dadurch aus dem Fegefeuer zu befreien, dass er die Scala Sancta hinauf „gieng", wie ein Mitschreiber seiner Predigt vom 15. November 1545 notierte,[53] jene Treppe, die nun im Lateran stand, aber aus dem Haus des Pilatus stammen und eben die sein sollte, auf der Jesus zu Pilatus und damit zu Verurteilung und Passion gegangen war. Sollte Luther das tatsächlich getan haben, dürfte er nicht einfach geschritten sein, sondern den Rat für Pilger befolgt haben: „wer die stege knien vfget, der erlost damit ein sele, fur die er bidt".[54] Sonst verkürzte jeder Aufstieg auf dieser Heiligen Treppe, „in andacht" vollzogen, das Fegefeuer um neun Jahre.[55]

Es liegt nahe, in solchen Verheißungen hauptsächlich die Ablasssucht zu sehen, so wie Kulturskeptiker manchen Touristinnen und Touristen im heutigen Rom unterstellen mögen, sie seien mehr wegen der Selfies dort als wegen der historischen Objekte, vor die sie sich für die Aufnahme stellen. Der Vergleich mag deutlich machen, dass die Trennung von Erleben und Mitnahmeeffekten touristischer oder eben heilsökonomischer Art, nicht ganz ein-

---

[52] Zur Datierung HANS SCHNEIDER: Martin Luthers Reise nach Rom – neu datiert und neu gedeutet, in: Studien zur Wissenschafts- und zur Religionsgeschichte, hg. von der Akademie der Wissenschaften zu Göttingen, Berlin 2011, S. 1–157.

[53] Luther, *Predigt vom 15.11.1545* (Weimarer Ausgabe 51, S. 89,21).

[54] *Historia et descriptio* (MIEDEMA: Rompilgerführer, S. 243,14 f).

[55] *Historia et descriptio* (MIEDEMA: Rompilgerführer, S. 243,10 f).

fach ist. Allerdings ist Skepsis angezeigt, die Wallfahrten ausschließlich unter dem Aspekt der Ablassgewinnung zu betrachten: Nine Miedema, die die Rompilgerreiseführer am gründlichsten untersucht hat, ist insgesamt zu einem Befund gekommen, der eher vorsichtig gegenüber solcher Fixierung auf quantitative Frömmigkeitsformen macht. Das gilt nicht nur, weil der Besuch Roms außerhalb der Jubeljahre weit weniger Ablass eintrug als in diesen selbst. Aus der Zeit um 1200 berichtete Girardus Cambrensis von vergleichsweise spärlichen 92 Jahren, um die für ihn wegen seiner Romreise das Fegefeuer verkürzt worden war[56] – und auch wenn aus den späteren Jahrhunderten, aus denen entsprechende Aufzeichnungen von Pilgern bislang leider fehlen, die Werte enorm anstiegen, stellt sich doch die Frage, ob die scheinbar exakten Ziffern tatsächlich auf präzise Kalkulierung angelegt waren. Die Zahlen gingen so wirr durcheinander, dass der Eindruck entsteht: „die exakten Zahlen werden damit als solche bedeutungslos".[57] Man ginge fehl, wollte man sich spätmittelalterliche Pilger als Menschen vorstellen, die von Ort zu Ort eilten, addierten und multiplizierten und mit erwartbaren Strafen gegenrechneten. Nicht darum ging es, sondern um die Aussage, dass die Orte, die sie besuchten, Gnadengaben verhießen. Diese Gnade hatte, das machen die Anspielungen auf das römische Papstamt deutlich, einen wichtigen Anker in kirchlichen Machtstrukturen, aber auch in der überwältigenden Präsenz von Heiligkeit, die die Orte dauerhaft als Träger der Gegenwart göttlicher Macht erwiesen. Auch

---

[56] Nine Miedema: ‚Gezählte' und ‚zahlende' Frömmigkeit? Die Ablässe in den *„Indulgentiae ecclesiarum urbis Romae"* um 1500, in: Andreas Rehberg (Hg.): Die mittelalterlichen Ablasskampagnen. Luthers Thesen von 1517 im Kontext, Berlin 2017, S. 481, S. 479.

[57] Miedema: Frömmigkeit, S. 476.

das drücken Erzählungen aus den Pilgerreiseführern aus, wenn es über ein Marienbildnis in einer Kapelle bei Santa Croce heißt:

„Da ist vor zeytten newr gemalt gewesen vnnser Frawen pild. Nun kom es, das ein junckfraw ging zu dem Heiligen Creucz, vnd komen poß leut an sie vnd wollten sie geswecht haben. Da ruffet sie Mariam, die junckfrawen, an, vnd die junckfraw Maria nam sie vnd verbarg sie in die mawer, das sie nit westen, wo sie hin was kummen, piß das sie hinweck komen. Do ging sie vnd volbracht ihr fart zu dem Heiligen Creucz."[58]

Maria wird hier, wie auf den Bildern mit dem verbreiteten Motiv der Schutzmantelmadonna [*Abb. 13*], zur Beschützerin der Glaubenden. Als Jungfrau ist sie dabei der jungen Frau, der – das ist in der Regel mit „Schwächen" gemeint – Vergewaltigung droht, noch einmal besonders nahe. Entscheidend aber ist, dass sie selbst an diesem Ort, der vielfach geheiligt ist, unmittelbar und wundersam wirken kann. Nicht der Ablass zählte hier für die Frau, sondern die Gegenwart von Heiligkeit, die sich nicht einmal genau lokalisieren lässt, gerade weil sie über alle Materialität erhaben ist: Dass die junge Frau in der Mauer verschwindet, heißt, dass die Regeln, nach denen ihre Quantität von der des Gesteins unterschieden wäre, aufgehoben sind. Der Ort selbst wird so Teil der Aktivitäten Mariens, ja, die durch sie beschützte Frau wird zeitweilig in diesen Ort aufgesogen. Neben dem Schutz konnte auch Strafe ein Aktionsmotiv der Heiligkeit sein: Eine andere Legende berichtet von einem Kreuz, das eine arme Römerin geküsst hat – als nun aber eine reiche Römerin es gleichfalls küssen wollte, es jedoch zunächst abwischte, um alle Berührung mit der sozial Niedergestellten zu

[58] Zit. nach Miedema: Rompilgerführer, S. 347.

Abb. 13: Piero della Francesca, Schutzmantelmadonna, Museo Civico di Sansepolcro, Sansepolcro.

vermeiden, verflüchtigte sich das Kreuz:[59] Das Heilige ist gerade nicht, wie es das Narrativ vom quantifizierbaren Ablass suggeriert, verfügbar. Es bleibt seiner selbst und der Menschen mächtig, entzieht sich, wo es nicht im Geiste Jesu gebraucht wird, das heißt: im Geist der Nächstenliebe. Der pure Egoismus, der aus dem Ablassgeschäft zu sprechen scheint, kannte auch diese Seite, und er beruhte vor allem auf den Gegenwarts- und Aktivitätsmomenten des Heiligen.

Vielleicht noch deutlicher als in Rom lässt sich dies an einer anderen beliebten Pilgerstätte nachvollziehen, die sich allerdings nur unter ungleich größeren Schwierigkeiten erreichen ließ: Jerusalem. Dass hier reichlich Ablass zu gewinnen war, war den Reisenden bewusst, schon vor dem Aufbruch wurden sie oft darüber informiert, wo der Ablass jeweils erhältlich war, und wiederum summierte dieser sich in einer Weise, die rational kaum mehr nachvollziehbar erscheint. Auch Felix Fabri († 1502), ein Ulmer Dominikaner, erzählte hiervon in dem Bericht über die Pilgerreise, die er 1483/84 in das Heilige Land unternommen hatte, und man kann fast den Eindruck gewinnen, dass Norbert Ohler mit seiner Bemerkung, die Jerusalempilger seien in der Heiligen Stadt sofort zur Grabeskirche geeilt, „um den ersehnten Ablaß zu gewinnen"[60], die Atmosphäre richtig einfange. Doch wiederum ist vor rationalisierenden Verkürzungen zu warnen. Denn Fabri berichtet nicht nur von zählbaren Erfolgen, sondern auch von berührenden Begegnungen mit den Heiligen Stätten, etwa von seinem Verwundern darüber, wie zwei Pilgerinnen an einer Stelle einen Stein auf dem Boden der Gra-

---

[59] *Indulgentiae* (Miedema: Rompilgerführer, S. 96,29–97,2).

[60] Norbert Ohler: Reisen im Mittelalter, München [4]2004, S. 328.

beskirche unter Tränen mit Küssen überschütteten – erstaunt fragte er nach dem Grund hierfür, und als er erfuhr, dass es sich bei dem Stein um den Salbstein Jesu handelte, zog er sogleich seine Füße zurück und wagte nun, wie er schreibt, kaum mit dem Mund zu berühren, was er zuvor mit Füßen getreten habe.[61] Hinter diesen körpersprachlichen Umgangsweisen steht die sehr konkrete Vorstellung von einer jener schützenden Mauer in Rom vergleichbaren Aufladung des Ortes, ja des ganzen Heiligen Landes mit Heiligkeit: Fabri selbst war vor der Grabeskirche auf den Boden gefallen und hatte den Boden geküsst. „Den so auf die Erde gestreckten Pilgern schien es gewiss, dass aus der Erde selbst eine Art von Kraft (*virtus*) atmete, durch welche die Neigung heftiger zur Andacht gerissen wurde".[62] Die Erde, *terra*, von der hier die Rede ist, ist einerseits das einfache Erdreich. Sie ist aber auch Teil der *Terra Sancta*, des Heiligen Landes, und die *virtus*, von der hier die Rede ist, ist bereits aus dem Zusammenhang der Heiligenverehrung bekannt. Es ist jene spirituell-materielle Verbindung göttlicher Kraft, die, vom Heiligen Geist bewegt, den Menschen hier und jetzt ergreift und stärkt. Sie ist es, die auch an den Orten haftet, die Jesus Christus berührt hat, und an der Materie, die von dort stammt. So konnte man die göttliche Kraft auch mit nach Hause nehmen: Ludolf von Sudheim notierte 1335 fast ironisch über die Sucht der Pilger, etwas vom Heiligen Grab heimzubringen: „Denn wenn das Grab Christi in Gestalt von Körnern und Sand

[61] Fabri, *Evagatorium* (*Fratris Felicis Fabri Evagatorium in Terre Sanctae, Arabiae et Aegyptae peregrinationem*, hg. v. Konrad Dietrich Hässler, S. 1843, S. 283).

[62] Fabri: Evagatorium, S. 238: „*Pro certo autem ipsis peregrinis sic in terra prostratis videbatur, quod ex ipsa terra quaedam spiraret virtus, qua vehementius rapiebatur in devotionem affectus.*".

abgetragen werden könnte, so wäre dort, selbst wenn es ein riesiger Berg wäre, schon lange Zeit kaum noch ein Sandkörnchen geblieben"[63] – und das Grab wäre gewissermaßen über die ganze Erde verstreut.

Solche Übertragungswege mögen befremdlich scheinen. Sie gehen aus von der göttlichen Natur, die sich in Jesus Christus mit der menschlichen verbunden hat, und aufgrund dieses Wunders kann sie sich weiter auf alles, was mit ihm zu tun hatte, übertragen: auf die Heiligen, die ihm folgen, auf die Gegenstände mit denen er umging, und eben auf jene Orte, an denen er wandelte, die damit, wenigstens in Gestalt einer *virtus*, einen Rest an Präsenz Christi in sich tragen. Diese Präsenz wiederum kann sich mit anderen Formen von Präsenz rekombinieren und auch in eigene Gestaltungen des Reenactments führen. Besonders eindrücklich zeigt dies Margery Kempe. Das Buch, das sie über ihre mystischen Erfahrungen verfasst hat, legt Zeugnis von einem spannungsreichen Leben ab. So berichtet sie ungeschönt, dass sie kurz nachdem sie ihrem Mann versichert hatte, aufgrund ihrer geistlichen Berufung zwar sexuell gehorsam sein zu wollen, ihm aber Liebe dabei zu verweigern, sich beinahe auf Ehebruch mit einem anderen Mann eingelassen hätte. Auch spirituell wurde die Spannung zwischen Leiblichkeit und Geistlichkeit ein bestimmendes Moment für sie. So reichten ihr die spirituellen Erfahrungen der Gottesnähe durch Visionen nicht, sondern

---

[63] Ludolf von Sudheim, *De itinere Terrae Sanctae* (*Ludolphi, rectoris ecclesiae parochialis in Suchem De itinere Terrae sanctae liber*, hg. v. Ferdinand Deycks, Stutgart 1851 [Bibliothek des literarischen Vereins in Stuttgart 25], S. 80): „*Nam si sepulcrum Cristi per grana et arenas posset deportari, iam ultra longa tempora, etiamsi maximus mons esset, fuisset deportatum, ita ut vix ibidem una arena permansisset*".

sie machte sich auch auf die Reise ins Heilige Land und erlebte hier in der Grabeskirche auf Golgotha jene tiefe Erschütterung, von der oben (S.73-75) schon die Rde war: sie schluchzte und heulte lauthals und versuchte sich zugleich kontemplativ in das Leiden Christi hineinzufinden, das eben an dieser Stelle stattgefunden hatte.

Die Präsenz Christi zugleich an heiliger Stätte und im Sakrament löste offenkundig eine umfassende Identifikation mit dem Geschehen der Passion aus, bis hin zur direkten visionären Begegnung mit Christus selbst. Die Grenzen zwischen Geist und Materie, aber auch zwischen Glaubender und Christus verschwimmen in einem Geschehen, das jeden Gedanken daran, man könnte die Grabeskirche vor allem wegen der Hoffnung auf vollen und raschen Ablass besuchen, in den Hintergrund treten lässt.

Das Phänomen des Ablasses, das machen solche Schilderungen deutlich, ist nicht voll zu erfassen, wenn man es nur als Geschehen sozialer Interaktion versteht. Als solches mag es heutigen Verstehenshorizonten leichter zugänglich sein, aber es wird der Sache nach zugleich verkürzt. Denn der Mechanismus des *thesaurus ecclesiae*, hierarchisch konzipiert und umgesetzt, setzt immer noch voraus, dass dieser Schatz angesammelt werden konnte, weil es heilige Personen gab und mit diesen heilige Orte, Gegenstände und Momente verbunden sind. Der Ablass drückt auf benennbare und doch, wie die Unklarheit der Ablasszahlen in den römischen Pilgerführen zeigen, unpräzise Weise jene Heiligkeit aus, die sich mehr in Episoden und Erfahrungen niederschlägt als in kalkulatorisch nachvollziehbaren Zusammenhängen. Und so ist auch eines der wichtigsten Momente spätmittelalterlicher Ablassfrömmigkeit, die Ausweitung und Übertragbarkeit von Ablässen von einem Ort auf den anderen, letztlich Ausdruck eben des oben schon beschriebenen Phänomens, dass Heiligkeit in sich übertragbar ist, vom Urbild aufs Abbild und dann auch auf dessen materielle Relikte. Ebenso funktioniert das neben den sogenannten Ablasskampagnen wichtigste Instrument der Ablassverbreitung: der *ad-instar*-Ablass. Er besagte, dass die Ablassgnade eines Ortes auf den anderen transferiert wurde – die von der Portiuncula, der Kapelle des Franz von Assisi, beispielsweise auf die Wittenberger Schlosskirche.[64] Wer also in Sachsen wohnte, konnte mit deutlich verminderter Mühe den Ablass aus Assisi in seinem unmittelbaren Umfeld erhalten. Anders als die Nachahmung Christi oder gar die Berührung durch ihn wurde Heiligkeit hier offenkundig durch einen päpstlichen Rechtsakt übertragen. Die Kontinuitätslinie ist damit weit weniger intuitiv erfassbar oder gar neuplatonisch erklärbar als in anderen Fällen. Dass die Übertragung aber möglich war, beruhte wiederum auf jenem längst eingespielten Komplex einer Sprengung raum-zeitlicher Grenzen durch Repräsentationsmodelle. Streng genommen ist ja schon das Nachleben Christi durch einen Heiligen im Blick auf die Berührung mit Christus selbst etwas deutlich anderes als das Kreuz, an welchem er selbst gelitten hatte. Und doch konnte beides die Kraft Christi in sich aufnehmen, weil der Heilige Geist diesen Übertragungsweg ermöglichte. Liest man den Rechtsakt des Papstes auch als Ausdruck der gläubig vorausgesetzten Verbindung der kirchlichen Hierarchie mit dem Heiligen Geist, so kommt man der Logik des Geschehens etwas näher – und zugleich modernen protestantischen wie wohl auch katholischen Vorstellun-

[64] Paul Kalkoff: Ablass und Reliquienverehrung in der Schlosskirche zu Wittenberg unter Friedrich dem Weisen, Gotha 1907, S. 7.

gen ferner. Das Papsttum war, das machen jene Hinweise auf seine Bedeutung in den römischen Pilgerreiseführern deutlich, auch in seinen Machtaspekten eine spirituelle Größe. Die *Donatio Constantini*, die seine weltliche Macht begründete, war eben immer auch mehr als das – sie war auch Gründungsurkunde der allerheiligsten Lateranbasilika. Geheiligtes Recht also ermöglichte die Übertragung durch Rom von Assisi auf Wittenberg.

Allerdings blieb dies insofern kontraintuitiv, als man Wittenberg die Nähe zu Assisi ja nicht ansah. Die umbrische Stadt wurde nicht nachgebaut, sondern tatsächlich nur ablasslogisch nachvollzogen. Das lag in anderen Fällen deutlich anders. Schon im 10. Jahrhundert wurde in der Stadt Konstanz eine Kirchenszenerie begründet, die ganz offenkundig Rom nachbaute. Die Klosterkirche St. Gregor wurde nicht nur in der äußeren Gestalt dem (damals noch konstantinischen) Petersdom in Rom nachgebaut, sondern auch dem Dom gegenüber auf der anderen Rheinseite platziert wie der Vatikan – kaum erstaunlich, dass das Kloster dann, ungeachtet seines eigentlichen Namenspatrons, als „Petershausen" bezeichnet wurde.[65] Und nicht nur Roms Topographie konnte man in Konstanz nachvollziehen: Schon 940 errichtete Konrad von Konstanz (934–975) einen Nachbau der Rotunde aus der Grabeskirche in Jerusalem in der Mauritius-Rotunde am Konstanzer Münster.[66] Dies ist das früheste Beispiel nördlich der Alpen – aber

[65] Helmut Maurer: Kirchengründung und Romgedanke am Beispiel des ottonischen Bischofssitzes Konstanz, in: Franz Petri (Hg.): Bischofs- und Kathedralstädte des Mittelalters, Köln/Wien 1976, S. 47–59, S. 54.

[66] Christoph Auffarth: Irdische Wege und himmlischer Lohn. Kreuzzug, Jerusalem und Fegefeuer in religionswissenschaftlicher Perspektive, Göttingen 2002, S. 108–110.

beileibe nicht das einzige – und auch nicht das eindrucksvollste. Das entstand Jahrhunderte später in Görlitz:[67] Der Görlitzer Bürgermeisters Georg Emmerich (1422–1507) hat hier zum Gedenken an eine Bußwallfahrt, die er nach Jerusalem unternommen hatte, in den Worten von Hans-Ulrich Minke einen „spätgotische[n] Passionspark" angelegt.[68] Im Mittelpunkt stand ein hochpräziser Nachbau der heiligen Stätten: Golgotha ist in einer Doppelkirche abgebildet, die der Architektur vor Ort mit Adams- und Kreuzeskapelle entspricht, das Grab ähnelt erkennbar dem Zustand, den dieses im 15. Jahrhundert hatte, und auch den Salbstein erkennt man. Sogar das ganze Umfeld war mit Orten von Heiligkeit belegt: Der Weg zu dieser Grabanlage führte vom Ölberg durch das Tal Josaphat und an Kreuzwegsstationen entlang.

Zu der Bedeutung des Ortes gehört auch, dass man hier Ablass erwerben konnte[69] – aber gerade wenn man den Ablass als ein rationales ökonomisches Geschäft deutet, so ist die Liebe im Detail, die hier für die sakrale Topographie aufgewandt wurde, schwer ökonomisch zu erklären. Gewiss hatten auch Ablassorte miteinander zu konkurrieren, aber dazu bedurfte es nicht jener Exaktheit, die Stifter und Baumeister in Görlitz aufgewandt

---

[67] Zum Folgenden vgl. VOLKER LEPPIN: Jerusalem und das Heilige Grab im mittelalterlichen lateinischen Christentum. Pilgerfahrten, Nachbauten, Liturgien, in: ANDREAS FUESS/VOLKER LEPPIN/STEFAN SCHREINER: Jerusalem – Ziel, Vision, Vorbild, Tübingen, 2021, S. 83–119; hier: S. 112–114.

[68] HANS-ULRICH MINKE: Kaiserin Helena und Georg Emmerich. Zum Fortwirken einer Pilgertradition im Spätmittelalter, in: Jahrbuch für Schlesische Kirchengeschichte 84/85 (2005/2006), S. 1–16, S. 14.

[69] GUSTAF DALMAN: Die Kapelle zum Heiligen Kreuz und das Heilige Grab in Görlitz und in Jerusalem, Görlitz o. J. [1916], S. 13f.

haben. Hier ging es offenkundig um eine performative Sakralität: Jene komplizierten Übertragungswege der Heiligkeit sollten dargestellt werden, die Ähnlichkeit unterstrich die Abbildhaftigkeit und machte so die Präsenz von Jerusalemer Heiligkeit in Görlitz augenfällig. Gegenüber der verbreiteten Neigung, den Ablass als eigentliches Movens von Frömmigkeit zu verstehen, scheint für einen Fall wie Görlitz – anders als für die juridische Übertragung der ad-instar-Ablässe – der umgekehrte Gedanke näherliegend: dass der Ablass Ausdruck einer schon vorab vollzogenen Übertragung von Heiligkeit ist, die zählbare Gnade mit sich bringt, ihr aber der Sache nach vorausliegt.

So konnte es auch Repräsentationen Jerusalems geben, deren Wirkung sich ohne Ablass entfaltete. Für die Mitwirkung am Bau der Kapelle in Scherzligen am Thuner See wurde beispielsweise ein Ablass von vierzig Tagen gewährt.[70] Als aber im 14. Jahrhundert die südliche Innenwand mit einem gewaltigen Fresko ausgestattet wurde [*Abb. 14*], das die Etappen der Passion in Jerusalem zeigte, gab es hierfür keinen Ablass.[71] Das Bild lud vielmehr auf verschiedenen Ebenen dazu ein, sich meditativ identifizierend mit dem Bild zu befassen und eben so dem Geschehen näher zu kommen: In zwei – ursprünglich vermutlich, da die Stelle, an welcher sie unter dem Kreuz stand, durch spätere Veränderungen, verloren gegangen ist, drei[72] –

---

[70] Die Regesten der vor der Reformation im Gebiet des alten Kantonstheils von Bern bestandenen Klöster und Stifte, bearb. v. Friedrich Stettler, Chur 1849, S. 52.

[71] Markus Nägeli: Die Scherzliger Passionswand – Hintergründe und Bedeutung, S. 18 Anm. 60 (https://www.theos.unibe.ch/orte/pdf/scherzliger_passionswand_version_april_2020.pdf; Zugriff 26.8.2020).

[72] Für den Hinweis danke ich Beate Fricke, Bern.

Szenen wurde, kaum erstaunlich, Maria Magdalena am unteren Rand des Bildes, nahe an den Betrachtenden dargestellt und lud die bußwilligen Sünder ein, den Weg der Passion an der Wand nachzuvollziehen. Auch hier erstaunt die Präzision, mit welcher die Jerusalemer Orte nachgezeichnet sind.[73] Die abbildhafte Präsenz Jerusalems gilt auch für den Thuner See und mir ihr eine Wirksamkeit von Gnade, die sich nicht rechnerisch vermittelt, sondern als spirituelle Erfahrungswirklichkeit. Dies festzustellen heißt nicht, sich diese Erfahrung nach heutigem Wirklichkeitsverständnis zu eigen zu machen, sondern die Andersheit mittelalterlichen Wirklichkeitsverständnisses als Teil der Beschreibung historischer Wirklichkeit zu respektieren.

Die heiligen Stätten Jerusalems, insbesondere das Heilige Grab sind auch in besonderer Weise geeignet, ein liturgisches Reenactment in Gang zu setzen. Für Görlitz ist dies zwar nicht belegt, aber nahezu in jeder Pfarrkirche gab es im mittelalterlichen Europa eine Nachbildung eines Heiligen Grabes,[74] sei es fest gemauert, oder, wie es vielfach vorkam, als mobiles Gerät, das eigens für die liturgischen Aufgaben von Karfreitag bis Ostern herbeigebracht werden konnte. Für die hierum kreisenden Feiern gilt, was der Liturgiewissenschaftler Jürgen Bärsch über Prozessionen geschrieben hat: Sie

> „schaffen (...) im Zusammenspiel von schreitender Bewegung und lokalen Haltepunkten, von Bildgebrauch und Gesang, eine Form zitierender Rollenidentifikation, die gerade darin die Pro-

---

[73] S. Katharina Heyden/Maria Lissek (Hg.): Jerusalem am thunersee. Das Scherzlinger Passionspanorama neu gedeutet, Basel 2001.

[74] Justin E. A. Kroesen: The Sepulchrum domini Through the Ages, Löwen/Paris/Sterling 2000, S. 45f.

Abb. 14: Scherzliger Passionswand, Scherzligen, Thun.

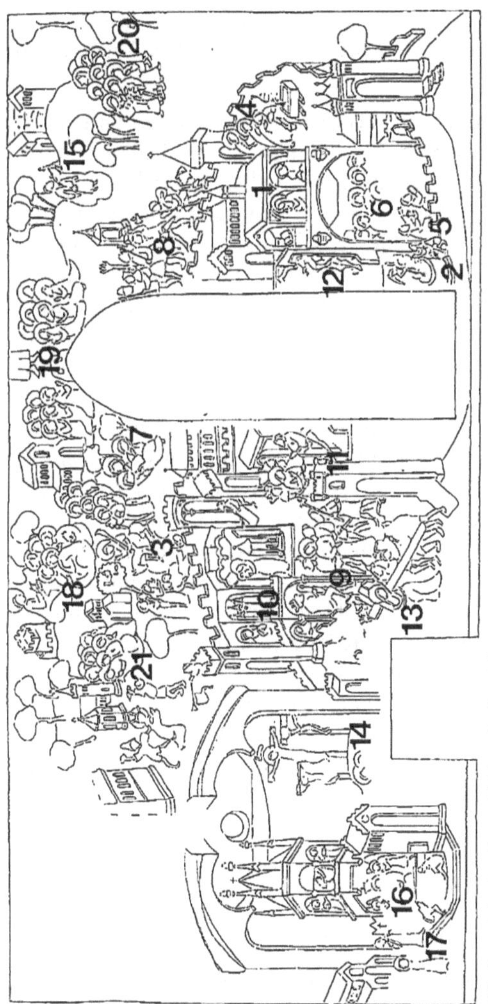

1 Maria erscheint Anselmus **2** Teich Bethesda **3** Palmsonntag: Einzug Jesu **4** Petrus und Johannes beim Wasserträger **5** Maria Magdalena (Fuss-Salbung) **6** Abendmahl **7** Gethsemane: schlafende Jünger **8** Gefangennahme **9** Jesus vor Pilatus **10** Weissagung der Sibylla **11** Ecce homo! Sehet, welch ein Mensch! **12** Geisselung (Fragment) **13** Kreuztragung **14** Golgatha, Kreuzigung **15** Judas erhängt sich **16** Ostern, Auferstehung **17** Maria Magdalena und der Auferstandene **18** Jüngerbelehrung im kleinen Kreis **19** Himmelfahrt **20** Rückkehr der Apostel **21** Steinigung des Stephanus

Abb. 14a: Markus Nägeli, Scherzliger Passionswand: Figurenverteilung.

zessionsteilnehmer zu Zeitgenossen des Heils machen, das in seiner Vollendung noch aussteht, aber im rituellen Begehen schon antizipiert wird."[75]

So vollzieht sich im liturgischen Geschehen anhand der vor Ort präsenten Nachbildungen der heiligen Stätten eben das, was auch an diesen selbst geschieht: Die beteiligten Personen stehen dem Geschehen nicht nur räumlich und zeitlich gegenüber, sondern sie werden in es hineingenommen, ganz wie Margery Kempe auf Golgotha.

Und wie diese als Akteurin des Geschehens mitfühlte, ereignete sich in der Liturgie in den Schritten der *depositio Crucis* (Grablegung des Kreuzes) am Karfreitag sowie der *elevatio Crucis* (Erhebung des Kreuzes) und der *visitatio Sepulchri* (Besuch des Grabes) am Ostersonntag[76] Leiden und Auferstehung je neu, nicht als von dem damals Geschehenen unterschiedenes Ereignis, sondern als dessen je neue Verwirklichung im nachspielenden Vollzug. In der berühmten Reichsabtei von Hersfeld etwa[77] schritt der Abt am Karfreitag zum Altar und legte die Kasel, das liturgische Obergewand, ab. Gemeinsam sangen die Kleriker das auf Jes 57,1–2 beruhende Responsorium „*Ecce quomodo*". Dann nahm der Abt das Kreuz vom Altar und die *seniores* des Klosters trugen es zum Grab, nun mit dem auf Jes 53,7 basierenden Gesang „*Sicut ovis*". Dort wurde es niedergelegt und das Grab geschlossen. Es fand also ein Nachvollzug der Bestattung

[75] JÜRGEN BÄRSCH: Liturgie im Prozess. Studien zur Geschichte des religiösen Lebens, hg. v. Marco Benini u. a., Münster 2019, S. 246.

[76] ANDREAS ODENTHAL: Liturgie vom Frühen Mittelalter zum Zeitalter der Konfessionalisierung. Studien zur Geschichte des Gottesdienstes, Tübingen 2011 (Spätmittelalter, Humanismus, Reformation 61), S. 129–132.

[77] *Hersfeld* (WALTHER LIPPHARDT [Hg.]: Lateinische Osterfeiern und Osterspiele. Bd. 5, Berlin/New York 1976, S. 1534f).

statt. Dann wurden vier Kerzen vor das Grab gestellt und das Responsorium „*Sepulto Domino*" gesungen. Der liturgische Vorgang schuf so im Kirchenraum eben jene Abwesenheit Christi, die an Karfreitag erinnert wird. Es folgte der Weg zum Grab. In Hersfeld wird eigens geregelt, dass es „*tres honeste persone*" sind, die zu diesem Zweck Gewänder tragen, die sie als die drei Marien am Grabe ausweisen.[78] Das deutet an, dass die Vollzüge im Einzelnen vor Ort unterschiedlich waren. In Gernrode etwa, wo seit dem späten 11. Jahrhundert[79] eine Grabanlage stand, die groß genug war, sie zu begehen, traten die drei Marien tatsächlich in das Grab ein und führten nun den Dialog mit dem Engel, wie man ihn auf Grundlage der Evangelien entfalten kann.[80] Sogar Christus selbst konnte in solchen Spielen auftreten,[81] wobei gelegentlich vorsorglich sichergestellt wurde, dass dies nur durch einen Priester geschah.[82] Mit zu dem Erstaunlichsten und Bemerkenswertesten an diesen liturgischen Spielformen gehört nun aber, dass die Grablegung zwar den Leib verschließt und entschwinden lässt, die Auferstehung aber durch die *elevatio crucis* seine neuerliche Präsenz am Ort des liturgischen Handelns, auf dem Altar, hervorruft. Das ist eine erstaunliche Antwort auf jenes, von de Certeau, skizzierte Problem des Mangels des Körpers seit den Anfängen des Christentums: Dieser Mangel besteht nur zwischen Karfreitag und Ostern, von Ostern an ist

---

[78] *Hersfeld* (LIPPHARDT: Osterfeiern 5, S. 1536).

[79] Zur Datierung s. NICOLE SCHRÖTER: Das Heilige Grab von St. Cyriacus zu Gernrode. Ausdruck der Jerusalemfrömmigkeit der Gernröder Stiftsdamen, Halle (Saale), S. 2017, S. 34.

[80] *Gernrode* (LIPPHARDT: Osterfeiern 5, S. 1526).

[81] *Hersfeld* (LIPPHARDT: Osterfeiern 5, S. 1538).

[82] *Joachimsthal* (LIPPHARDT: Osterfeiern 5, S. 1543); *Marienberg bei Helmstedt* (ebd. 7, S. 1549).

er wieder gegenwärtig. Die Auferstehung ist eine Auferstehung, die sich auf Erden vollzieht. Das entspricht durchaus den biblischen Berichten, die ja davon wissen, dass Christus als Auferstandener vielen erschien – unter anderem Maria Magdalena – und auf Erden wandelte. Er hat sogar noch in Emmaus mit Jüngern eine Mahlzeit mit deutlichen Anklängen an das letzte Abendmahl gefeiert (Lk 24,30). Erst durch die Himmelfahrt entzog der Leib sich der irdischen Existenz. Das konnte dann auch nachgespielt werden, indem eine Christusfigur durch ein Loch in der Kirchendecke emporgezogen wurde. Allerdings ist die Überlieferung solcher Stücke auffällig spärlicher als die reich fließende Überlieferung der Passions- und Osterspiele:[83] Die „Substitute dieser Abwesenheit", von denen de Certeau spricht (s. o. 10), sind offenkundig um vieles attraktiver als die Zelebration der Abwesenheit selbst.

Die Verbreitung dieser Inszenierungen, die von Ort zu Ort variieren, aber das benannte Grundmuster beibehalten, machen den getreuen oder bloß symbolischen Nachbau des Grabes in Europa zum Zentrum eines Gegenwart und Vergangenheit, ja, Bärsch folgend, auch Zukunft umgreifenden Geschehens – und zugleich zu einem solchen, in welchem Räume zu- und ineinander rücken. Repräsentation und Reenactment überbrücken Zeit und Raum, indem sie eine neue Sphäre sakraler Wirklichkeit schaffen. Liturgische Kommemoration führte in eine Neu-Realisierung des damaligen Geschehens. Der Ort des Heils, so wird hier deutlich, ist nicht nur weit entfernt. Er ist hier und jetzt.

---

[83] Wolfgang F. Michael: Das deutsche Drama des Mittelalters, Berlin/New York 1971, S. 39f.

4. Das Heilige schauen, riechen und schmecken

Die bisherigen Überlegungen haben die vollste Form der Repräsentation Christi auf Erden gestreift und umkreist, aber noch nicht eigens behandelt: die Eucharistie, das wundersame Geschehen, in welchem durch die sakrale Handlung der Weihe die Elemente von Brot und Wein eine Wandlung in Leib und Blut Christi erfuhren. Die Eucharistie war nach den Worten des Thomas von Aquin, wie schon in der Einleitung angeführt, das „Sakrament, das unmittelbar die Passion des Herren repräsentiert" („*sacramentum directe repraesentativum* [...] *dominicae passionis*")[1]. Wenn also irgendwo deutlich wird, dass mit dem Begriff der Repräsentation etwas von der mittelalterlichen Spiritualität erfasst wird, so ist das hier der Fall.

Auf der Suche nach der Repräsentationsfrömmigkeit des späten Mittelalters brauchen die theologischen Deutungen des Herrenmahls nur grob skizziert zu werden. Schon im frühen Mittelalter hatte zwischen den Mönchen Paschasius Radbertus († 859) und Ratramnus († um 870) ein Streit darum stattgefunden, wie weit im Abendmahlsgeschehen von Wahrheit, wie weit von einem figurativen Geschehen die Rede sein könne. Sie haben nicht einfach die reformatorischen Streitigkeiten vorweggenommen,

[1] Thomas, *Super sent* IV d. 8 q. 2 a. 1 ad 4 no. 179 (s. o. S. 11).

sondern beide innerhalb eines symbolischen Denkens argumentiert. Innerhalb dieses Horizonts versuchte Radbertus *veritas* (Wahrheit) und *figura* im eucharistischen Geschehen zusammenzudenken, indem er dieses als *mysterium* fasste. Diesem Mysteriencharakter stimmte Ratramnus zwar zu, stellte aber nun *veritas* und *figura* einander schroff gegenüber, weil er Wahrheit als sinnlich wahrnehmbare Realität verstand – so konnte für ihn das Geschehen auf dem Altar allein ein figuratives sein. Der Streit wurde, obwohl er Kreise bis an den karolingischen Hof zog, nicht entschieden.

Eine markante Wendung erfuhr die Deutung des Abendmahls allerdings, als im 11. Jahrhundert Berengar von Tours († 1088) die Schrift des Ratramnus wieder aufgriff – und nun die reale Gegenwart Christi im Abendmahl mit den Mitteln des aufkommenden Aristotelismus bestritt: Es sei, so argumentierte er, gar nicht denkbar, dass die äußerlich sichtbaren Eigenschaften von Brot und Wein, die Akzidenzien, unverändert blieben, sich aber gewissermaßen unter ihnen ihr Wesen in das Wesen Christi verwandelte. Diese Auffassung bekam ihm nicht gut: Er wurde zur Ablegung eines Bekenntnisses verurteilt, das in diametralem Gegensatz zu seinen Auffassungen erklärte, dass

„Brot und Wein, die auf dem Altar liegen, nach der Weihe nicht nur Sakrament sind, sondern der wahre Leib und Blut unseres Herrn Jesu Christi sind und in sinnfällig dinglicher Weise, nicht nur sakramental, sondern in Wirklichkeit von den Händen der Priester berührt und gebrochen und von den Zähnen der Gläubigen zermalmt werden“.[2]

---

[2] DH 690: *„panem et vinum, quae in altari ponuntur, post consecrationem non solum sacramentum, sed etiam verum corpus et sanguinem Domini nostri Iesu Christi esse, et sensualiter, non solum*

Drastischer konnte man die Identität zwischen den auf dem Altar sichtbaren Elementen und Christi Leib selbst kaum ausdrücken, die doch stets nur eine gebrochene Realität war: den Augen, die nur Brot und Wein sahen, verschlossen, und auch im Verstehen anders gegeben als seinerzeit am Kreuz. Auf andere Weise als die bisher beschriebenen, aber eben doch letztlich auf Basis einer neuplatonischen Ontologie, die von der Anteilgabe des Wesens an unterschiedlichen Seinsebenen ausging, wurden hier die Schranken von Raum und Zeit gesprengt. Christus war in der Eucharistie neu ganz und gar präsent. Aber „ganz und gar" präsent hieß nicht, dass er nicht auch woanders ebenso ganz und gar präsent sein konnte. Wenn Tag für Tag an unterschiedlichen Orten die Eucharistie gefeiert wurde, wurde der Leib Christi selbst nicht multipliziert und doch immer neu verwirklicht. Der Unterschied in Raum und Zeit produzierte nicht unterschiedliche Leiber Christi, sondern es war immer ein und derselbe.

Diese Selbigkeit des Leibes Christi hing nun an der Annahme, dass er in einer Weise präsent war, die nicht an den äußerlich wahrnehmbaren Eigenschaften hing, sondern, in der zunehmend sich verfestigenden Terminologie des Aristotelismus gesprochen, an der Substanz (*substantia*). Es sieht aus wie Brot und schmeckt wie Brot, aber seiner Substanz nach ist es der Leib Christi. Das ist eine kontraintuitive Deutung, das auf Dauer gestellte Wunder. Berengar hatte die philosophische Analyse auf das Abendmahl angewandt, um zu zeigen, dass die Annahme einer Präsenz Christi denkerisch unmöglich war – seine gebrochene Wirkung aber bestand ironischerweise darin,

sacramento, sed in veritate, manibus sacerdotum tractari et frangi et fidelium dentibus atteri".

dass die offizielle kirchliche Lehre eben diese aristotelische Begrifflichkeit gebrauchte, um das Geschehen auf dem Altar zu deuten. Als das Vierte Laterankonzil 1215 davon sprach, dass „Leib und Blut im Sakrament des Altas wahrhaft unter den Gestalten von Brot und Wein enthalten sind, dadurch, dass durch göttliche Macht das Brot in den Leib und der Wein in das Blut gewandelt (*transsubstantiatis*) ist",[3] war die Grundlage dafür gelegt, dass dies weder dadurch geschah, dass die Substanz von Brot und Wein vernichtet wurde (Annihilation), noch dadurch, dass neben sie die Substanz des Leibes und Blutes Christi trete (Konsubstantiation), sondern eben durch Wandlung: Transsubstantiation.

Lehramtliche Bestimmungen erklären bekanntlich nicht alles. So dauerte es noch eine Weile bis, insbesondere durch Thomas von Aquin, die Transsubstantiationslehre intellektuell geschärft und gegen die – philosophisch mehr als nachvollziehbaren – Einwände Berengars abgesichert wurde. Darum ist Thomas auch auf Raffaels berühmten Gemälde der „*Disputà*" in den Stanzen des Vatikan zu sehen [*Abb. 15*]. Diesen Namen hat das Fresko erst sekundär bekommen. Und tatsächlich passt er auch nur zum Teil zu dem insgesamt eher ruhigen Aufbau, der weniger vom Streit bestimmt ist als von der ehrfürchtigen Haltung gegenüber einer auf dem Altar aufgebauten Monstranz, in welcher sich der Leib Christi befindet. Monstranzen verbinden in ähnlicher Weise wie etwa das verborgene Schweißtuch der Veronika Sichtbarkeit und Verborgenheit. Es sind liturgische Geräte, die der Schaustellung der Hostie dienen. Der reiche Goldschmuck, mit dem sie üblicherweise aus-

[3] DH 802: „*corpus et sanguis in sacramento altaris sub speciebus panis et vini veraciter continentur, transsubstantiatis pane in corpus, et vino in sanguinem potestate divina*".

Abb. 15: Raffael, Disputà, Stanzen des Vatikan.

gestattet sind, steht in merkwürdigem Gegensatz zu der Schlichtheit der Hostie. Das Stück Brot, unter dessen äußerer Hülle sich Jesus Christus selbst befinden soll, wird so inszeniert und zugleich die Gegensätzlichkeit seines Anscheins zu seiner Bedeutung herausgestrichen.

Die Monstranz ist mit ihrer weiten Verbreitung auch Ausdruck dessen, dass das Verhältnis zur Eucharistie im Mittelalter überwiegend ein visuelles war. Der Konsum, Essen und Trinken, war mit einer gewissen Scheu besetzt – das Trinken sogar so weit, dass sich aus der Furcht von Laien, sie könnten bei der Entgegennahme des Kelches mit dem Wein Blutstropfen Christi auf den Boden verschütten, die Sitte etablierte, dass ihnen allein das Brot gereicht wurde. Theologisch wurde das im 12. Jahrhundert durch die Konkomitanzlehre legitimiert, nach welcher der ganze Christus auch in bloß einer Gestalt des Abendmahls gegenwärtig sei. Doch nicht einmal dessen Genuss war nötig: Entscheidend war für die mittelalterliche Eucharistiefrömmigkeit nicht die Einbeziehung der Gemeinde in das Mahlgeschehen selbst. Dem Reenactment des letzten Mahles Christi war Genüge getan, wenn der Priester anstelle Christi agierte. Ihm kam innerhalb dieses Geschehens eine doppelte Repräsentationsfunktion zu: Zum einen stand er stellvertretend für Christus. Die Bezeichnung „*vicarius Christi*", Stellvertreter Christi, war durchaus nicht dem Papst allein vorbehalten, sondern galt auch vom Priester.[4] Freilich war die Perspektive unterschiedlich: Der Papst vertrat Christus in seiner Weltherrschaft, der Priester hingegen in seinem Opfer: Wenn dieses auf dem Altar re-präsentiert wurde, war der Priester derjenige, der als Vorsteher der Messe den Leib Christi dahingab. Eben dies konzentrierte sich in der Wandlung, die aus dem Brot jenen Leib machte, der für die Glaubenden gegeben war. Zugleich mit der Gabe an die Glaubenden aber wurde er auch Gott dargebracht – hieraus resultierte die Polyvalenz priesterlicher Stellvertretung. Im Akt der Darbringung des Leibes Christi vertrat der Priester die Gemeinde, die eben dieses Opfer vollzog. In diesem Akt konzentrierte sich in höchstem Maße das Neuwerden der Präsenz Christi im Hier und Jetzt. Jeder Altar wurde so gewissermaßen neu zum Hügel von Golgotha, auf welchem das Opfer für die Menschheit dargebracht wurde. Versteht man die Eu-

---

[4] S. etwa Thomas von Aquin, *Super sent* IV d. 18 q. 1 a. 3 no. 74,3 (Thomas von Aquin, Scriptum 4, S. 941); vgl. Zerbold, *De spiritualibus ascensionibus* 13 (Gérard Zerbolt de Zutphen: La montée du cœur/De spiritualibus ascensionibus, hg. v. FRANCIS JOSEPH LEGRAND, Turnhoult 2006 144,3.

charistie so als einen Nachvollzug des karfreitäglichen Geschehens, ist es offenkundig, dass die Mahlgemeinschaft, die der biblische Bericht vom vorangehenden Abend berichtet, nicht im Sinne eines neuerlichen Essens aufgegriffen werden musste. Bedeutend war die Schau, das Erblicken des ein für alle Mal Gekreuzigten und doch je neu in dieser Kreuzigung Vergegenwärtigten – weswegen seit den liturgischen Reformen des Anfangs des 10. Jahrhunderts gegründeten Klosters Cluny die Elevation eine zentrale Bedeutung im liturgischen Geschehen hatte: die Emporhebung von Brot und Kelch nach der Wandlung, die die Gemeinde darauf hinlenkte, dass unter diesen Gestalten Christus selbst gegenwärtig und für sie dahingegeben war. Die doppelte Repräsentationsfunktion des Priesters stärkte die klerikale Dominanz im Mittelalter enorm und führte dazu, dass es zunehmend legitim, ja, üblich wurde, Eucharistie ohne Gemeinde durchzuführen: Es reichte ja, wenn die Kirche in ihrem Repräsentanten, dem Priester, am Reenactment des eucharistischen Geschehens teilnahm. Die positiven Folgen des Opfers, der Segen, der daraus floss, ließ sich auch auf konkrete Personen oder Gruppierungen lenken: Wer eine Messe gestiftet hatte, war Nutznießer dieses Geschehens, ganz gleich, ob er daran teilnahm oder nicht. Diese Vorstellung führte dazu, dass in spätmittelalterlichen Kirchen die Anzahl der Altäre immer weiter wuchs, erkennbar an den vielen Seitenkapellen, die nun gebaut wurden. Wer nicht unmittelbar als Stifter mit einem dieser Altäre verbunden war, konnte sich bemühen, einen Blick auf den elevierten Gott zu erhaschen – und hatte auf diese Weise Anteil daran.

Diese Art der Frömmigkeit aus reformatorischer Sicht zu kritisieren, hat gute theologische Gründe für sich – ein historisch verstehender Blick wird zunächst versuchen, die darin implizierte Haltung nachzuzeichnen, und die ist nicht fern von Christus, im Gegenteil: Alles zentrierte sich um Christus als den, der den Glaubenden das Heil gebracht hat, und seine Gegenwart für die Augen ist zunächst einmal keine geringere als für Mund und Zähne, zumal es ein Missverständnis wäre, die visuelle Teilnahme als einen rein äußerlichen Vorgang zu deuten. Es handelte sich nicht um eine bloße Betrachtung mit den Augen, sondern die Schau zielte auf die innere Aneignung. Eine deutschsprachige Messerklärung aus dem fünfzehnten Jahrhundert riet den Laien, während der Elevation, die „bedeutet, dass der Herr Iesus nackt am Kreuz aufgerichtet wurde", folgendes Gebet zu sprechen:

„O du lebendiges Opfer und ewiges Leben deiner wahrhaftigen Glieder [d. h. der Christinnen und Christen; V. L.]; o du reiner Schatz, voller Gnade; o hohe Lust des himmlischen Hofstaats und süße Speise. Heilige Dreifaltigkeit, sei eingedenk des edlen Anblicks Christi Jesus am Kreuz; ziehe mich durch deine Kraft und deinen Willen heran, dass ich dich danach lobe dort auf Ewigkeit: durch unseren Herrn Iesus Christus, deinen eingeborenen Sohn, der mit dir in Ewigkeit regiert und mit Gott dem Heiligen Geist von Ewigkeit zu Ewigkeit. Amen."[5]

Die Rede von der „süßen Speise" macht deutlich, dass diese andächtige Teilhabe auch keineswegs im Gegen-

[5] Die älteste deutsche Gesamtauslegung der Messe, hg. v. Franz Rudolf Reichert, Münster/Westf. 1967 [Corpus catholicorum 29], S. 147,16–26): „bedeut, das der herre Ihesus nacket an dem kreutz aufgerichtet ward (...): O du lebendes oppfer und ewiges leben deiner waren glider; o du reyner schatz, genaden vol; o hocher lust des hymelischen hofes und suesse speyß. Heylige Drivaltikeyt, biß ermanet des edelnn anplicks Christi Ihesu an dem kreutze; zeuch mich durch deyn krafft nach deynem willen in liebe und in leyd, das ich dich hiernach zeloben und dort ewiglich: Durch unsernn herrn Ihesum Cristum deinen eingebornen Sun, der mit dir in ewikeyt regirt und mit Got dem Heyligen Geyst von ewikeyt zu ewikeyt. Amen."

satz zum Essen und Trinken stand. Vielmehr handelte es sich hier um den Vorgang der „geistlichen Kommunion“[6]. Die Spannbreite in ihrem Verständnis war groß – von der Auffassung, dass eine solche *manducatio spiritualis* die sakramentale Kommunion voraussetze[7] bis hin zu der im späten Mittelalter zunehmend begegnenden Auffassung, sie könne, wenn man an der sakramentalen Einnahme der Eucharistie gehindert sei, diese geradezu ersetzen und so zu einer täglichen geistlich-eucharistischen Kommunion führen.[8] Beide Positionen fielen zusammen, wenn eine Gläubige oder ein Gläubiger bei der Eucharistie weilte und, ohne den Leib Christi mit den Zähnen zu zermalmen, diesen doch durch die Augen sinnlich wahrnahm und im Geiste bei sich ankommen und wirken ließ.

Gleichwohl waren nicht alle mittelalterlichen Autoren damit einverstanden, die leibliche Nießung durch eine geistliche ersetzen zu lassen. Ausgerechnet der Mystiker Johannes Tauler konnte – in einer Zeit, in der sein eigener Konvent mit dem Interdikt, dem Verbot von sakramentalen Feiern zu kämpfen hatte – die Kölner dafür loben, dass bei ihnen häufig Eucharistie gefeiert wurde,[9] und gerade den leiblichen Vorgang des Essens intensiv ausmalen: „Nun gibt es keinen stofflichen Vorgang, der dem Menschen so nahe und vertraut wäre, als Essen und Trinken,

---

[6] JUNGMANN: Missarum Sollemnia 2, S. 452.

[7] Thomas von Aquin, *Super Sent.* IV d. 9 q. 1 a. 1 Nr. 29 (Thomas von Aquin, Scriptum 4, S. 365).

[8] Thomas von Kempen, *Imitatio Christi* IV c. 10 (*De imitatione Christi Libri quatuor. Auctore Ven. Thomas Hemerken a Kempis*, Regensburg [7]1937, S. 288f).

[9] Tauler, *Predigt* 33 (Die Predigten TAULERS aus der Engelberger und der Freiburger Handschrift sowie aus Schmidts Abschriften der ehemaligen Straßburger Handschriften, hg. v. FERDINAND VETTER, Berlin 1910, S. 125,29f).

das durch des Menschen Mund eingeht"[10]. Das konnte nur funktionieren, weil Tauler den leiblichen Vorgang in einen geistlichen umschlagen ließ: Aus dem Essen Gottes, das die intensivste Konfrontation mit diesem mit sich brachte, folgte ein Gegessenwerden: der Weg zu Gott durch Reue und Zerknirschung, die letztlich dazu führten, dass sich die Ichbezogenheit des Menschen auflöste. Die innerliche Präsenz Christi folgte hier aus seiner äußerlichen Realpräsenz – und war zugleich deren eigentliches Ziel.

Pikant ist, dass Johannes Tauler diese Mahnungen zur leiblichen Kommunion ausgerechnet in Predigten am Fronleichnamstag vorbrachte, also an jenem Festtag, der in besonderer Weise der Verehrung der sichtbaren Repräsentation des Leibes Christi in der Hostie diente. Taulers Predigttext entstammte entsprechend der dem Fest zugeordneten Perikope Joh 6,53–58, welche der Stützung der geistlichen Kommunion diente. Tauler konterkarierte damit eine Entwicklung, die zu seinen Lebzeiten drei Generationen alt war: die Zelebration der sichtbaren Repräsentation Christi in der Hostie. Eine Darstellung des Ursprungsmythos findet sich gleichfalls in den Stanzen des Vatikan: die Messe von Bolsena in der Stanza di Eliodoro [*Abb. 16*]. Das Geschehen, das Raffael hier in sehr ruhiger Form fasste, war hochdramatisch: Im Jahre 1263 soll ein Priester, der an der Transsubstantiation zweifelte, in dem Moment, in welchem er die Hostie brach, gesehen haben, wie aus dieser Blut hervortrat und von dem Corporale, dem Altartuch, auf welchem die Elemente abgestellt wor-

[10] Tauler, *Predigt* 60c (TAULER: Predigten [Vetter], S. 293,31–33): „Nu ist enkein materielich ding das als nahe und inwendiklich den menschen kume als essen und trinken, das der mensch zuo dem munde in nimet"; Übers. nach Johannes Tauler, Predigten, hg. und übers. v. GEORG HOFMANN, Freiburg 1961, S. 208.

Abb. 16: Raffael, Messe von Bolsena, Stanzen des Vatikan.

den, in Kreuzesform aufgesogen wurde. Dieses Geschehen wurde zum Urbild zahlreicher weiterer Hostienwunder im Mittelalter, auch der antijudaistisch motivierten Erzählungen vom angeblichen Hostienfrevel. Die Hostie, Christus selbst, zeigte dem zweifelnden Priester, dass das, was er vollzog, mehr war als ein äußerer Akt, dass darin tatsächlich die leibliche Wirklichkeit Christi neu Präsenz gewann. Dass das Corporale rasch selbst zu einer Reliquie wurde, die dann in der gut zwanzig Kilometer entfernten Kathedrale von Orvieto aufbewahrt wurde, macht wieder einmal deutlich, durch welche Stufen die göttliche Präsenz sich übertragen ließ: vom Kreuz auf die eucharistischen Elemente und von diesen wiederum auf ein Stück Stoff, das die in der Eucharistie real gewordenen Blutstropfen Christi enthielt. Gegenwart und Vergegenwärtigung bestimmen dieses Geschehen – und die Bindung an die Bischofskirche macht die Bedeutung der Kirche auch als hierarchische Institution deutlich.

Das Wunder gab aber auch Anlass, endgültig das Fest Fronleichnam (*Corpus Domini*, Leib des Herrn) zu etablieren, dessen Vorgeschichte auf die Augustinerin Juliana von Lüttich zurückging († 1258). 1210[11] – also fünf Jahre vor der Dogmatisierung der Transsubstantiation durch das Laterankonzil – hatte sie in einer Vision einen Mond gesehen, dem ein Stückchen fehlte, und von Christus selbst die Erklärung erhalten: „Dann offenbarte ihr Christus, dass im Mond die gegenwärtige Kirche, in der Bruchstelle des Mondes aber der Mangel eines Festes in der Kirche angezeigt werde, das er seine Gläubigen noch auf Erden feiern lassen wollte".[12] Der weitere Zusammenhang des Textstücks machte deutlich, dass das, was da zelebriert werden sollte, das Sakrament der Eucharistie war. 1243 wirkte der spätere Papst Urban IV. (1261–1264) als Jakob Pantaleon Archidiakon in Lüttich, und die lokale Nähe hat immer wieder die verlockende Vermutung eines persönlichen Kontaktes mit Juliana angestoßen. Das lässt sich so nicht belegen, aber gehört haben dürfte er von den Visionen der Chorherrin.[13] Visionen waren ein prekäres

---

[11] Zu der für die Abfolge der Ereignisse interessanten Datierung s. Barbara R. Walters: The feast and its founder, in: dies./Vincent Corrigan/Peter T. Ricketts (Hg.): The Feast of Corpus Christi, Universitys Park 2006, S. 3–54, S. 20.

[12] *Vita Iulianae* (Fête-Dieu [1246–1996]. 2. Vie de Sainte Julienne de Cornillon, hg. v. Jean-Pierre Delville, Löwen 1999, S. 122): *„Tunc revelavit ei christus in luna presentem ecclesiam; in lune autem fractione defectum unius sollempnitatis in ecclesia figurari, quam adhuc volebat in terris a suis fidelibus celebrari"*.

[13] Walters: Feast and Founder, S. 32.

Genre, die Frage, ob zumal Visionen einer Frau zu kirchenleitendem Handeln anregen könnten, äußerst heikel. So kann man die Messe von Bolsena auch als eine Art Aneignung priesterlich-sakramentaler Autorität für ein Anliegen sehen, das eine Frau durch ihre visionäre Nähe zu Christus angestoßen hatte. Jedenfalls erließ Urban IV. ein Jahr nach den Geschehnissen von Bolsena am 11. August 1264 die Bulle „*Transiturus de hoc mundo*", mit welcher er das Fronleichnamsfest, das zuvor schon lokal in Lüttich und, durch das Wirken des Legaten Hugo von Saint-Cher († 1263), in Deutschland gefeiert worden war, für die gesamte Kirche einführte. Zur Begründung diente die besondere Weise der Präsenz Christi:

> „Andere Dinge nämlich, deren Gedächtnis wir begehen, umfassen wir mit Geist und Sinn, aber besitzen deswegen nicht ihre wirkliche Gegenwart. In diesem sakramentalen Gedenken Christi aber ist Jesus Christus bei uns gegenwärtig, zwar unter anderer Gestalt, aber in der eigenen Substanz."[14]

Wenn eine Notiz von Tholomeus von Lucca († 1327) stimmt – woran es allerdings begründete Zweifel gibt[15] –, hätte Papst Urban Thomas von Aquin, der tatsächlich gerade zu dieser Zeit in Orvieto tätig war, den Auftrag gegeben, eine Liturgie für den Fronleichnamstag zu entwerfen.[16] Größere Aufmerksamkeit fand diese allerdings wie das Fest insgesamt erst zwei Generationen nach dem

---

[14] DH 846: „*Alia nemque, quorum memoriam agimus, spiritu menteque complectimur, sed non propter hoc realem eorum praesentiam obtinemus. In hac vero sacramentali Christi commemoratione Iesus Christus praesens sub alia quidem forma, in propria vero substantia est nobiscum.*"

[15] Walters: Feast and Founder, S. 34f.

[16] Tholomeus von Lucca, *Historia ecclesiastica nova* XXII,24 (Monumenta Germaniae Historica. Scriptores in folio 39, S. 566,3f).

Tod Urbans, als das Konzil von Vienne die Einführung des Festes bestätigte und Urbans Bulle in die Kirchenrechtssammlung der Clementinen aufgenommen wurde – auf die hieraus entstehende Gefahr einer Veräußerlichung der Schaufrömmigkeit reagierte Tauler.

Der Gedanke des Fronleichnamsfestes hatte nicht nur die in der Bulle auch verbal durchscheinende Transsubstantiationslehre zur Voraussetzung, sondern auch die seit Jahrhunderten in der rituellen Praxis selbstverständliche Vorstellung, dass mit der einmal vollzogenen Wandlung das Brot dauerhaft Präsenzort und -gestalt des Leibes und Blutes Christi bleibt. Das heißt: Das Reenactment in der Abendmahlsliturgie schafft eine Persistenz von Präsenz. Die Antwort auf den Mangel des Körpers, jenes von de Certeau identifizierte Problem, war noch prägnanter und nachhaltiger als im Falle jener Spiele an Karfreitag und Ostern, denen ja der Gattung nach eine gewisse Flüchtigkeit eignet, auch wenn das an Ostern wieder errichtete Kreuz natürlich dauerhaft auf dem Alter blieb. Für das Herrenmahl aber galt: Der Körper wird neu in einem Reenactment des Todes Jesu am Kreuz präsent, und er entschwindet nicht durch Auferstehung und Himmelfahrt, sondern bleibt liturgisch präsent. Das wurde sogar eigens architektonisch unterstrichen. Der Umgang mit dem bleibenden Leib des Herrn wandelte sich im späten Mittelalter von bloßer Aufbewahrung zur Inszenierung der bleibenden Gegenwart: Dass die Abendmahlselemente nicht einfach entsorgt werden konnten, war schon im frühen Mittelalter selbstverständlich. So achtete man darauf, nicht zu viele Hostien zu konsekrieren. Blieb doch etwas, konnte es bis zur Wiederverwendung – etwa als *Viaticum*, als Wegbegleitung für Sterbende – aufbewahrt werden. Noch im 13. Jahrhundert dienten hierzu einfache

Sakramentsnischen, zunehmend aber wurde der Ort der Aufbewahrung des Leibes Christi aus dem Rand in das Zentrum der Aufmerksamkeit gerückt. Es konnte dann so gestaltet werden, dass das Sakramentshaus zu einem eigenen architektonischen Element im Kirchenbau wurde. Das berühmteste Beispiel hierfür ist das Sakramentshaus, das die Familie Imhof in der Nürnberger St. Lorenzkirche gestiftet hat [*Abb. 17*]. Ausgeführt hat es 1493–1496 Adam Kraft († 1509). An eine Säule geschmiegt, erhebt es sich rund zwanzig Meter und entzieht sich in den oberen Bereichen schon fast den Blicken der Betrachtenden. Gut erkennbar ist der Ort, an welchem sich die konsekrierte Hostie – oder auch mehrere, alle gemeinsam in ihrer Vielfalt Ausdruck des einen Leibes Christi – befindet. Darüber hat Adam Kraft Szenen aus der Passion Jesu, die Kreuzigung und auch die Auferstehung geschaltet. Das abgebildete und in der Abbildung präsente Leben und Leiden Jesu korrespondiert seiner Gegenwart in der Hostie und unterstreicht diese. Wer die Kirche besuchte, sah so unmittelbar, auch wenn er den Leib Christi selbst nicht wahrnahm, wo dieser war. Unmittelbar war so sichtbar, dass die Kirche Haus Gottes war: seine Wohnstätte. Die Bezeichnung einer konkreten Kirche als Gotteshaus oder *domus Dei* hatte sich schon früh eingebürgert,[17] und schon in karolingischen Kapitularien konnte für diese Redeweise selbstverständlich die Erzählung von der Tempelreinigung herangezogen werden (Lk 19,45–48).[18] Der qualitative re-

---

[17] Achim Masser: Die Bezeichnungen für das christliche Gotteshaus in der deutschen Sprache des Mittelalters. Mit einem Anhang: Die Bezeichnungen für die Sakristei, Berlin 1966, S. 46–53, mit zahlreichen Belegen für den deutschsprachigen Gebrauch.

[18] *Hludowici et Hlotharii Capitularia* 67 (Monumenta Germaniae Historica. Leges in folio 1, S. 280,3–11).

Abb. 17: Adam Kraft, Sakramentshaus, St. Lorenz, Nürnberg.

ligionsgeschichtliche Unterschied zwischen dem Tempel als Präsenzort der Gottheit und der Kirche als Versammlungsraum der Gemeinde war durch die Aufnahme von opfertheologischem Vokabular verschwommen, weil die Altäre die Kirche gewissermaßen zum Tempel machten. So lag es nahe, dass die Sakramentshäuser die Kirche als Wohnort Gottes kenntlich machten, wenn auch wiederum in gebrochener Präsenzform. Der Jerusalemer Tempel hatte seine Besonderheit daraus gewonnen, dass die *schechina* (שְׁכִינָה), die Gegenwart Gottes, nicht an ein Bild gebunden war. Die Gegenwart Christi war mit Bildern verbunden, in ihrer prononcierten Form aber mit einem unscheinbaren Stück ungesäuerten Brotes, der Hostie. Sie ereignete sich je neu durch das eucharistische Opfer, das also trotz seines Bezuges auf Karfreitag und Ostern gerade nicht den Mangel des Körpers produzierte, sondern seine stets neue Vervielfältigung. Für moderne Ohren mag die Faszination, die in diesen Wirklichkeitsvorstellungen liegt, nur schwer nachvollziehbar sein, für mittelalterliche Menschen war eine erhebende Wirklichkeit geschaffen: In jeder Pfarrkirche Europas konnte Gott selbst leiblich gegenwärtig sein, inszeniert durch das Gehäuse, das die Hostie enthielt, sichtbar und unsichtbar zugleich, vor allem aber: präsent.

Wendet man die Sensibilisierung für Raumbezüge, die die jüngere Forschung ermöglicht hat,[19] auf das hierdurch entstehende Bezugssystem des Kirchenraums an, so wird deutlich: War in Gestalt der Sakramentshäuser aus der Aufbewahrung der Überbleibsel des liturgischen Geschehens eine Zelebration der bleibenden Gegenwart geworden, schuf dies eine Spannung zu eben jenem Ort,

[19] S. z. B. Stephan Günzel (Hg.): Raum. Ein interdisziplinäres Handbuch, Stuttgart 2010; ders.: Raum. Eine kulturwissenschaftliche Einführung, Bielefeld ³2020.

der in herausragender Weise dem Reenactment des Kreuzesgeschehens und damit auch der Repräsentation Christi gewidmet war: dem Altar. Das Verhältnis ist freilich nicht als Konkurrenz zu verstehen, sondern als eine kumulative Beziehung, in welcher verschiedene Ort des Kirchenraums der Hervorhebung der Präsenz Gottes im Hier und Jetzt der glaubenden Gemeinden diente. Das Verhältnis ist grob dadurch bestimmt, dass das Sakramentshaus eher der immer neu hergestellten dauerhaften Präsenz diente, der Altar hingegen dem je neuen Reenactment.

Doch bestimmt auch diese Beschreibung die Verhältnisse nur ungenau, denn der Altar ist ja eben selbst ein Objekt von Dauerhaftigkeit, dem zudem wie oben beschrieben, durch die Gegenwart der Gebeine von Heiligen auch vor und jenseits der eucharistischen Feier eine Gegenwart von Heiligem eignet. Die Ebenen der fortdauernden Präsenz aber wurden vervielfältigt: Strenggenommen ist das, was oft verkürzt als Altar bezeichnet wird, der Bildaufsatz, vom Altar zu unterscheiden. Altar ist allein der große Steinblock, auf welchem das eucharistische Opfer vollzogen werden kann. Das Retabel schafft nun auf dem Altar wiederum eine dauerhafte Repräsentation, freilich in wechselnder Gestalt: In der Passionszeit war es verhüllt oder zeigte als Klappaltar mit zugeschlagenen Seitenflügeln eine andere Szenerie als gewohnt.

So wurde der Altar selbst zu einem Wechseln unterworfenen Gegenstand in der Kirche, doch fernab jener Dynamik, die der Gebrauch des Altars zu seinem eigentlichen Zweck freisetzte. In einer Messfeier wurden durch Licht – Kerzen – und Geruch – den Weihrauch – die Sinne auf stets neue Weise angesprochen. Den Weihrauch hatten die frühen Christen aus paganen Kontexten übernommen. Ihm wurde gerne ein symbolischer Sinn zugesprochen.

Gabriel Biel († 1495) etwa, der eine ausführliche Erklärung der Messe verfasste, begründete den Gebrauch von Weihrauch mit Ps 141,2: „Mein Gebet möge vor dir gelten als ein Räucheropfer"[20]. Das von Luther mit „Räucheropfer" wiedergegebene lateinische Wort „*incensum*" war das Wort für Weihrauch. Mit dieser Analogie vom Aufsteigen des Weihrauchs als Gebet konnte sich der Gedanke einer gewissen Reziprozität verbinden: Gott sandte seine Barmherzigkeit zurück.[21] Die bemühten symbolischen Deutungen erfassen allerdings nur begrenzt die Wirkung des Weihrauchs, die, wie der Liturgiehistoriker Josef Andreas Jungmann schrieb, „vor allem die Feierlichkeit erhöhen" sollte: „Wie Blumenschmuck und Lichtglanz, wie der Prunk der Paramente und das Rauschen der vollen Orgel sollen auch die Weihrauchwolken, die wallend emporsteigen und den Raum der Kirche mit würzigem Duft erfüllen, die Größe des Festes auch für die Sinne faßbar machen"[22]. Das trifft wohl am Ehesten das Zusammenspiel aus Augen, Ohren und eben auch Nase, das das Gesamterlebnis der mittelalterlichen Messe prägt.

Dieses facettenreiche Geschehen aber war in aller Wechselhaftigkeit immer auch ein Geschehen vor beziehungsweise unter dem Retabel und bezog dieses in ein vielfältiges semantisches Feld ein. So entstand durch das Retabel ein eigenes Beziehungsgefüge im Kirchenraum – zumal ja, wie oben schon dargelegt, in den Bildern auch mit einer Präsenz des Heiligen zu rechnen ist, und dies spezifiziert sich je nachdem, was beziehungsweise wer auf

---

20 Biel, *Canonis missae expositio* l. 15L (Gabrielis Biel Canonis Misse Ecpositio, hg. v. Heiko Oberman/William J. Courtenay. 1. Teil, Wiesbaden 1963, S. 127).

21 Gesamtauslegung der Messe, S. 74f.

22 Jungmann: *Missarum Sollemnia* 1, S. 410.

dem Altar dargestellt ist. Gewissermaßen den Idealfall des hierdurch entstehenden Beziehungsgeflechts bot die Darstellung der Passion und Kreuzigung Jesu Christi, wie in den berühmten Beispielen des Herrenberger und des Isenheimer Altars (s. o. S. 46–48). So war auf dem Retabel das dargestellt, was sich auf dem Altar neu vollzog,[23] und wieder entsteht eine Realität auf vielfältigen Ebenen, erst recht, wenn man noch einen besonders wichtigen Bildtypus einbezieht, der im späten Mittelalter Konjunktur hatte: die Gregorsmesse. Dieser Typus ging auf die schon sehr alte Legende eines besonderen Geschehens zurück, das Gregor dem Großen bei der Eucharistiefeier widerfahren sei. In seiner frühesten Fassung, die der langobardische Historiker Paulus Diaconus (†ca. 800) formte und die sich so auch noch in der *Legenda aurea* findet, hatte Gregor, als eine Frau, die die Messe besuchte, an der Realität der Gegenwart des Leibes Christi zweifelte, die Hostie auf dem Altar beiseite gelegt – und diese wandelte sich für alle sichtbar in ein blutiges Fingerstück.[24] Im späten Mittelalter wurde die Erzählung umfassender gestaltet: Nun war es der ganze Christus, der, wundenübersät, dem Papst erschien. Die Erzählung von der *visio Gregorii* formte einen Bildtypus, der seit Mitte des 15. Jahrhunderts auch auf Retabeln zunehmend Konjunktur hatte[25] und seit dem 19. Jahrhundert als „Gregorsmesse" bezeichnet wird[26] [*Abb. 18*]. Handelte es sich um ein Altarbild, sah

[23] Zu dem spannungsreichen Zusammenhang von Bild und Sakrament s. Heinrich Assel: tamquam visibile verbum. Bild versus Sakrament?, in: Stoellger/Klie: Präsenz im Entzug, S. 347–371.

[24] Paulus Diaconus, *Vita Gregorii* I,23 (PL 75, Sp. 52C-53B); *Legenda Aurea* 46 (Voragine: Legenda aurea, S. 630f).

[25] S. den Überblick bei Esther Meier: Die Gregorsmesse. Funktionen eines spätmittelalterlichen Bildtypus, Köln u. a. 2006.

[26] Berndt Hamm: Religiosität im späten Mittelalter. Span-

Abb. 18: Thomann Burgkmair, Gregorsmesse, Deutsches historisches Museum, Berlin.

man also auf dem Retabel den Papst, der in vollem Ornat eben das tat, was der Priester auf dem Altar selbst tat: die Messe einsetzen und leiten. Und man sah zugleich seine Vision, die unmittelbare Präsentwerdung Jesu Christi.

---

nungspole, Neuaufbräche, Normierungen, hg. v. REINHOLD FRIEDRICH/WOLFGANG SIMON, Tübingen 2011, S. 491.

Die jüngere Forschung hat darauf aufmerksam gemacht, dass es verkürzend wäre, in diesen Darstellungen lediglich das didaktische Mittel einer Einschärfung der Transsubstantiationslehre zu sehen.[27] Sie ist viel mehr als das. Sie ist Schaffung von Wirklichkeit, Schaffung von realer Präsenz in einem mehrfachen Zeit- und Raumgefüge, das Thomas Lentes treffend zusammengefasst hat:

> „Die Memoria Passionis, die nach mittelalterlicher Auffassung in der Messfeier begangen wurde, erinnert nicht nur den historischen Christus, vielmehr wurde in der Feier der transzendente Christus – *sub specie panis et vini velatur* – in Brot und Wein realpräsentisch gegenwärtig gesetzt. (…) Die Imago pietatis repräsentiert den transzendenten Christus."[28]

Altar und Altarbild also spielen zusammen, das Gedächtnis schafft Gegenwart, ganz so wie es Urban IV. ausgedrückt hat, und das Bild unterstreicht das Gedächtnis. Zugleich ist das Bild selbst Präsenzort von Heiligkeit. Man könnte aufschlüsseln, in welchen Formen Christus sich hier gegenwärtig setzt: als der im Wort der Einsetzung Erinnerte, als der in der Eucharistie in Brot und Wein Präsente, als der im priesterlichen Reenactment Handelnde, als der durch das Bild in all diesen Dimensionen im Zusammenhang der Eucharistiefeier Gregors in Erinnerung Gerufene, als der dort auch als Schmerzensmann Gegenwärtige, als der das Bild des Heiligen abbildhaft Durchdringende. Präsenz Christi kumulierte hier in

---

[27] Claudia Gärtner: Die „Gregorsmesse" als Bestätigung der Transsubstantiationslehre? Zur Theologie des Bildsujets, in: Thomas Lentes/Andreas Gormans (Hg.): Das Bild der Erscheinung. Die Gregorsmesse im Mittelalter (KultBild 3), Berlin 2007, S. 125–153.

[28] Thomas Lentes: Verum Corpus und Vera Imago. Kalkulierte Bildbeziehungen in der Gregorsmesse, in: ders./Gormans: Bild der Erscheinung, S. 13–36, S. 26f.

unterschiedlichen Abschattierungen. Die verschiedenen Ebenen seiner Gegenwart umkreisten die eucharistische Realpräsenz als deren intensivste Form, und sie blieben erhalten, auch wenn die Feier vorbei war und eben diese intensivste Form in das Sakramentshaus weiterrückte.

Indem die Gregorsmesse den liturgischen Vollzug gleichsam verdoppelte, diente sie der Intensivierung des aktuellen liturgischen Geschehens. Wo sie auf einem Retabel dargestellt war, verkündete sie bildlich, was sich auf dem Altar selbst vollzieht und bildete eine neue Verweisstruktur, in welcher das Bild die verborgene Wirklichkeit der Gegenwart Christi in den Elementen entbirgt und sichtbar macht: Das Bild wird selbst zum deutenden Medium, das das Geschehen am Altar in seiner inhärenten Spannung erst verstehbar macht und den Betrachtenden nahebringt, indem es zeigt, dass die Substanz von Leib und Blut Christi auch unter den ihr fremden Elementen von Brot und Wein jederzeit in der Lage wäre, die ihr eigenen Akzidenzien anzunehmen. Das mediale Spiel des Bildes unterstreicht so den liturgischen Vorgang zugleich und hat Teil an den vielfachen Brechungen von Sichtbarkeit und Verborgenheit: Was in den eucharistischen Elementen verborgen ist, wird durch die Erscheinung Gregors sichtbar und ist über dem Altar visuell präsent, während es auf dem Altar nur unter den Gestalten von Brot und Wein geglaubt werden kann. Was an der Gregorsmesse besonders deutlich nachvollziehbar ist, gilt im Grunde auch für die Kreuzigungsdarstellungen selbst. Auch sie verdeutlichen durch den semiotischen Bezug zwischen Altarretabel und Altar selbst, dass das Geschehen auf letzterem eben das Karfreitagsgeschehen ist. Die Kreuzigungsdarstellung hat so im liturgischen Kontext die Funktion, herauszustreichen, dass in der Messe das Opfer Christi repräsentierend nachvollzogen wird. Die Repräsentation Christi wird dadurch explizit, dass das Bild auf dem Retabel in Interaktion mit den Verstehenshorizonten der Partizipierenden oder eben überwiegend durch Schau Teilnehmenden eintritt. Das eucharistische Geschehen wird hierdurch kontextualisiert und verdeutlicht.

Das Bild so nicht nur als Objekt menschlicher Wahrnehmung zu verstehen, sondern als einen Akteur, der den Blick der Glaubenden, ihre Wahrnehmung und ihr Verstehen formt, stellt ein wesentliches Moment mittelalterlichen Bildverständnisses dar – der Kunsthistoriker Horst Bredekamp spricht hier von einem „Bildakt", davon, dass bei der Betrachtung, „eine im Artefakt selbst ruhende Latenz" aufgespürt wird, „die auf kaum kontrollierbare Weise von der Möglichkeits- in die Aktionsform umzuspringen und den Beobachter und Berührer mit einem Gegenüber zu konfrontieren vermag"[29] – unter den Begriffen, die dies in den Quellen benennen, führt er auch den schon bekannten Begriff der *virtus* auf.[30] Was sich aus kunsthistorischer Sicht – auch für Bilder, die keine religiösen Gegenstände aufweisen – darlegen lässt, ordnet sich so bei einem frömmigkeitsgeschichtlichen Zugang in das breite Feld fortdauernder Wirkungen und Präsenzen des Heiligen ein.

Bilder konnten semantische Felder schaffen und taten dies im gottesdienstlichen Raum fortwährend, der dadurch zu einem vielfältigen Beziehungsgeflecht anwuchs. Aber sie konnten noch viel mehr: Die wichtigste Erwartung an Bilder war, dass sie heilen konnten. Diese Erwartung hat im Jahr 1519 eine große Wallfahrt nach Regensburg angestoßen. Dass 1520 schon „109189 Pilgerzeichen

[29] Horst Bredekamp: Der Bildakt. Frankfurter Adorno-Vorlesungen 2007. Neufassung 2015, Berlin 2015, S. 31.

[30] Bredekamp: Bildakt, S. 30.

aus Blei und 9763 ebensolche aus Silber verkauft worden"[31] waren, lässt etwas von der Attraktivität ahnen, die nicht allein in der Macht Mariens begründet lag, sondern auch in einem antijudaistischen Triumphalismus: Die Regensburger Christen hatten es ausgenutzt, dass mit dem Tod Kaiser Maximilians am 12. Januar 1519 der von ihm ausgesprochene – und von künftigen Herrschern wieder zu erwartende – Kaiserschutz für die Juden fortgefallen war: Die Juden wurden aus der Stadt vertrieben, ihr Viertel einschließlich der Synagoge dem Erdboden gleichgemacht. An ihrer Stelle wurde eine Marienkirche errichtet, in deren Zentrum ein wundertätiges Bild stand, die „Schöne Maria" von Regensburg. Die Wunder setzten sofort ein und wurden sorgfältig berichtet. So heißt es in einem Verzeichnis aus dem Jahr 1522 etwa:

> „Am folgenden Montag erschien hier in Regensburg in der Kapelle der Schönen Maria Michael Wagner aus Falkenau und berichtete, dass eines seiner Kinder auf den Tod krank gelegen habe. Daraufhin habe er es der Mutter Gottes zu Regensburg im Gelübde anvertraut. Kurz danach ist das Kind frisch und gesund geworden. Lob, Ehre und Dank sei der schönen Maria."[32]

Die Wallfahrt nach Regensburg war für Wagner eine reine Dankeswallfahrt: Die Heilung war schon geschehen,

---

[31] Belting: Bild und Kult, S. 507; zur Beschreibung der Vorgänge insgesamt s. ebd., S. 505–509.

[32] Wunderberliche czaychen vergan-|gen Jars beschehen in Regenspurg tzw der schőnen Ma-|ria der mueter gottes hye jn begriffen, Regenspurg: Paul Kohl 1522, B 1ʳ: „Darnach am Montag/ist alhie zw Regenspurg jnn der kapellnn der schőnen Maria erschinen/Michael wagner von Valcknaw vnnd angetzaigt/wie seyner kindt ains kranck sei gebesenn/bis in den todt/Demnach hab erß der muetter gottes gen Regenspurg verlubt. Alß dan paldt ist das kindt frisch vnd gesvndt worden/Lob er vnd danck sei gutt und der schőnen Maria."

und er hatte auch – anders als manche anderen, von denen in der kleinen Flugschrift berichtet wird – der Muttergottes kein eigenes Opfer dargebracht. Er empfing Heil und Gnade und war dankbar. Für das Verständnis der Wirkung des Bildes bemerkenswert ist die Formulierung, dass er das Gelübde „der muetter gottes gen Regenspurg" abgelegt habe, oben wiedergegeben als „der Mutter Gottes zu Regensburg". Man mag das „gen" auch als Richtung verstehen, in die das Gelübde zielte. So oder so gedeutet, macht die Formulierung deutlich, dass ganz ähnlich wie der Herr Jesus Christus sich in vielen Hostien immer gleich wiederfinden konnte, auch Maria ein und dieselbe im Himmel war und doch in einem solchen Bild und in vielen anderen ganz und gar präsent war. Es geht nicht um eine von Maria getrennte Abbildung, sondern sie selbst ist dort als Adressatin des Gelübdes wie des Dankes in dem Bild erreichbar. Das Bild war eine irdische Kristallisationsform jener Muttergottes, die sonst unerreichbar als Himmelskönigin in anderen Sphären schwebte.

Wiederum gilt aber auch hier: Mit einer Deutungsebene kommt man auf der Suche nach dem mittelalterlichen Verständnis nicht aus. Die bekannteste Darstellung der Wallfahrt, ein Holzschnitt von Michael Ostendorfer aus dem Jahre 1519 [*Abb. 19*], spiegelt die doppelte Realität: Er zeigt den sehr schlichten Kirchenbau, durch dessen Tür hindurch jenes Bild der Schönen Maria erkennbar ist, auf das Massen von Menschen zudrängen. Maria ist aber noch zweimal zu sehen: einmal auf einer großen Fahne, die an dem Glockenturm des Kirchleins befestigt ist und von der man erahnen kann, dass sie den Ortsunkundigen schon auf große Entfernung den Weg weist. Dann aber steht auch vor der Kapelle eine Statue mit Maria und dem Knaben auf ihrem Arm. „Es ist die erste triumphale Mariensäule

Abb. 19: Michael Ostendorfer, Wallfahrt zur Schönen Maria, Kunstsammlungen der Veste Coburg.

auf freiem Platze, also außerhalb eines Kirchenraums, von der wir wissen“[33], notiert Hans Belting dazu. Das allein ist schon bemerkenswert. Noch aufsehenerregender aber ist, dass der Holzschnitt zeigt, wie mehrere Menschen diese Bildsäule regelrecht umklammern. Sie ist nicht einmal eine Nachbildung des Gemäldes in der Kapelle, sondern weist eine eigene Gestaltung auf, und doch scheint sich die *virtus* des wundertätigen Gemäldes auch auf diese Säule zu übertragen. Tatsächlich wurde berichtet, dass man mit Hilfe von Kleidern, die man an diese Säule gehalten hatte, Tiere heilen konnte.[34] Schon auf dem Weg zum eigentlichen Gnadenbild also kann bildlich Gnade erfahren werden, so wie das Gnadenbild Abbild der himmlischen Maria ist. Gnade war offenkundig auf den unterschiedlichsten Ebenen teilbar und verteilbar. Der Weg war nicht das Ziel, aber hatte doch schon an diesem Anteil.

Die Wunder, die die Bilder taten, werden in Regensburg nur aufgezählt. In einem anderen Falle kennen wir einen ergreifenden autobiographischen Bericht über eine solche Widerfahrnis – wobei autobiographische Formen im Mittelalter nicht mit heutigen Vorstellungen überlagert und überfrachtet werden dürfen: Wer von sich und seinem Leben erzählte, tat dies, wie Augustins in seinen *Confessiones*, dem Vorbild aller weiteren christlichen Lebensbeschreibungen, im Lichte Gottes. Es ging um die geistliche Existenz und ihre Spiegelung im reflexiven Bericht. Mit solchen Reflexionen leitete und motivierte die zurückgezogen als Reklusin lebende Juliana von Norwich († nach 1413) einen Zyklus von Visionen ein, der ihr widerfahren war. Sie hatte im Alter von etwa dreißig

[33] Belting: Bild und Kult, S. 505.
[34] Belting: Bild und Kult, S. 507.

Jahren 1373 eine schwere Krankheit durchgemacht und spürte nun das Ende auf sich zukommen. Sie fühlte ihren Körper schon halb abgestorben, da trat ein Priester auf sie zu, um sie in ihrem Sterben zu begleiten. Er hielt ihr einen Kruzifix vor Augen mit den Worten: „Meine Tochter, ich habe dir ein Bild deines Heilands gebracht. Schau darauf und tröste dich damit in Ehrfurcht vor dem, der für dich und mich gestorben ist.“[35] Das war ein in der spätmittelalterlichen Frömmigkeit verbreitetes Vorgehen: Das Bild vom Gekreuzigten oder auch von anderen Heiligen sollte, dazu riet Johannes Gerson (1363–1429), Sterbenden vorgehalten werden, damit ihre Gedanken von den weltlichen Dingen ab- und zu Gott hingezogen wurden.[36] Bei Juliana aber war die Reaktion heftiger, ja, umstürzender und in gewisser Weise gegenteilig, weil sie nun durch das Bild des menschlichen Christus auf neue Weise auf Irdisches bezogen wurde. Sie hatte ihre Augen schon zum Himmel gewandt, richtete diese nun auf den abgebildeten Christus, und in einer eigenartigen Agonie verstärkte sich das Gefühl des Sterbens. Plötzlich aber kehrte sich alles um, und sie kam zurück zum Leben. Durch einen Priester, der eigentlich nichts vorgehabt hatte als zum Sterben zu begleiten, hatte Christus mit dem Medium seines Bildes das Leben gebracht, ein Abbild der Auferstehung, von dieser selbst dadurch unterschieden, dass Juliana in ein Leben in dieser Welt zurückkehr-

[35] Julian, *Revelations. Short text* 2 (Julian of Norwich: Revelations, S. 4,21–23): „Dowghtter, I have brought the the ymage of thy savioure. Loke thereupon, and comforthe the therewith, in reverence of hym that dyede for the and me“.

[36] Gerson, *De scientia mortis*, in: JOANNIS | GERSONII | (...) |OPERA OMNIA | (...) | Operâ & studii M. LUD. ELLIES DU PIN (...) TOMUS PRIMUS, Antwerpen 1706, S. 447–449.

te und nicht in das ewige Leben einging. Das Bild hatte gegen die menschliche Intention dessen gehandelt, der es bereitstellte, und der Blick auf das Bild hatte eine Hilfe gebracht, die die Schau zum Himmel nicht hätte bewirken können.

Dem Bild eignete so eine eigene Wirklichkeit, es war nicht ein Gegenstand in der Welt, sondern interagierte mit den Menschen und zwischen Himmel und Erde. Gingen Menschen mit ihm um, so betraf dies unmittelbar den oder die Abgebildete. Fast anekdotisch klingt dies in einer Erzählung über ein Bild des heiligen Nikolaus in der *Legenda aurea*: Ein Jude, so heißt es hier, habe sich ein Bild des Heiligen angeschafft und es damit beauftragt, sein Eigentum zu bewachen. Als es das aber versäumte und Diebe alles aus dem Haus des Juden raubten außer diesem Bild, bestrafte der Eigentümer es mit Prügeln – mit dem Ergebnis, dass der Heilige Nikolaus den Dieben erschien, „als ob er selbst die Prügel erhalten hätte" und ihnen vorhielt: „Warum bin ich so schrecklich für euch verprügelt, warum so grausam geschlagen worden?"[37] Die Geschichte endet mit der Rückbringung des Eigentums und Bekehrung des Juden, interessiert hier aber vor allem als Beispiel für die nahezu identische Gegenwart des Heiligen im Bild, wie sie auch Rompilger zu spüren bekamen: Als ein offenbar über mangelndes Glück verzweifelter Spieler vor einem Marienbild beim Petersdom Flüche gegen Maria ausstieß und ihr Bild mit Steinen bewarf, floss Blut aus dem Bild und schuf so einen neuen Gedenkort: Der Stein auf den das Blut getropft war, wurde in ein Gitter gefasst und konn-

[37] *Legenda Aurea* 3 (Voragine: Legenda aurea, S. 140–143): „*tamquam in se verbera excepisset*"; „*Cur tam dire pro vobis flagellatus sum, cur tam crudeliter verberatus*"?.

te nun von Pilgern besucht werden.[38] Genau genommen erzählte das Pilgerbuch, der Spieler habe „si mit einem stein" beworfen, nach dem Textzusammenhang also Maria selbst, die durch ihr Bild unmittelbar betroffen war – so ist es denn wohl auch Marienblut, das auf dem Stein dauerhaft zu sehen war. Das war auch deswegen eine kostbare Reliquie, weil Maria nach den in die Spätantike zurückreichenden Berichten friedlich im Kreise der Jünger entschlafen war,[39] ihr Blut also nicht wie bei ihrem Sohn Folge einer Hinrichtung sein konnte. Die Transformation der Präsenzformen ist wieder ähnlich komplex wie in anderen Fällen: die reale, in den Himmel entrückte Maria, ist im Bild abbildhaft präsent, aus diesem heraus aber materialisiert sich eine Form marianischer Leiblichkeit, die dem Körper Marias zu Lebzeiten näher ist als das Bild selbst. Denkt man streng in einem neuplatonischen Abbildschema, so ist diese Entwicklung philosophisch kaum erklärbar – und gerade das macht deutlich, dass die Phänomene der Frömmigkeit aus den möglichen philosophischen Erklärungen nicht abgeleitet werden können, auch wenn sie mit manchen harmonieren.

Die Bilder agieren, wie sie wollen – das führt mitten hinein in eine Welt, in der das Bild nicht nur zum Sehen da ist, sondern sich selbst am Geschehen beteiligt und dabei ein gewisses Eigenleben entwickelt: Die Chronik der Wallfahrt ins Weggenthal nahe Rottenburg berichtet, wie dort im Jahre 1517 ein Bauer aus dem nahen Dorf Remmingsheim eine Vesperbilddarstellung – der Pietàtypus mit Maria, die um ihren toten Sohn auf ihrem Schoß trauert – aus einem Bildstock entwendet und nach Hause ge-

---

38 *Historia et descriptio* (Miedema: Rompilgerführer, S. 246,9–15).

39 *Legenda Aurea* 119 (Voragine: Legenda aurea, S. 1508–1515).

bracht habe. Dort habe er es seinen Kindern zum Spielen als Puppe überlassen wollen. Doch am nächsten Tag war das Bild aus dem Bauernhaus verschwunden und stand wieder an seinem Platz. Das wiederholte sich auch, als der Bauer es noch einmal stahl. Trotzdem entwendete er es ein drittes Mal, bedrohte es und sperrte es bei sich zu Hause in eine Truhe, damit es nicht mehr entschwinden könne – und hatte damit natürlich keinen Erfolg, sondern musste feststellen, dass das Vesperbild wieder auf wunderhafte Weise zurück an seinen Platz gelangt war.[40] Das war nicht das einzige, was dieses Bild tun konnte: Ein Hirtenjunge, der ihm aus Scherz mit den Fingern die Nase putzen wollte, musste erfahren, dass seine Hände an der kleinen Statue kleben blieben, bis zwei Pfarrer Maria um Vergebung gebeten hatten, und ein Maler, der beim besten Willen die Farbe renovieren wollte, musste mit ansehen, wie alle neue Farbe abblätterte, weil der alte Zustand nicht verändert werden sollte.[41] Die Skulptur also ließ nicht mit sich handeln, sie war ein Artefakt und doch mehr als das. Sie strafte, entzog sich allem menschlichen Handeln, drückte ihren Willen aus und forderte – in jener Vergebungsbitte der Priester – menschliches Handeln ein. Die Repräsentation des Heiligen im Bild führte so zu einer Aktivität, die sich streng genommen gar nicht mehr als Reenactment fassen lässt. Maria handelt in dem Bild ja nicht einfach so, wie es die Muttergottes im realen Leben getan hat. Nicht allein, dass sie auf spezifische Weise auf das frevelhafte Handeln der Menschen reagiert, ändert ihr Verhalten,

---

[40] Gnadenreiches | Weggen-Thal, | Oder Ursprung | der Wallfahrt und Andacht | zu der | Wunderthåtigen Bildnuß | der schmerzhafften Jungfråulichen | Mutter Gottes | Maria | in dem so genannten Weggenthal, (…), o. O. 1731, S. 4–7.

[41] *Gnadenreiches Weggenthal*, S. 7f.

Abb. 20: Hieronymus Bosch, Die Sieben Todsünden und vier letzten Dinge, Museo del Prado, Madrid.

sondern auch die Grundstimmung von Spott und Strafe, die sie den Menschen zuteilwerden lässt, entspricht nicht dem barmherzigen Verhalten, das die Glaubenden von ihr sonst erwarten. Das Bild gewinnt nicht nur eigene Kraft, es hat geradezu einen eigenen Charakter.

Wenn in diesem Kapitel vom Sehen des Heiligen die Rede ist, so wäre es angesichts solcher Berichte zu einseitig, nur von einer Richtung des Sehens zu sprechen: Wer sieht, ist auch gesehen. Explizit machte dies Hieronymus Bosch († 1516) in seinem Bild von den „Sieben Todsünden und vier letzten Dinge" [*Abb. 20*] – die Gerichtsthematik und der in ihr mitgegebene moralische Appell legten eine Betonung des Gesehenwerdens nahe.[42] Das Bild zeigt in seinen vier Ecken die vier letzten Dinge Tod, Gericht, Himmel und Hölle in Medaillons. Im Zentrum befindet sich ein Schmerzensmann, von dem Strahlen ausgehen, die wiederum in einen Kreis mit der Darstellung der Todsünden weisen. Sie formen das Bild einer Iris, offenkundig das Auge Gottes.[43] Auf dem dunklen Grund, auf dem diese Darstellungen aufliegen, stehen die beiden Schriftverse Dtn 32,28f und Dtn 32,20, die auf die Sündenthematik hinweisen. Um den Schmerzensmann herum aber findet sich eine farblich reliefierend vom Untergrund abgehobene Schriftzeile: „*Caue caue dominus videt*": „Hüte dich, hüte dich, der Herr sieht." Betrachter des Bildes also sehen ein auf sie gerichtetes Auge, und sofern sie lesen können, werden sie noch einmal darauf hingewiesen, dass eben dieses Auge sie sieht. Hier entsteht durch das Bild hindurch eine Interaktion zwischen Gott und Mensch – ganz im Gegensatz zu der Todsünde des Stolzes, der *superbia*, die auf demselben Gemälde einen Spiegel in der Hand hat: Sie sieht als Sündern nur sich selbst und nimmt den Blick Gottes nicht wahr, erwidert ihn nicht.[44] Das sehende Bild wird so zum Ausdruck einer permanenten Präsenz Gottes in menschlichen Zusammenhängen und der ebenso permanenten Möglichkeit des Menschen, sich dieser Präsenz gegenwärtig zu sein. Mittelalterliche Bilder sind nicht für

---

[42] Für den Hinweis auf die Bildaktivitäten dieses Gemäldes danke ich Katharina Krause, Tübingen.

[43] Markus Prummer: Quattuor novissima. Die Ikonografie der Vier letzten Dinge, Berlin 2019, S. 212.

[44] Daniela Hammer-Tugendhat: Das Sichtbare und das Unsichtbare. Zur holländischen Malerei des 17. Jahrhunderts, Köln u. a. 2009, S. 181.

die Musealisierung gedacht, sondern als Gegenwartsorte Gottes für Kultus und Andacht.

Sie können nicht nur sehen, sie können auch sprechen. Das berühmteste Beispiel hierfür findet sich wiederum in der Franziskuslegende. Auch wenn es sich wohl mehr literarischer Konstruktion als realer Erinnerung verdankt,[45] drückt es die intensive Überzeugung aus, dass das Bild sein Gegenüber wahrnimmt und sogar in den Dienst nimmt. Den wahrscheinlich frühesten Bericht hierüber bietet die sogenannte Dreigefährtenlegende, die eine Etappe der Bekehrung des Heiligen beschreibt:

„Als er einige Tage später an der Kirche San Damiano vorbeiging, wurde ihm im Geiste gesagt, er solle zum Beten hineingehen. Er betrat die Kirche und begann innig vor einem Bild des Gekreuzigten zu beten, das ihn liebevoll und gütig ansprach, indem es sagte: ‚Franziskus, siehst du nicht, dass mein Haus in Verfall gerät? Geh also hin und stelle es mir wieder her!‘ Zitternd und staunend sprach Franziskus: ‚Gerne, Herr, will ich es tun.‘“[46]

Im Legendenstoff um Franziskus bildete dieses Gespräch den Auftakt für eine Lerngeschichte, in deren Verlauf Franziskus begriff, dass nicht allein, wie er zunächst annahm, die Reparatur des verfallenden Kirchleins von San Damiano und anderer Gebäude von ihm erwartet wurde, sondern die Wiedererrichtung der Kirche als Gemeinschaft und Institution. Dazu, um ihm und den Glauben-

[45] Leppin: Franziskus von Assisi, S. 86–72.

[46] *Legenda trium sociorum V,13* (Fontes Franciscani, S. 1386): „*Paucis autem diebus elapsis, cum ambularet iuxta ecclesiam Sancti Damiani, dictum est illi in spiritu ut in eam ad orationem intraret. Quam ingressus coepit orare ferventer coram quadam imagine Crucifixi, quae pie ac benigne locuta est ei dicens: ‚Francisce, nonne vides quod domus mea destruitur? Vade igitur et repara illam mihi‘ Et tremens ac stupens ait: ‚Libenter faciam, Domine‘.*“; Übers. nach: Franziskus-Quellen 619.

den dies klar zu machen, bedurfte es noch des berühmten Traums von Papst Innozenz III. (1198–1216), der sah, wie ein Mönchlein seine Lateranbasilika vor dem Einsturz bewahrte und dann das Mönchlein in Franziskus wiedererkannte.

Für die Erzählung von Bildern aber ist maßgeblich, dass hier das Bild sprach. Es sprach gewissermaßen *in persona Christi*. Gerade wenn die eigentliche Bedeutung nicht allein auf das Kirchlein zielte, in welchem sich das Kruzifix befand, konnte nicht das Bild allein den Bezug für „mein Haus" darstellen. Es war Christus selbst, der hier sprach, obwohl Satzbau und Grammatik ganz klar machen, dass das Bild sprach: „*locuta est*" heißt es im lateinischen Text, und das kann sich nur auf die weibliche *imago* beziehen, nicht aber auf Christus selbst. Und doch war er inhaltlich der Sprechende – eben weil auch hier die einfachen logischen Unterscheidungen nicht greifen. Entsprechend antwortete Franziskus auch nicht dem Bild, sondern dem Herrn selbst. Sprache und Bild, sie arbeiten mit Mehrdeutigkeiten, aber die Rede von Ambivalenz oder gar Ambiguität, die moderne Deutungsinstrumentarien hierfür zur Verfügung haben, greift nur, wenn man sich klar macht, dass dieser Mehrdeutigkeit eine ebenso vielfältige Realität entspricht, in welcher in, mit und unter dem Bild immer schon auch Christus gegenwärtig ist, der durch dieses Bild hindurch agieren kann.

Dass Franziskus in die Kirche von San Damiano ging, um dort zu beten, erinnert auch daran, dass der Umgang mit den Bildern neben der nun vielfach angesprochenen liturgischen Dimension auch eine individuelle hatte. Diese konnte wie so vieles im unmittelbaren Gewinn von Ablass bestehen. So preist der *Hortulus animae*, ein spätmittelalterliches Gebetbuch, unter Berufung auf einen angeblich von Papst Gregor III. (731–741) einer englischen Königin gestifteten und von allen anderen Päpsten bestätigten Ablass, Gebete vor einem Kruzifix an. Wer diese halte, der empfange dafür so viele Tage Ablass wie Christus – wohl durch die Geißelung – Wunden empfangen hatte, nämlich 5475[47] – auch diese Zahl ist übrigens ein schönes Beispiel dafür, wie unwichtig die überall aufkommenden Quantifizierungen waren: In demselben Werk konnten Christi Wunden auch mit 5460, also 15 weniger, berechnet werden.[48] Nicht auf das Metrum der Zahl kommt es an, sondern darauf, dass sie sehr hoch ist. Auch sonst ist Quantifizierung nicht gleich Quantifizierung. Für ein Mariengebet verheißt der *Hortulus animae*:

„Ein schőn gebet von der jungkfrawen Maria/wer das andechtiglichen spricht .xxx. tag nacheinander/der wurd gewert an seel vnd leyb was er zymlich bitten ist."[49]

Das klingt genau. Noch genauer besehen aber liegt das Maß der Gnade in der subjektiven Praxis des Betenden. Sie wird so gewährt, wie dieser angemessener Weise („zymlich") bittet. Damit gleitet der Umgang mit dem Bild zu einer Verinnerlichung über, die dann eintritt, wenn eine Mediation erfolgt, in welcher Schauen und Sehen in Aneignung und Interaktion übergehen: Ein Bild zu meditieren, heißt es sich anzueignen und wiederum in Interaktion mit ihm zu treten. Der Augustineremit Johannes von Paltz († 1511) gibt einen Eindruck hiervon. In seiner „himmlischen Fundgrub", einem auf Predigten zurückge-

---

47 Hortulus anime | zu tewtsch Selen wůrtz-| gertlein genant / mit viel schő-|nen gebeten vnd figuren., Nürnberg: Peypus 1519, f. 38r.

48 Hortulus animae, f. 218v; vgl. zu diesen Zahlenangaben Berndt Hamm: Ablass und Reformation – Erstaunliche Kohärenzen, Tübingen 2016,197 Anm. 359.

49 Hortulus animae, f. 81r.

henden Erbauungsbuch, riet er dazu „das du oft ansehest ein crucifix, das wol gemachet ist und lernest das einbilden in dein herz und lernest flihen mit den gedanken in die heiligen funf wunden sonderlich in die heiligen seiten".[50] Dieser Vorgang war in Gebetsworte zu fassen, die in der lateinischen Fassung des Buches, der *Coelifodina*, noch etwas ausführlicher erscheinen als in der deutschen:

> „Herr Jesus Christus, ich danke dir für die Wunden der rechten Hand, die du um meinetwillen hast durchbohren lassen. Ich bringe dir, obgleich es nur wenig ist, alles, was ich an Gutem habe, in jene Hand dar und ein Vaterunser und ein Ave Maria in Liebe zu dieser Wunde, die du für mich empfangen hast, und ich bitte, dass du mir zubilligst, gute Werke zu tun"[51].

Der Vorgang ist als gedanklicher gefasst, das mindert aber die entstehende Beziehung nicht. Der Meditierende spricht Christus selbst an und opfert sein Eigenes, ja, in der deutschen Fassung heißt es zur Seitenwunde sogar: „Darein opher ich mich selber und mein leib und sele"[52]. Der gedankliche Vorgang ist zugleich ein leiblicher: Der Leib des Meditierenden bezieht sich geistig-geistlich auf den geschundenen Leib des Erlösers. Dessen Präsenz im Bild kann sich dann auch zu einer Präsenz in Gedanken und Vorstellungen verschieben, aber was bleibt, ist eine reale Interaktion. So wie bei vielen Bildern das Sehen zum

---

[50] Paltz, *himmlische Fundgrub* (Johannes von Paltz: Werke. Bd. 3: Opuscula, bearb. v. Christoph Burger u. a., Berlin u. a. 1989, S. 204,12–205,2).

[51] Johannes von Paltz: Werke 1 S. 109,23–26: *„Domine Iesu Christe, regratior tibi de vulneratione dextrae manus, quam propter me perforari fecisti. Offero tibi omnia bona mea, quamvis sint pauca, in illam manum et unum ‚Pater noster' et ‚Ave Maria' in amore huius vulneris pro me suscepti, rogitans ut concedas mihi bona opera facere."*

[52] Paltz, *Himmlische Fundgrub* (Paltz: Werke 3, S. 21 f).

Gesehenwerden werden kann, wird hier aus dem Sehen ein geistiger Vorgang, der den Menschen in die Nähe Christi bringt. Dieser ist der betenden Seele präsent als Erlöser einst auf Golgotha und nun auch hier und jetzt.

5. Das Heilige hören und vollziehen

Meditieren konnte man nicht nur Bilder, meditieren konnte man auch und sogar vor allem: Worte, zumal die Worte der Heiligen Schrift. Dieser Vorgang der Schriftmeditation stand im Zentrum der klösterlichen Praxis im Umgang mit der Heiligen Schrift, der *lectio divina*. Deren gängigstes Schema hat der Kartäuser Guigo (II.) in seiner *Scala claustralium* entwickelt, der Leiter für die Klosterleute:[1] Die Lesung, die *lectio*, entfaltete sich in weiteren Schritten als Meditation (*meditatio*), Gebet (*oratio*) und Beschauung (*contemplatio*). Dieses Schema für Mönche und Nonnen bietet nicht nur eine sachte Erinnerung daran, dass die Bibel im Mittelalter alles andere als vergessen war. Zumal in klösterlichen Gemeinschaften, die in ihren Stundengebeten wieder und wieder den Psalter beteten, war wenigstens dieses biblische Buch aus den klösterlichen Lesungen, aber auch vieles mehr, was die Heilige Schrift enthielt, bekannt. Die *lectio divina* diente der persönlichen Aneignung. Deutlich wird das bei einem Autor des späten Mittelalters, der sich in besonderer Weise mit der Frage nach der Lektüre nicht nur der Priester und Mönche, sondern auch der Laien befasst hat: Zerbold von Zutphen (1367–1398). Von ihm stammt ein kleiner Traktat „*De libris teutonicalibus*“[2], in welchem er darüber sinnierte, was Laien

[1] Guigo, *Scala claustralium* (PL 184, Sp. 475–484).

[2] „Was dürfen Laien lesen?“ Gerhard Zerbolt von Zutphen:

in Volkssprache lesen dürfen sollten. Das war eine ganze Menge, aus der Bibel insbesondere die Evangelien und die Apostelgeschichte – das passt gut in einer Zeit, in welcher ein gutes halbes Jahrhundert nach Zerbolds Tod mit dem Aufkommen des Buchdrucks auch eine große Anzahl volkssprachlicher Bibeln gedruckt werden sollte. Er empfahl aber darüber hinaus auch eine große Anzahl von Erbauungsbüchern, riet allerdings von den komplizierten Schriften Meister Eckharts ab, in denen er eine Gefahr der Verführung der Laien sah. Seine Empfehlungen standen im Rahmen der Frömmigkeitsbewegung der *Devotio moderna*, die sich vor allem am Niederrhein verbreitete und Laien wie Mönche zu neuer Ernsthaftigkeit ihres geistlichen Lebens zu führen suchte.

In diesem Zusammenhang schrieb er auch die Schrift „*De spiritualibus ascensionibus*“, die nicht nur mit ihrem Titel: „Von den geistlichen Aufstiegen“ an Guigos Leiter erinnert, sondern auch mit der intensiven Beschreibung des Weges einer *lectio divina* oder, wie er es nannte, *sacra lectio*. Für die Lektüre selbst mahnte Zerbold zu mehreren Vorsichtsmaßnahmen, die alle der Konzentration dienen sollten, damit das Lesen selbst fruchtbar für den geistlichen Aufstieg werde. So sollte man beispielsweise bedenken, wann man lese, damit die Lektüre nicht nebenher erfolge, und man sollte sorgsam vom Anfang bis zum Ende lesen, um das ganze Buch aufzunehmen.[3] Das bereitete dann den zweiten Schritt, eben die Meditation vor, zu der Zerbold erläuterte:

De libris teutonicalibus/Een verclaringhe vanden duytschen boeken, hg. v. NIKOLAUS STAUBACH/RUDOLF SUNTRUP, Münster 2019.

[3] Zerbold, *De spiritualibus ascensionibus* c. 44 (ZERBOLT: La montée du cœur, S. 280,40–282,59).

„Meditation aber wird dasjenige genannt, wodurch du das, was du gelesen oder gehört hast, durch eifriges Wiederkäuen in deinem Herzen behandelst, und hierdurch dein Gemüt hinsichtlich eines bestimmten Gegenstandes entzündest und die Vernunft erleuchtest".[4]

Wiederkäuen wie eine Kuh – das ist die Grundregel der *ruminatio*, die in der *Devotio moderna* die Beschäftigung mit der Heiligen Schrift, überhaupt mit geistlichen Texten anleitete. Verbunden mit den Anweisungen zur *lectio* selbst zeigt sich hier ein tiefes Bewusstsein, dass Lektüre anderes ist als die rasche Informationsaufnahme. Sie ist Aneignung durch Wiederholung. Der Text soll nicht allein die Augen und den Verstand erreichen, sondern auch das Herz und das Gemüt – das seinerseits dann dazu führt, dass die Vernunft erleuchtet wird. Deren vollste Fähigkeiten also sind nicht allein kognitiver Art, sondern bedürfen der Durchdringung des Textes. Der Vorgang mündet in das Gebet, für das wiederum Achtsamkeit und Konzentration entscheidend sind, das dann aber auch überall und zu jeder Zeit gepflegt werden sollte.[5]

Der Alltag wurde so von der Beschäftigung mit dem Heiligen durchdrungen – ganz ähnlich wie in jenen vielen Präsenzformen von Heiligkeit, ja, von Gott selbst, die bislang schon berührt wurden. Und doch ist eine Beschäftigung, bei welcher die Aktivität beim wahrnehmenden Subjekt, dem glaubenden Menschen, liegt, etwas anderes als jene Umkehr von Aktivitäten, wie sie sich oben etwa

---

[4] Zerbold von Zutphen, *De spiritualibus ascensionibus* c. 45 (Zerbolt, La montée du cœur, S. 284,2–4): „*Meditacio vero dicitur qua ea que legisti vel audisti, studiosa ruminacione in corde tuo pertractas, et per ea affectum tuum circa aliquod certum inflammas vel illumines intellectum*".

[5] Zerbold, *De spiritualibus ascensionibus* c. 46 (Zerbolt: La montée du cœur, S. 280,40–282.59).

bei den Bildern nachzeichnen ließ. Bilder waren bestimmend und mächtig in der mittelalterlichen Kultur, letztlich mächtiger als das geschriebene und gesprochene Wort. Geschrieben war es nur wenigen zugänglich und an der Kraft des Gehörten bestanden Zweifel: „Daher wird zur Genüge aufgewiesen, dass Bilder stärker bewegen als Worte"[6], hat Gabriel Biel bündig zusammengefasst. Diese Skepsis dürfte auch damit zu tun haben, dass sich tatsächlich Modi der Repräsentation im Bildmedium anders und leichter nachzeichnen lassen als im geschriebenen oder gehörten Wort. Die Wirkweise des Wortes ist offenkundig eine andere als die des Bildes: das Bild ist auf den göttlichen Ursprung abbildhaft bezogen, was im neuplatonischen Denken heißt: Gottes Realität ist wenigstens partiell zugegen. Kommunikation durch das Wort hingegen bedeutet einen lebendigen Bezug zwischen einem Sprecher und einem Empfänger in einer gegebenen Situation. Nun besteht für das Mittelalter kein Zweifel, dass die Bibel das Wort Gottes ist, aber als solches ist es vom ursprünglichen Sprechakt gelöst, eingegangen in eine schriftliche Form.[7] Sie ist gewissermaßen ein kollektives „Speichermedium" geworden.[8] Das konnte für das mittelalterliche Verständnis nur in sehr abgeschwächter Weise Gegenwart ersetzen. Johann Ulrich Sur-

[6] Biel, *Expositio l. 19 K* (Biel: Canonis missae expositio 171): „*Unde satis ostenditur fortius movere imagines quam verba*".

[7] Nur angedeutet kann hier werden, dass reformatorische Theologie sich, seit das mystische Erbe bei Luther „worttheologisch gebrochen" fortlebte (Leppin: Transformationen, S. 411), im Unterschied zum oben rekonstruierten mittelalterlichen Verstehenshorizont genau dadurch auszeichnet, dem geschriebenen, vor allem aber verkündigten und so lebendig gemachten Wort Präsenzqualität zuzuschreiben.

[8] Vgl. mit kritischem Unterton zu heutigem Bibelgebrauch Christian Grethlein: Kommunikation des Evangeliums in der Mediengesellschaft, Leipzig 2003, S. 31.

gant († 1503) stellte in der wohl bedeutendsten Predigtlehre des Mittelalters, dem *Manuale curatorum*, fest: „Einmal nämlich spricht Gott (...) und wiederholt dasselbe nicht noch einmal. Gott aber spricht in der Heiligen Schrift."[9] Er verband dies mit einem Preis der Heiligen Schrift, „die allein immer wahr" sei im Unterschied zu den Lehren der Philosophen und überhaupt aller Menschen, selbst der Kirchenväter.[10] Aber das unumgängliche Ergebnis war doch, dass der entscheidende, alles begründende Sprechakt Gottes ein vergangener war, und die Mittel, die Grenzen zwischen Vergangenheit und Gegenwart fließend zu machen, waren offenkundig geringer als im Falle des Lebens Jesu und seiner Nachahmung durch Heilige.

Das dahinterstehende Problem lässt sich mit Jacques Derrida beschreiben, der es in seiner adaptierenden Auslegung Rousseaus ausgerechnet mit dem Vokabular der Repräsentation, aber in einer gegenüber den hier vorgetragenen Überlegungen gänzlich anderen Bedeutungsnuance beschrieben hat:

> „Die Bewegung der supplementären Repräsentation nähert sich dem Ursprung, indem sie sich davon entfernt. (...) die vorbehaltlose Entäußerung ist also die vorbehaltlose Repräsentation. Sie entreißt die Präsenz sich selbst und re-präsentiert sie absolut sich selbst."[11]

---

[9] Manuale curatorum | predicandi prebens modum: tam latino | quam vulgari sermone practice illumi|natum: cum certis alijs ad curam | animarum pertinentibus (...), [Basel 1503], f. V^{v}: „*Semel enim loquitur deus (...) et secundo idipsum non repetit. Loquitur autem deus in scriptura sacra.*"

[10] *Manuale curatorum*, f. V^{v}–VI^{r}: „*Ipsa enim scriptura est que sola semper est vera*".

[11] Jacques Derrida: De la grammatologie, Paris 1967, S. 417: „Le mouvement de la représentation supplémentaire se rapproche de l'origine en s'en éloignant. (...) L'aliénation sans réserve est donc la

Für Derrida macht also Repräsentation – im geraden Gegenteil zu dem in diesem Buch vorgeschlagenen Versuch – gerade die Differenz, beziehungsweise, wie er dann in der Regel sagt: „différance“[12] aus. Dies ist das Charakteristikum schriftlicher Repräsentation. Das ist eine Reflexion, die dem Mittelalter nicht unterstellt werden kann, die aber in ihrer generellen Ausrichtung Phänomenen in der sozialen und intellektuellen Welt des Mittelalters entspricht. Selbst für den Brief, der ja ausdrücklich dazu gedacht ist, die mündliche Kommunikationsform in eine schriftliche zu überführen gilt nach dem Germanisten und Medienhistoriker Horst Wenzel, dass er „als Ersatz mündlicher Mitteilung (...) zunächst sekundär gegenüber dem mündlichen Botenbericht“[13] blieb – ihn verlesen zu lassen konnte dabei die Präsenzform imaginierend erhöhen,[14] die schriftliche Form aber blieb erkennbar defizitär.

Das heißt nun aber nicht, dass der Heiligen Schrift im späten Mittelalter keinerlei Präsenzform Gottes zugesprochen wurde – diese war in liturgischen Zusammenhängen durchaus erkennbar. Die schon oben herangezogene deutschsprachige Messerklärung aus dem 15. Jahrhundert entwirft hiervon ein lebendiges Bild: An Hochfesten wurden vor der Evangelienlesung in der Messe zwei Kerzen entzündet, die gleichermaßen auf den Priester und seine Bildung wie auf Jesus Christus selbst als das Licht der Welt

---

représentation sans réserve. Elle arrache absolument la présence à soi et absolument à soi la re-présente.“ Übers. nach: Jacques Derrida: Grammatologie, Frankfurt/M. 1983, S. 506f.

12 Derrida: Grammatologie 44, vom Übersetzer wiedergegeben als „Differenz“.

13 Horst Wenzel: Hören und Sehen. Schrift und Bild. Kultur und Gedächtnis im Mittelalter, München 1995, S. 260.

14 Wenzel: Hören und Sehen, S. 260.

verweisen sollten.[15] In einer Art von bibeltheologischem Reenactment zog dann in der Prozession zur Bereitlegung des Evangeliums der Subdiakon oder Akolyth, der die Epistel verlesen hatte, vor dem Diakon her, der das Evangelium lesen sollte. Das sollte darstellen, „das der heylig Johannes Baptista Christo Ihesu vor gieng“[16] – auch die Zuordnung der Ämter zu den unterschiedlichen Lesungen war, jedenfalls nach Deutung dieser Auslegung, mit Bedacht gewählt: Der Diakon gehörte schon zu den höheren Weihegraden und durfte daher die Worte Jesu selbst lesen, während für die in der Epistellesung eingeschlossenen Lesungen aus dem Alten Testament auch die genannten niederen Weihegrade ausreichen konnten.[17] Vor beiden, Subdiakon und Diakon schwenkte ein Priester ein Rauchfass.[18] Auch hier also umfasste die Inszenierung von Heiligkeit den Geruchssinn: Über dem Buch und dem Altar wurde gleichermaßen Rauch entwickelt,[19] ehe dann tatsächlich die Lesung erfolgte, die genau genommen ein Gesangsvortrag war – zudem ein Vortrag in der fremden, den teilnehmenden Laien nicht verständlichen Sprache des Lateinischen. Dieses linguistische Moment macht deutlich, dass es bei dieser Inszenierung auf die Präsenz der Bibel als solche, nicht aber auf die durch diese ausgelösten Verstehens- und Kommunikationsprozesse ankam. Das bedeutete nicht, dass die Laien unbeteiligt waren – die Signale aber, die für sie gesetzt wurden, waren andere als die von begrifflich gefassten Worten. Das Evangelium wurde an einem höheren Ort verlesen als die Epistel, um seine

---

[15] *Gesamtauslegung*, S. 73,18–31.
[16] *Gesamtauslegung*, S. 73,31 f.
[17] *Gesamtauslegung*, S. 67, S. 12–16.
[18] *Gesamtauslegung*, S. 74,5 f.
[19] *Gesamtauslegung*, S. 74.

Bedeutung hervorzuheben.[20] Seine Heiligkeit wurde so auch ohne die Möglichkeit, den Inhalt zur Kenntnis zu nehmen, transportiert – und doch waren sich die Akteure bewusst, dass es der Inhalt, das im Speichermedium konservierte Wort Gottes war, das die Heiligkeit dieses Gegenstandes begründete: Der Diakon bat, ehe er die Lesung vornahm, den Priester um seinen Segen, und die erwähnte Messerklärung deutete dies: „Als ob er sprech: Herre, ich bin des nit wirdig, zesingen oder auß zesprechen diese deine wort des heiligen ewangeli; darumb so heyß mich, das ich es thun sey."[21] Es handelte sich dabei auch um einen Reinigungsritus, und der Priester antwortete: „Der Herr sei in deinem Herzen und auf deinen Lippen, auf dass du würdig und löblich das Evangelium des Friedens verkündigest"[22]. Für den Fall, in welchem der Priester selbst das Evangelium las, wandte er den selben Vers auf sich an und machte Kreuzeszeichen über dem Evangeliar, seinem Herzen und seinen Lippen, zwischen hinein wies er mit den Händen nach oben, um deutlich zu machen, woher der Segen erbeten wird.[23] So setzt sich der Ritus fort, mit Segensanrufungen und zahlreichen jeweils gedeuteten Bekreuzigungen: Der Akt, der im Kern durchaus noch als Verkündigung verstanden wird,[24] ist vor allem eine Inszenierung einer sich um das Evangelium herum konstituierenden heiligen Sphäre, in welcher sich die Kommunikation zwischen Gott und den Glaubenden vollzieht: Durch das Hören auch unverständlicher Worte, das Sehen dieser

---

[20] *Gesamtauslegung*, S. 75,23–26.

[21] *Gesamtauslegung*, S. 75,34–36.

[22] *Gesamtauslegung*, S. 76,32f: *„Dominus sit in corde tuo et in labiis tuis ut digne et laudabiliter pronunitaveris ewangelium pacis."*

[23] *Gesamtauslegung*, S. 76,7–28.

[24] *Gesamtauslegung*, S. 79,34f.

Inszenierung, eigenes Sprechen im Wechselgesang, Bewegung im eigenen Bekreuzigen. So wurde der Hörvorgang ein synästhetisches Geschehen, die Heiligkeit des Wortes war auch da wahrnehmbar, wo es als Wort, das heißt: als verstehbarer Mitteilungsträger in den Hintergrund trat.

Diese Inszenierung der Heiligkeit des Buches und damit mittelbar seines Inhaltes, zeigt sich auch in der Gestaltung von liturgischen Büchern und Bibeln [*Abb. 21*]. Sie waren nicht einfach als Gebrauchsgegenstand ausgeformt, sondern mit Gold beschlagen, mit Diamanten verziert und enthielten oft Bilder. Meist entstammen diese kostbaren Stücke zwar – wie etwa das berühmte Evangeliar Heinrichs des Löwen – dem frühen und hohen Mittelalter, aber in Gebrauch und Verehrung blieben sie Zeichen des Umgangs mit dem Heiligen und sind ein Signal für ein gegenüber der Moderne deutlich anderes Verständnis des geschriebenen Wortes in der mittelalterlichen Frömmigkeitskultur.

> „Das Buch hat seine Kraft und Würde nicht wie das neuzeitliche Druckwerk in der Multiplikation, der möglichen Breitenwirkung, sondern umgekehrt in der Einmaligkeit, in die das heilige Wort gebannt wird durch die Mittel der Buchmalerei und der kostbaren Ausstattung überhaupt“[25],

so hat der Germanist Max Wehrli dieses Phänomen beschrieben. Vor diesem Hintergrund gab es auch Formen der Verstehbarkeit, ja wiederum einer Selbstaktivität des biblischen Textes, die nicht heutigen Maßstäben für solche Kommunikationsvorgänge entsprechen mögen, aber doch zeigen, dass auch die Heilige Schrift ähnlich wie Bilder zur Akteurin im wechselseitigen Geschehen werden

---

[25] Max Wehrli: Literatur im deutschen Mittelalter. Eine poetologische Einführung, Stuttgart 1984, S. 53.

Abb. 21: Prachteinband zum Evangeliar Clm 9476, Bayern 1496, Bayerische Staatsbibliothek, München.

konnte. Schon die Benediktsregel aus dem Übergang von der Spätantike zum Mittelalter beendete die Aufzählung einer ganzen Reihe von einschlägigen Bibelstellen mit der Folgerung: „Brüder, wir haben also den Herrn befragt“[26]: Wer in die Bibel schaute, bekam so unmittelbar Anrede durch Jesus Christus selbst. Das konnte zu Verhaltensweisen führen, in denen die Bibel wie in einem Orakel befragt wurde:[27] Franz von Assisi etwa soll nach dem Bericht seines ersten Biographen, ehe ihm die Stigmatisation widerfuhr, die Bibel dreimal geöffnet haben und jedes Mal auf eine Stelle über das Leiden Christi gestoßen sein.[28] Die Machart mittelalterlicher Bücher konnte tatsächlich als passives Geschehen gestaltet werden: Die Bücher standen unter großer Spannung und schlugen sich gewissermaßen selbst auf. Diese mechanische Eigenaktivität des Buches wurde so für Franz zu einer Mitteilung Gottes, sie erst führte zu dem verkündigenden, dann aber hochpersönlichen Text.

Die kostbare Gestaltung des mittelalterlichen Buches konnte Johannes von Paltz bildlich dazu gebrauchen, Christus als das wahre Buch des Lebens zu beschreiben:

„Da Christus am Kreuz hängend das Buch des Lebens ist, weil er, der für uns am Kreuz das Leben der Gnade und Herrlichkeit

---

[26] Die Benediktsregel. Lateinisch/Deutsch, hg. v. Ulrich Faust, Stuttgart 2009, S. 12f): „*Cum ergo interrogassemus dominum.*“

[27] Zum Phänomen der Bibelorakel s. Klaus Schreiner: Buchstabensymbolik, Bibelorakel, Schriftmagie. Religiöse Bedeutung und lebensweltliche Funktion heiliger Schriften im Mittelalter und in der Frühen Neuzeit, in: Horst Wenzel u. a. (Hg.): Die Verschriftlichung der Welt. Bild, Text und Zahl in der Kultur des Mittelalters und in der Frühen Neuzeit, Wien 2000, S. 59–103.

[28] Celano, *Vita* I,93 (Fontes Franciscani, S. 368f); zu der noch bekannteren Orakelerzählung von der Lenkung auf Mt 19,21 durch ein aufgeschlagenes Evangelienbuch s. Leppin: Franziskus, S. 107f.

erlangt hat, der uns auch das Leben der Natur in der Schöpfung geschenkt hat, selbst dem Wesen nach das Leben ist, wollen wir lernen, ein solches Buch gemeinsam mit den einfachen Gemütern äußerlich zu lesen. Bücher haben aber üblicherweise außen auf jeder Seite fünf Schließen. So hat unser Buch auf jeder Seite fünf Schließen. Die erste Seite hat fünf Wunden, die zweite Seite hat fünf Schläge. [Bücher] pflegen auch außer den Schließen auf jeder Seite verschiedene Bilder zu haben, die in den Deckel beziehungsweise das Leder eingepresst sind. Sie zeigen an, wie die ganze Passion äußerlich meditiert werden soll."[29]

Was folgt, ist die oben besprochene Meditation des Schmerzensmanns. Buch, Bild und Christus gehen hier ineinander über – die Realität Christi ist buchförmig und mit ihr das Buch ein Hinweis auf Christus selbst, und dies wiederum durch die Bilder hindurch, mit welchen es prachtvoll ausgestattet ist. Nicht weniger als die bislang behandelten Aspekte spätmittelalterlicher Frömmigkeit zeigt auch diese gewagte Metaphernkonstruktion, dass sich die mentalen Phänomene, mit denen man es hier zu tun hat, eindimensionalen Deutungsschemata entziehen.

Diese Darstellung auch all die anderen beschriebenen Würdigungen des Buches, seine große liturgische Inszenierung: Sie sind mit dem vergleichbar, was von Bildern,

[29] Paltz, *Coelifodina* (Paltz: Werke 1, S. 108,28–109,8): „*Cum christus in cruce pendens sit liber vitae, quia ipse est vita per essentiam, qui nobis in cruce vitam gratiae et gloriae impetravit, qui et nobis vitam naturae in creatione donavit, talem librum discamus cum simplicibus exterius legere. Solent autem libri habere exterius in utroque latere quinque fibulas. Sic liber noster in utroque latere habet quinque fibulas: Primum latus habet quinque vulnera, secundum latus habet quinque plagas. Solent etiam habere praeter fibulas in utroque latere varias imagines impressas exterius super cooperculum vel corium, quae significant totam passionem superficialiter meditandam, ut patebit.*"; Übers. nach Adolf Martin Ritter/Volker Leppin: Kirchen- und Theologiegeschichte in Quellen 2: Mittelalter, Göttingen 2021, S. 312.

was vom Altar bekannt ist. So geben sie auch dem Bewusstsein Ausdruck, dass trotz aller Gebrochenheit in der Heiligen Schrift, in jedem ihrer Exemplare, auch in den für liturgische Zwecke zielgerichtet erstellten Auszügen, göttliche Heiligkeit präsent ist. Diese Präsenz bedurfte nicht des Wortsinns, sie kommunizierte anders als verbal – und so entstehen die Probleme für die Frage nach dem Modus der Präsenz im Wort immer dann, wenn, wie in der Predigt, der Wortsinn in den Mittelpunkt der Kommunikation rückt.

Im Rahmen dieses Buches gesprochen hat diese Differenz etwas mit der Spannung von Repräsentation und Reenactment zu tun. Präsenzformen lassen sich im Bild erhalten, ja, sie können sogar in ein neues Reenactment überführen. Der Sprechakt Gottes, dem die Heilige Schrift entspringt, müsste der Sache nach in ein Reenactment führen – tatsächlich aber ist er in die Schrift eingegangen, also in ein von sich aus nicht auf Aktivität angelegtes Medium, das sich zudem als Schrift dadurch auszeichnet, dass es sich von dem Urheber lösen kann, der nicht wie im Bild unmittelbar abbildhaft präsent ist, sondern durch ein aus ihm herausgetretenes Produkt seiner selbst, das Wort, das nun wiederum im alphabetischen Schriftsystem auf eine höchst abstrakte Weise wiedergegeben wird. Dieses Problem hat wiederum Surgant deutlich benannt, wenn er erklärte, der Prediger habe von sich abzusehen und allein nach dem Ruhm des Autors zu fragen,[30] der offenkundig Gott ist. Gott ist in gewisser Weise in seinem Wort präsent und doch auch wieder nicht. Der Prediger wird so deutlich von Gott abgesetzt, ist Sachwalter dieser Gegebenheit des göttlichen Wortes.

---

30 *Manuale curatorum*, f. IX^{r}: „*Piae enim pastoris mens quia non propriam gloriam sed auctoris querit*“.

Seine Aufgabe beschreibt Surgant in einer Definition: „wörtliche Predigt ist die erkennbare öffentliche Einweisung in Glauben und Sitten, welche der Belehrung der Menschen dient, wie sie aus dem Weg der Gründe und der Quelle der Autoritäten hervorgeht“[31]. Sie stellte also primär eine kognitive Aufgabe, die das Wortgeschehen auf den informationellen und appellativen Gehalt reduziert. Der Verweis auf Gründe und Autoritäten machte dabei auch deutlich, dass der Prediger hier als Theologe agierte, insofern auch die scholastische Theologie sich auf eben dieses beides – Glaube und Sitten – bezog. Das Sprachereignis der Predigt war somit nicht eine unmittelbare Fortführung des göttlichen Redens, das in die Schrift eingegangen, war, sondern so wie auch 2 Tim 2,16 die Eingießung des Geistes in die Schrift als Grundlage für Lehre und Argumentation sah, oblag auch dem Prediger eine wesentlich auf seinen eigenen kognitiven Fähigkeiten beruhende Tätigkeit, in welcher er nicht Fortsetzer Gottes war, sondern dessen Deuter. Je stärker im späten Mittelalter die in der Einleitung angesprochene Lehre vom vierfachen Schriftsinn zurücktrat, desto mehr verengte sich das Bibelverständnis auf kognitiv erfassbare Gehalte, desto weniger Bewusstsein von der Präsenz des Geistes auch im Wort war vorhanden. Tatsächlich ist die Lehre vom vierfachen Schriftsinn in gewisser Weise eine Lehre von der Inspiration der Bibel, weil eben diese Präsenz des Geistes erst die mehrfachen Sinndimensionen eröffnete. Sie machte aber zugleich das Argument mit dem biblischen Text schwierig, und so verständigten sich schon Theologen des 13. Jahrhunderts darauf, primär mit dem Literalsinn zu ar-

[31] *Manuale curatorum*, f. I^{r}: „*Predicatio verbalis est manifesta et publica instructio fidei et morum hominum informationi deserviens: ex rationum semita et auctoritatum fonte praecedens*“.

gumentieren, und im 14. Jahrhundert verfasste Nikolaus von Lyra († 1349) gar eine umfassende, ganz auf den Literalsinn abhebende Kommentierung der Heiligen Schrift, die nicht zuletzt dadurch glänzte, dass Nikolaus von Lyra sich für die schwierigen alttestamentlichen Passagen auch auf hebraistische Auskünfte von jüdischer Seite berief.

Das war eine beeindruckende wissenschaftliche Leistung, die in gewisser Weise schon auf den erst später aufkommenden Humanismus vorausweist – von der *lectio divina* des biblischen Textes führte sie eher fort. Das gilt umso mehr, als zudem im späten Mittelalter das Bewusstsein der Differenz zwischen sprachlichen, zumal schriftlichen Zeichen und der von ihnen bezeichneten Realität noch größer wurde: Die jedenfalls in der *Via moderna*, einem der beiden dominierenden schulischen Wege des späten Mittelalters, seit etwa 1300 intensiv reflektierte Suppositionstheorie macht auf eben diese différance aufmerksam: Ein sprachliches Zeichen war in höchstem Maße von der Realität unterschieden, wie sich schon allein daran zeigt, dass seine Zeichenfunktion in ganz unterschiedliche Richtungen weisen konnte. Am Beispiel der Fassung, die Wilhelm von Ockham († 1437) der Theorie gab:

„Hier muss man festhalten, dass ein konkreter Begriff, sofern es sich um Akzidentien handelt, in vier Arten von Supposition stehen kann: personal, einfach, material oder signifikativ. Anhand des Beispiels ‚weiß' heißt dies: Auf die erste Weise steht [supponiert] es für ein Subjekt, auf die zweite Weise für einen Begriff, auf die dritte Weise für einen Laut, auf die vierte Weise für das, was es bedeutet. Bei den Begriffen für Substanzen allerdings sind personale und signifikative Supposition identisch, weil bei ihnen das, was sie bedeuten, dasselbe ist, was auch supponiert wird. Beispiel vom Menschen".[32]

[32] Ockham, *Sentenzenkommentar* II q. 10 (Guilelmi de Ock-

Deutlicher konnte man den Unterschied zwischen sprachlichem, erst recht geschriebenem Zeichen und Realität kaum ausdrücken, und dies galt zumal für Gott, für den Ockham allenfalls einen zusammengesetzten Begriff annehmen konnte, der Gottes Einfachheit fundamental widersprach.[33]

Solche Auffassungen sind nicht einmal in der akademischen Welt Gemeingut gewesen – der *Via moderna* stand die *Via antiqua* gegenüber, deren Vertrauen in den Realitätsgehalt der Begriffe weit höher war. Und weit über akademische Kreise hinaus dürften solche Theorien kaum gewirkt haben, auch wenn Kurt Flasch mit bedenkenswerten Überlegungen erwogen hat, ob nicht vielleicht die erste Novelle des verbreiteten *Decamerone* von Giovanni Boccaccio (1313–1375)[34] eine Art Meisterstück zum Vorführen solcher Theorien sei. Dafür spricht manches, für eine große Verbreitung der hochkomplexen sprachlichen Theorien dennoch nicht viel. Sie machen aber deutlich, dass das Repräsentationsverständnis sprachlicher Vorgänge um vieles schwieriger zu bestimmen ist als das von Bildern.

HAM Opera Theologica. Bd. 5, hg. v. GEDEON GÁL/REGA WOOD, St. Bonaventure, N. Y. 1981, S. 227,8–15) „*Et est hic notandum quod in accidentalibus terminus concretus potest habere quadruplicem suppositionem, scilicet personalem, simplicem, materialem, significativam. Exemplum de albo: primo modo supponit pro subiecto, secundo modo pro conceptu, tertio modo pro voce, quarto modo pro suo significativo. Sed in terminis substantialibus suppositio personalis et significativa sunt eadem, quia idem est in illis significatum quod etiam suppositum. Exemplum de homine.*“

33 Zu Details s. VOLKER LEPPIN: Geglaubte Wahrheit. Das Theologieverständnis Wilhelms von Ockham, Göttingen 1995, S. 147–156.

34 KURT FLASCH, in: Giovanni Boccaccio: Poesie nach der Pest. Der Anfang des Decameron, neu übers. u. erkl. v. dems.: Mainz 1992, S. 119–130.

Eben das führt dazu, dass die Predigten für das Thema der Repräsentation und des Reenactments etwas spröder sind als die meisten anderen hier beschriebenen Ausdrucksformen des Glaubens. Sie gehören aber als eine wichtige Erscheinung unbedingt hinzu, allein schon weil es von ihnen im Mittelalter weit mehr gab, als es für populäre Vorurteile den Anschein hat – in einem Handbuchartikel zur mittelalterlichen Predigt verweisen Hans-Jochen und Regina Schiewer darauf, dass sich allein schon in der Berliner Staatsbibliothek Preußischer Kulturbesitz ungefähr 2.790 Predigten befinden:[35] ein enormer, aus frömmigkeitsgeschichtlicher Sicht noch wenig erschlossener Bestand! Dieses Phänomen ist auch deswegen weitgehend vergessen, weil die meisten der zahlreichen mittelalterlichen Predigten durchaus über lange Zeiträume hinweg nur handschriftlich überliefert wurden. „Nur Predigten Johann Geilers von Kaysersberg, die Predigten Taulers und die Plenarien schaffen den Sprung in die Drucküberlieferung."[36]

---

[35] Hans-Jochen Schiewer/Regina Schiewer: Predigt im Spätmittelalter, in: Alexander Schwarz (Hg.): Textsorten und Textallianzen um 1500, Teil 1: Literarische und religiöse Textsorten und Textallianzen um 1500, Berlin 2009 (Berliner sprachwissenschaftliche Studien 20), S. 727–771, S. 747.

[36] Schiewer/Schiewer: Predigt, S. 730. Zur Definition von Plenarien s. ebd. S. 752: „Genau genommen bezeichnet man als Plenarien nur solche Zusammenstellungen, die die Übersetzungen des Evangeliums- und Episteltexts der Sonn- und Feiertage des Kirchenjahres enthalten, wobei nur der Evangeliumstext glossiert ist." Berndt Hamm. Spielräume eines Pfarrers vor der Reformation. Ulrich Krafft in Ulm, Ulm 2020, hat jüngst auf die bemerkenswerten Predigten des Ulmer Münsterpfarrers Ulrich Kraft aufmerksam gemacht: Das ist der geistlich streit gemacht vnnd gepredigt worden durch | den (…) Vlrich krafft pfarrer zů Vlm | außgeteilt in Sermones durch die fiertzigtegigen fastenn (…), Straßburg: Knobloch 1517.

Es wäre zu viel gesagt, dass die Predigt zum Normalfall des spätmittelalterlichen Gottesdienstes gehört. Eine Messe konnte auch ohne das erklärende Wort, zumal ohne das in Volkssprache erklärende Wort, vollgültig vollzogen werden – die mehrfach hier herangezogene deutschsprachige Messerklärung kam ganz ohne ein Wort darüber aus. Aber der Anteil der Predigten wuchs, und damit wuchs auch das Bedürfnis nach ihnen, sichtbar an den zahlreichen eigenen Prädikantenstellen in mittleren und größeren Städten. Johannes Rauscher hat die Anfänge im südwestdeutschen Raum zusammengestellt: 1426 wurde in Heilbronn eine Prädikantenstelle gestiftet, es folgten 1429 Stuttgart, 1439 Ulm, 1443 Altheim bei Ulm, 1440 Ehingen/Donau und 1446 Tübingen, und ab Mitte der sechziger Jahre „werden die Predigtämter immer häufiger“[37]. Die Predigtgottesdienste, die diese Prädikanten hielten, stellten keine Konkurrenz zum Messgottesdienst dar, sondern eine Ergänzung, die ganz um das Ereignis der Predigt kreiste: Die Liturgie wurde bis auf wenige Elemente entschlackt – und Wort und Predigt damit noch weiter aus dem Zusammenhang des heiligen Geschehens gerissen, in den sie noch eingebunden waren, solange sie Teil der Messe waren. Dass ihr Stellenwert dennoch ein besonderer war, zeigen die zahlreichen Kanzeln, die nun gebaut wurden. Bislang hatten tragbare Kanzeln aus Holz gereicht, die jeweils für den Anlass herbeigetragen wurden. Nun wurden die Kanzeln aus Stein gebaut und das oben beschriebene semiotische Gefüge der Architektur, wie es durch Sakramentshaus und Altar aufgespannt wurde, um ein weiteres,

---

[37] Julius Rauscher: Die Prädikaturen in Württemberg vor der Reformation. Ein Beitrag zur Predigt- und Pfründengeschichte am Ausgang des Mittelalters, in: Württembergische Jahrbücher für Statistik und Landeskunde 2 (1908), S. 152–211, S. 155.

oft hervorgehoben sichtbares Element ergänzt. Ihre Ausstattung hatte auch, aber nicht nur akustische Funktion – sie strich die Rolle des Predigers heraus. Wenn für die Lesung des Evangeliums betont wird, dass sie an einem erhabenen, optisch hervorgehobenen Platz stattfand, so gilt dies erst recht, allein schon, um die mittelalterliche Kirche mit dem Klang einer Sprechstunde füllen zu können, für die Predigt. Das bildliche Programm unterstrich dabei die lehrhafte Dimension: Jene Autoritäten, von denen Surgant sprach, waren an vielen Kanzeln in den Skulpturen der vier lateinischen Kirchenväter Ambrosius, Augustin, Hieronymus und Gregor dem Großen präsent. Architektonisch aber „gleichen" sie „sich der Gestalt der zeitgenössischen Sakramentshäuser an"[38] – besonders gut sichtbar im Ulmer Münster, wo der Deckenaufbau der 1510 errichteten Kanzel wie eine architektonische Antwort auf das nicht ganz vierzig Jahre ältere Sakramentshaus wirkt [*Abb. 22* und *23*]. Was hier geschah, grenzt an einen performativen Widerspruch, weil die Inszenierung der Predigt mehr an präsenter Heiligkeit versprach als die Lehre von ihr einzulösen bereit war.

Doch waren nicht alle Predigten so moralisch-didaktisch wie etwa die von Ulrich Kraft († 1516), der Pfarrer an eben diesem Münster war, oder von Geiler von Kaysersberg, der auf einer ähnlich reich ausgestatteten Kanzel im Straßburger Münster wirkte (†1510). Das gepredigte Wort konnte auch als wirksames Wort gedacht werden, und zwar als ein solches, das seine Wirksamkeit aus der von ihm transportierten Kraft Gottes gewann – der Zusammenhang lag biblisch-theologisch allein schon deswegen

[38] A. Rienle: Art. Kanzel, in: Lexikon des Mittelalters 5, Lachen am Zürichsee 1999, S. 909f, S. 910.

Abb. 22: Ulmer Münster, Kanzel.

Abb. 23: Ulmer Münster, Sakramentshaus.

nahe, weil ja in Joh 1 Jesus selbst als Gottes Wort bezeichnet wird. Im Blick auf die Überlegung, ob das Wort von seinem Urheber unterschieden oder dauerhaft mit ihm verbunden ist, musste dies eigentlich Fragen aufwerfen, war doch dieses Wort, wenn es Christus war, aufgrund der Trinitätslehre dauerhaft mit dem Vater verbunden, eines Wesens mit ihm, wie das nach längeren Auseinandersetzungen schließlich gültig gewordene Bekenntnis von Nizäa 325 besagte. Das Bewusstsein dafür, dass ein solches leibliches Wort in seiner dauerhaften Identität mit dem Sprecher auch Auswirkungen auf das Verständnis anderer Wörter, zumal der biblischen, haben könnte und musste, war allerdings keineswegs allgemein verbreitet. An der Textstelle Joh 1,1: „Im Anfang war das Wort, und das Wort war bei Gott, und Gott war das Wort" interessierte die meisten mittelalterlichen Ausleger nicht der Wortcharakter und die möglicherweise mitgegebene implizite Worttheorie, sondern gerade die Unterschiedenheit zu den üblichen menschlichen Worten, die Besonderheit Christi. Die „*Glosa ordinaria*" etwa, der wichtigste Bibelkommentar des hohen Mittelalters stellte hierzu fest: „Gegen die, die wegen der Geburt Christi in der Zeit sagten, Christus habe nicht immer existiert, beginnt er mit der Ewigkeit des Wortes"[39]. Der Satz war also entscheidend für die Begründung der trinitarischen Theologie – erhielt aber bei Meister Eckhart († 1328), der Zentralgestalt der rheinischen Mystik, eine markante worttheologische Deutung:

„Zum Verständnis des Textes ‚Im Anfang war das Wort' (...) ist also erstens folgendes zu bemerken: es ist naturgemäß und gilt

[39] *Glossa ordinaria zu Joh 1,1* (PL 114, Sp. 356B): „*Contra eos qui propter temporalem Christi nativitatem dicebant Christum non semper fuisse, incipit de aeternitate Verbi*".

allgemein, sowohl im Bereich des Göttlichen, von dem hier die Rede ist, als auch in Natur und Kunst, dass das von einem Hervorgebrachte oder aus ihm Hervorgehende vorher in ihm ist. (…) es ist in ihm enthalten wie der Same in seinem Ursprung. (…) das Hervorgehende ist in dem Hervorbringenden wie die Idee und das Gleichnis, in dem und nach dem das Hervorgehende von dem Hervorbringenden hervorgebracht wird. (…) es ist dem Verstand eigen, seinen Gegenstand, das geistig Erfassbare, nicht in seinem An-sich zu nehmen, insofern er ein Ganzes, Vollkommenes und Gutes ist, sondern ihn in seinen Ursprüngen zu nehmen."[40]

Was Meister Eckhart hier in seinem lateinischen Kommentar zum Johannesevangelium in nuce fasst – und was durch die im Zitat vorgenommenen umfangreichen Kürzungen noch dichter erscheint, ist eine neuplatonische Ontologie, die er tatsächlich auch mit dem neuplatonischen *Terminus technicus* der *emanatio* beschreibt[41] und für die er sich auf eines der meist verbreiteten neuplatonischen Werke im Mittelalter, den „*Liber de causis*", beruft.[42] Die Untertöne bleiben dabei trinitarisch, wie in der gängigen Deutung dieser Bibelstelle üblich, aber die Folgen für alles Seiende, auch die menschliche Rede, macht Eckhart ebenso explizit. So eröffnet er einen Weg zur worttheologischen Reflexion, der auch der kommunika-

---

40 Eckhart, *Expositio Prolog* (MEISTER ECKHART: Werke. Bd. 2, hg. v. NIKLAUS LARGIER, Frankfurt/M. 1993, S. 490–497): „*Ad evidentiam ergo eius quod dicitur: ‚in principio erat verbum'* (…) *notandum primo quod naturaliter et generaliter, tam in divinis de quibus hic est sermo, quam etiam in naturalibus et artificalibus, sic se habet quod productum sive procedens ab aliquo prius est in illo.* (…) *praeest in illo sicut semen in suo principio.* (…) *procedens est in producente sicut ratio et similitudo, in qua et ad quam producitur procedens a producente.* (…) *proprium intellectus est obiectum suum, intelligibile scilicet, accipere non in se, ut totum quoddam, perfectum et bonum est, sed accipere in suis principiis.*"

41 Eckhart, *Expositio. Prolog* (ECKART: Werke 2, S. 494,18 f).

42 Eckhart, *Expositio. Prolog* (ECKART: Werke 2, S. 498,29).

tiven Wirkung menschlicher Rede, vor allem der Predigt mehr an Repräsentation und Reenactment zuspricht, als dies bei vielen anderen Predigern der Fall ist. Neuplatonisches Denken und mystische Frömmigkeit liegen bei ihm und seinen Erben ineinander und können und müssen nicht voneinander getrennt werden. Beides gemeinsam tendiert zu einer Vorstellung von Präsenz Christi im Wort und durch das Wort auch in den Predigten.

Das enge Verhältnis zwischen Hervorbringendem und Hervorgehendem im Wort macht Eckhart anhand der biblischen Wunderkraft des Wortes, konkret an der Erzählung vom Sohn der Witwe zu Nain deutlich, der gestorben war und durch das Wort Jesu: „ich sage dir, steh auf" wiedererweckt wurde (Lk 7,11–17) – Eckhart reflektiert über die verschiedenen Heil- und Wirkmittel, Kräuter, Worte, sogar Steine, und ihre Kraft, und konstatiert: „Alle Worte haben Kraft vom ersten Wort",[43] also von Christus – übersetzt man das mittelhochdeutsche Wort „kraft" in die gängige Fachsprache des Lateinischen zurück, so kommt man auf den hier schon mehrfach begegnenden Begriff „*virtus*"[44]. Das ist eine markante sprachliche Beobachtung: Die Wirkweise Christi im Wort, ja, in den Worten, steht in offenkundiger Analogie zu seiner Wirkweise in den Hei-

---

[43] Eckhart, *Predigt 18* (Meister Eckhart: Werke. Bd. 1, hg. v. Niklaus Largier, Frankfurt am Main 1993, S. 212,2f; 213,2f): „Alliu wort hânt kraft von dem êrsten worte."

[44] Genau so hat jedenfalls ein mittelhochdeutscher Übersetzer das Wort „kraft" in Eckhart, *Predigt 2* (Eckhart: Werke 1,28,26) ins Lateinische übertragen (s. Georg Steer/Heidemarie Vogl: Die bürgelîn-Predigt Meister Eckharts. Mutmaßungen zur Entstehung der Predigt und ihrer Beziehung zu Nikolaus von Kues. Neue textgeschichtliche Ausgabe der Predigt und der lateinischen Übersetzung aus der Koblenzer Handschrift, in: Harald Schwaetzer/Georg Steer [Hg.]: Meister Eckhart und Nikolaus von Kues, Stuttgart 2011 [Meister-Eckhart-Jahrbuch 4], S. 139–259, hier: S. 244,85).

ligen und deren Überresten. Eckhart entwickelte diese Gedanken zu eben der Zeit, zu der Ockham die oben zitierte Definition der *suppositio* niederschrieb, ja, beide sind sich möglicherweise sogar persönlich begegnet, waren jedenfalls zur selben Zeit als Angeklagte vor dem Papst in Avignon.[45] Ihr Verständnis von Sprache aber ging fundamental auseinander und macht auf eine Differenz aufmerksam, die auch für die bisherigen Darlegungen vorauszusetzen ist, für diese aber von geringerer Relevanz ist, weil sie weniger Berührungen mit den akademischen Fragen der Zeit aufwiesen: Scholastisch geprägte Wissenschaft und praktizierte Frömmigkeit waren zwar in der Lebenswirklichkeit keineswegs getrennt, aber sie unterschieden sich doch in ihren Denkansätzen und der Erfassung der Wirklichkeit, zumal wenn es um die *Via moderna* geht, der Ockham als eine der wichtigsten Autoritäten zuzurechnen ist. Sein sprachtheoretischer Ansatz, der in vielem an die analytische Philosophie des 20. Jahrhunderts erinnert, war nach Interesse und Ausgestaltung deutlich anders gelagert als jene Welt mystischer Frömmigkeit, die Meister Eckhart für seine überwiegend weiblichen Hörerinnen entfaltete. Eben mit dieser mystischen Erwartung verband er auch seine Worttheologie in der Auslegung der Geschichte des Jünglings von Nain:

> „Wenn das Wort in die Seele spricht und die Seele antwortet in dem lebendigen Worte, dann wird der Sohn lebendig in der Seele."[46]

---

[45] Leppin: Ockham, S. 171.

[46] Eckhart, *Predigt 18* (Eckhart: Werke 1, S. 210,25–27; 211,25–27): „Swenne daz wort sprichet in die sêle und diu sêle widerspricht in dem lebenden worte, dâ wirt der sun lebende in der sêle."

Schon der Gebrauch des Begriffs „Wort" schillert hier – ob es der Gottessohn nach Joh 1 ist oder das gepredigte Wort, das die Hörenden gerade anspricht, ist unklar und muss auch nicht geklärt werden. Am Ende ist es möglicherweise beides: Das gepredigte Wort bringt der Seele das göttliche Wort als lebendiges Wort nahe. Dieses Ineinander konnte Eckhart auch geradezu performativ Gestalt werden lassen. Eine Predigt ließ er nach längeren, durchaus akademisch anmutenden Ausführungen in einen Dialog auslaufen, der aus Zitaten des Hohenliedes montiert ist und so zum Wechselgespräch von Seele und Jesus als dem Bräutigam wird, das zusätzlich noch Eckhart selbst durch Erläuterungen ergänzt. Dabei ließ Eckhart im Vollzug des Dialogs das logische Subjekt der 1. Person gleitend vertauschen. Nach Sprechenden sortiert gibt es so innerhalb einer Satzkonstruktion drei unterschiedliche Sprechende:

„[Eckhart:] Jâ, hie von sprichet diu sêle in der minne buoche:
        [Braut/Seele:] ‚mîn liepsach mich ane durch ein venster'
[E.:] – daz ist: âne hindernisse –,
        [S.:] ‚und ich wart sîn gewar; er stuont bî der want'
[E.:] – daz ist: bî dem lîchamen, der nidervellic ist –
        [S.:] Und sprach:
                [Bräutigam/Jesus:] ‚tuo mir ûf, mîn vriundinne!'
[E.:] – daz ist: wan si ist zemâle mîn an der liebe, wan
        [S.:] ‚er ist mir und ich bin im aleine';
                [J.:] ‚mîn tûbe'
[E.:] – daz ist: einvaltic an der begerunge –,
                [J.:] ‚mîn schœne'
[E.:] – daz ist: an den werken –,
                [J.:] ‚stant ûf snelliclîche und kum ze mir.'"[47]

[47] Eckhart, *Predigt 57* (ECKHART: Werke 1, S. 614,4–12; 615,5–14): „Gewiss, hierüber spricht die Seele im Buch der Liebe: ‚Mein Geliebter schaute mich an durch ein Fenster' – das heißt: ohne Hindernis –, ‚und ich ward seiner gewahr; er stand an der Wand' – das

Die Verschränkung in diesem kurzen Textstück ist überauffällig – in der Zeile „daz ist: wan si ist zemâle mîn an der liebe, wan“ wird sie noch einmal gesteigert, da hier Eckhart in seiner Erklärung des Sprecher-Ichs das Ich des Bräutigams/Jesu referierend aufnimmt. So schwierig es ist, von der schriftlich überlieferten Predigt auf den mündlichen Vortrag zurückzuschließen, so wird es doch unmittelbar erkennbar, dass der mehrfache Wechsel des Ichs, vorgetragen in der stets nur einen Stimme des Predigers, dessen Ich und das sprechende Ich der Rollen aus dem Hohenlied ineinander verschwimmen lässt. Seine Stimme ist so, mindestens performativ, auch Gottes Wort.

Solche Ambiguität ist auch deswegen zu ertragen, weil sich auch inhaltlich auf die hier schon bekannte Weise unterschiedliche Sinnebenen überlagern: Der Jüngling von Nain, der einzige Sohn der trauernden Witwe wird durch Christus auferweckt – was aber in der Seele auferweckt wird, ist Christus selbst. Eckhart greift hier auf den Gedanken der Gottesgeburt in der Seele zurück, eine Vorstellung, die in einer Predigt entfaltet wird, die dem stark von ihm beeinflussten dominikanischen Ordensbruders Johannes Tauler zugeschrieben wurde. Der Prediger, sei es nun Tauler oder jemand anders, deutete darin die drei Messen, die üblicherweise in der Weihnachtsnacht gefeiert wurden, auf drei Geburten des Gottessohnes: vor aller Zeit im trinitarischen Geheimnis, in der Zeit, im Stall von Bethlehem und schließlich in der Seele jedes einzelnen und jeder einzelnen Glaubenden. Auch das ist im Zusammenhang

heißt: bei dem Körper, der hinfällig ist – ‚und sprach: ‚Tu mir auf, meine Freundin“. – das heißt: sie gehört mir völlig an in der Liebe, denn ‚Er ist mir und ich bin ihm allein‘; ‚meine Taube‘ – das heißt: einfältig im Begehren –, ‚meine Schöne‘ – das heißt: in den Werken – ‚steh schnell auf und komm zu mir‘“.

der Vorstellungen von Repräsentation und Reenactment nicht neu: dass Zeiten ineinanderfließen, hier ganz prononciert die Ewigkeit und, mit ihr verbunden, zwei Punkte in der Zeit, das Jahr der Geburt Christi und die Gegenwart der Predigthörenden, vielleicht auch die Gegenwart der Lesenden. Für die eine wie die andere Weise der Begegnung mit Gottes Wort ist nach dieser Predigt eine gänzlich passive Haltung nötig, die Tauler als Schweigen fasst:

> „Und darum sollst du schweigen! So kann das Wort dieser Geburt in dich gesprochen und es in dir vernommen werden. Aber gewisslich, willst du sprechen, so muss Gott schweigen. Man vermag dem Worte nicht besser als mit Schweigen und Hören zu dienen. Räumst du ihm deine Seele gänzlich ein, so erfüllt es dich ohne Zweifel ganz und gar: ebenso viel wie du ihm einräumst, so viel strömt seines Wesens in dich ein, nicht mehr und nicht weniger.“[48]

Die Ambiguität ist nicht geringer als bei Eckhart. Natürlich ist es Christus selbst, der die Seele erreichen soll, aber er wird dort ja auch geboren, er ist außen wie innen, und in der konkreten Sprechsituation, der dieser Text entstammt, ist das Medium, das ihn von außen in die Seele bringt, das Predigtwort. Er ist dann dort in der Seele ebenso im Wesen präsent, wie dies oben für die Eucharistie ausgesagt werden konnte – der Neuvollzug des göttlichen Wortes durch die Predigt also ermöglicht eine reale Repräsentation Gottes in den Glaubenden. Die Realität, die so durch

---

[48] Tauler, *Predigt 1* (Tauler, Predigten [Vetter], S. 10,16): „Und darumbe soltu swigen: so mag dis wort dieser geburt in dich sprechen und in dir gehỏrt werden; abr sicher, wiltu sprechen, so můs er swigen. Man enmag dem worte nit bas gedienen denne mit swigende und mit losende. Gest du nu alzůmole zu, so got er one allen zwifel zůmole, weder minre noch mere denne alse vil zu alse vil in.“ Übers. nach: Tauler, Predigten (Hofmann), S. 17.

die mystische Einigung entsteht, hat Eckhart drastisch und provozierend ausgemalt:

> „denn der demütige Mensch und Gott sind Eins und nicht Zwei. Dieser demütige Mensch ist Gottes so gewaltig, wie er seiner selbst gewaltig ist; und alles das Gute, das in allen Engeln und in allen Heiligen ist, das ist alles sein Eigen, so wie es Gottes eigen ist. Gott und dieser demütige Mensch sind ganz Eins und nicht Zwei; denn, was Gott wirkt, das wirkt auch er, und was Gott will, das will auch er, und was Gott ist, das ist auch er: ein Leben und ein Sein. Ja, bei Gott! Wäre dieser Mensch in der Hölle, Gott müsste zu ihm in die Hölle, und die Hölle müsste für ihn ein Himmelreich sein."[49]

Diese mystischen Aussagen sind ein ähnlich starker Ausdruck einer Repräsentation Gottes in dieser Welt, in einem einzelnen Menschen wie die Erzählung von der Stigmatisation des Franz von Assisi. War oben die Passivität des Menschen als Voraussetzung der Rede des Wortes in der Seele skizziert worden, so ist nun der Mensch der ganz Aktive, der sich Gott in Abhängigkeit gebracht hat. Diese Verschmelzung, die Gott in Abhängigkeit vom Menschen bringt, ist nicht an das Wort, schon gar nicht an die Predigt gebunden, drückt aber doch aus, mit welcher Intensität hier die Präsenz Gottes gedacht werden konnte.

Das war gewiss nicht bei allen Predigern der Fall, macht aber sensibel für die Verbindung der göttlichen Gegenwart

---

[49] Eckhart, *Predigt 15* (ECKHART: Werke 1, S. 174,14–23; 175,17–26): „wán der demůtig mentsch vnd got sind ain vnd nit zwai. Dirre demůtig mentsch ist gottes also gewaltig, als er sin selbs gewaltig ist; vnd alles das gůt, das in allen engeln vnd in allen hailgen ist, das ist alles sin aigen, als es gottes aigen ist. Got vnd dirre demůtig mentsch sind alzemal ain vnd nit zwai; wan was got wúrket, das wúrket och eer, vnd was got will, das will och er, vnd was got ist, das ist och er: ain leben vnd ain wesen. Ja bi got: wår dirre mentsch in der hell, got můst zů im in die hell, vnd die hell můst im ain himelrich sin."

mit dem Wort. Die Predigten selbst sind dabei schwerlich als Reenactment zu beschreiben, zu deutlich blieb die von Surgant beschriebene Differenz zwischen dem einen wahren Autor und dem Prediger, der die Botschaft weitergab. Doch entwickelte sich in den geistlichen Spielen, die schon oben Thema waren, eine eigene Form predigthafter Performanz. Schon oben begegnete der *Proclamator* des Alsfelder Passionsspiels, an dessen Auftreten sich die Übergangsstellung des geistlichen Spiels zwischen liturgisch eingebundener Predigt und Schauspiel besonders deutlich machen lässt. Er selbst bezeichnete seine Tätigkeit sogar als „verkundigen“[50], und ehe er das Spiel eröffnete, ließ er alle Anwesenden, je nach Sichtweise also die Gemeinde oder das Publikum die aus dem Pfingstgottesdienst bekannte[51] Sequenz „*Veni sancte spiritus*“ anstimmen: „Komm, Heiliger Geist“. Das tauchte das Spiel in einen sakralen Zusammenhang und näherte es der Predigt noch weiter an. Vor diesem Hintergrund erscheint auch die Mahnung zur Stille am Beginn des Stückes weniger banal, als ein oberflächlicher Blick meinen könnte. Natürlich ging es auch darum, die Aufmerksamkeit auf das dramatische Geschehen zu lenken, aber vor dem Hintergrund des oben zur rheinischen Mystik Geschriebenen lässt sich die spirituelle Dimension kaum verleugnen, wenn der *Proclamator* aufforderte:

„nu stehet stille und swiget schone,
das uch got von hymmeln lone!
want wer hie zusiet mit ynnikeit,
dem wirt das hymmelrich bereyt“[52]

---

[50] *Alsfelder Passionsspiel* (Das Drama des Mittelalters 2, S. 570,109).

[51] Freise, Geistliche Spiele, S. 482.

[52] *Alsfelder Passionsspiel* (Das Drama des Mittelalters 2, S. 570,99–102).

Das geistliche Spiel als Weg zum Himmel – und dies hindurch durch die Stille und die Innigkeit: Das gab zusammen mit der Performanz des Theaterstücks, die eine eigene Realität schuf, die Grundlage für eine eigene Gegenwartserfahrung Gottes, die jedenfalls hinter der Möglichkeit der Predigt nicht zurückstand.

6. Dem Himmel so nah

Das meiste, was bislang Thema war, war jeder und jedem zugänglich: Die Bilder, in denen das Heilige präsent war, waren überall gegenwärtig; die Pilgerstätten waren zwar fern, aber doch prinzipiell erreichbar, und Nachbauten ließen sie näher rücken; und die Eucharistie gar, die exzeptionellste Form der Gegenwart Christi, wurde Sonntag für Sonntag vollzogen. Vor aller Augen wurde Christus verborgen sichtbar. So war die Welt mittelalterlicher Religion von Präsenzformen durchzogen, die Gott jederzeit gegenwärtig setzten. Und doch gab es Menschen, die ihm noch näher kamen: Visionärinnen und Mystikerinnen. Die weibliche Form ist hier bewusst gewählt – zwar gab es auch Visionäre und Mystiker, Eckhart und Tauler etwa waren ja schon Thema, ebenso wie eine der bekanntesten Visionen des Mittelalters: die Seraphenvision des Franz von Assisi. Insgesamt aber fällt es doch auf, dass den verschiedenen Berichten zufolge der Anteil religiöser Frauen mit exzeptionellen religiösen Erfahrungen besonders hoch war. Frauen werden dadurch in besonderer Weise zu literarischen und theologischen Akteurinnen, kontraintuitiv für eine Welt, die ganz selbstverständlich von männlicher Dominanz geprägt war. Das dürfte ein Indiz dafür sein, dass die Gegenwart Christi zwar allen Gläubigen zugänglich war, es aber eine Personengruppe gab, die diese Gegenwart verwaltete, ja, in gewisser Weise über sie verfügte: die Priester. Und diese waren ausschließlich männlich. Ihre besondere Nähe zu Gott wurde durch die Vorstellung der reinen Hände, die sie haben sollten, unterstrichen[1] – diese Vorstellung trug misogyne Züge, da sie eng mit der Frage des Zölibates verknüpft war und unterstellte, die Berührung mit Frauen mache unrein. Und sie war zugleich eine Form, die Besonderheit der Priester in ihrem Umgang mit Christi Leib auf dem Altar hervorzuheben. Für Frauen aber gab es andere Weisen des direkten Kontaktes mit Christus: eben Vision und Mystik, die als Geschenk erfahren wurden und die entsprechend bewegten Frauen in eine wiederum für Priester schwer einholbare Nähe zu Christus rückten. Die Anzahl der Konflikte, die hieraus resultierten, ist groß. Gelegentlich konnten sie glücklich für die Frauen ausgehen, wie im Falle der aus dem Adel stammenden Äbtissin Hildegard von Bingen (1098–1197), die seit ihrem 43. Lebensjahr bunte, schillernde Visionen erfahren hatte. 1178 hat sie auf dem Friedhof ihres Klosters einen jungen Adeligen bestatten lassen, obwohl er exkommuniziert war, und als sie von dem für sie zuständigen Mainzer Domkapitel hierfür mit einer Strafe belegt wurde, berief sie sich gegenüber dem Erzbischof auf ihren unmittelbaren Kontakt mit Gott selbst:

„O milder Vater! (…) (Nun) blickte ich – wie gewohnt – zum wahren Licht auf. In ihm hat Gott mir geboten, niemals freiwillig der Entfernung dessen zuzustimmen, den Er selbst aus dem Schoß der Kirche aufgenommen habe, da er für die Herrlichkeit der Erlösten bestimmt sei (…). Hätte die Furcht vor dem allmächtigen Gott nicht gehindert, hätte ich den Mainzer Prälaten demütig gehorcht.“[2]

---

[1] Arnold Angenendt: Geschichte der Religiosität im Mittelalter, Darmstadt 1997, S. 453–462.

[2] Hildegard, *Epistola 24* (CChr.CM 91, S. 66,18–67,28): *„O mitis*

Zu diesem Zeitpunkt war ihre visionäre Begabung längst von den Amtsträgern der Kirche, allen voran dem Papst, anerkannt – so wog ihr Argument schwer, und die Mainzer Behörden gaben nach. Damit war Hildegard allerdings eher die Ausnahme: Viele Frauen, die sich auf mystische oder visionäre Erfahrungen beriefen, waren der Verfolgung ausgesetzt. Der bekannteste Fall ist der von Marguerite Porete († 1310), deren „*Miroir des simples âmes*", der „Spiegel der einfachen Seelen", einen gelehrten Dialog der Seelenkräfte präsentierte und eine Unmittelbarkeit zum dreieinigen Gott entfaltete. Die Hinterfragung amtlicher und moralischer Autorität war so massiv, dass 1300 ein Exemplar des „*Miroir*" verbrannt wurde und zehn Jahre später Marguerite selbst, die nicht aufgehört hatte, für ihre Ideen einzutreten, auf den Scheiterhaufen kam. Weniger spektakulär sind die vielen Konstellationen, in welchen religiös bewegte Frauen unter die Kontrolle von Männern gestellt wurden. Mechthild von Magdeburg etwa wurde der Dominikaner Heinrich von Halle zur Seite gestellt, der vermeiden sollte, dass sie durch ungefilterte Schilderung ihrer Visionen unter Häresieverdacht geriet und das Buch gar wie einige Jahre später das der Marguerite verbrannt wurde.[3] Auch wenn

---

pater (...) ego ad ueram lucem, ut soleo, aspexi, et in illo Deus mihi precepit ne umquam uoluntario consensu meo eiceretur, quem ipse a sinu Ecclesiae in gloriam saluationis deputandum susceperit (...) Si enim iste timor omnipotentis Dei mihi non obstitisset, eis humiliter obedissem"; Übersetzung nach: Hildegard von Bingen: Im Feuer der Taube. Die Briefe. Erste vollständige Ausgabe, übers. v. Walburga Storch, Augsburg 1997, S. 64.

[3] S. hierzu Volker Leppin: Begine und Beichtvater. Zu den Dominikanerpartien im „Fließenden Licht der Gottheit" Mechthilds von Magdeburg, in: Enno Bünz/Stefan Tebruck/Helmut G. Walther (Hg.): Religiöse Bewegungen im Mittelalter. FS Matthias Werner, Köln u. a. 2007 (Veröffentlichungen der Historischen Kommission für Thüringen. Kleine Reihe 24), S. 543–554.

aus literaturwissenschaftlicher Sicht begründete Zweifel daran geäußert wurden, ob die Zeugnisse dieser Mystikerinnen als authentisch angesehen werden können,[4] würde doch selbst deren Deutung als literarische Konstruktion kaum umhinkommen, auch diese Konstruktion als Spiegel einer Wirklichkeitswahrnehmung zu nehmen. Wie in vielen Fällen liegt die Wahrheit zwischen einer radikalen Deutung aller dieser Texte als literarische Konstruktion und der naiven Annahme, die Mystikerinnen und Visionärinnen berichteten ungebrochen von realen Erlebnissen. Für eine frömmigkeitsgeschichtliche Deutung wird man aber auch in Rechnung zu stellen haben, dass das, was die literaturhistorische Rückschau nach den Mustern von Literatur und den ihr eigenen Konstruktionen deutet, sich selbst in der Regel nicht als Literatur gibt, sondern mit offenbarendem Anspruch auftritt: „Dies ist eine Offenbarung der Liebe, welche Jesus Christus, unsere unendliche Freude, in 16 Visionen oder Offenbarungen im Einzelnen hat zuteilwerden lassen“[5], leitet Juliana von Norwich ihr Offenbarungsbuch ein – ein Buch, das, auch dies muss bewusst bleiben, Unmittelbarkeit der Erfahrung suggeriert, tatsächlich aber wohl über einen langen Zeitraum hinweg entstanden ist. Die Offenbarung durch Christus ist Objekt der Gestaltung, aber sie bleibt Offenbarung Christi. Das ist umso mehr zu bedenken, als es für die mittelalterliche Vorstellungswelt durchaus denkbar war, eine Präsenz Gottes als literarische Fiktion einzufügen, dann freilich auch die

---

[4] Ursula Peters: Religiöse Erfahrung als literarisches Faktum. Zur Vorgeschichte und Genese frauenmystischer Texte des 13. und 14. Jahrhunderts, Tübingen 1988.

[5] Julian, *Revelations. Long Text 1* (Julian of Norwich: Revelations, S. 27,2f): „This is a revelation of love that Jesus Christ, our endless blisse, made in xvi sheweings or revelations particular“.

Fiktionalität explizit zu machen. Ein herausragendes und zugleich bewegendes Beispiel hierfür ist der „Ackermann aus Böhmen“ von Johannes von Tepl (†1414), ein Streitgespräch zwischen dem „Ackermann“ und dem Tod, dem der Ackermann Vorwürfe wegen des viel zu frühen Dahinscheidens seiner jungen Frau macht. Schon das Auftreten des Todes stellt eine bemerkenswerte Überschreitung der Grenze zwischen Dies- und Jenseits dar, aber der Text geht noch ein Stück weiter: Am Ende tritt, vergleichbar der Klärung des Streits zwischen Hiob und seinen Freunden im biblischen Buch, Gott selbst auf und entscheidet die Sachlage – freilich auf eine Weise, die für den streitenden Ackermann wenig befriedigend ist:

> „Darum gebühre Dir, Kläger, die Ehre, Dir, Tod, der Sieg! Jeder Mensch ist verpflichtet, dem Tod das Leben, den Leib der Erde, die Seele uns zu überantworten.“[6]

Die Sinnfrage des Todes wird also letztlich nicht beantwortet, sondern der göttlichen Allmacht anheimgegeben. So hat sich der Ackermann an einer sehr persönlichen und doch zugleich sehr allgemeinen Thematik abgearbeitet, tut dies aber durchweg mit den Mitteln der Theologie und Dichtung. Er suggeriert im Unterschied zu der beschriebenen visionären Literatur gar nicht, dass es sich hier um den Niederschlag einer echten Begegnung handelte, sondern empfiehlt das Büchlein als Exempel für die „Hauptformen der Rhetorik“[7].

---

[6] Johannes von Tepl, *Ackermann. Kap. 33* (JOHANNES VON TEPL: Der Ackermann. Frühneuhochdeutsch/Neuhochdeutsch, hg. v. CHRISTIAN KIENING, Stuttgart 2000, S. 74f): „Darvmb clager, hab ere, Tot, syge! Yeder mensch dem tode das leben, den leyp der erden, die sele vns pflichtig ist zu geben.“

[7] Johannes von Tepl, *Ackermann. Begleitschreiben* (TEPL: Ackermann, S. 82f): „*rhetorice essencialia*“.

Das ist nun bei der Visionsliteratur deutlich anders. Sie beansprucht jedenfalls eine originäre Begegnung und will in diesem Sinne verstanden werden. Mechthild von Magdeburg (†1282) macht die Mitautorschaft Gottes sogar explizit zum Thema und berichtet von einem Dialog, den sie mit Gott selbst darüber hatte:

„‚O Herr und Gott, wer hat dieses Buch gemacht?‘ ‚Ich habe es gemacht in meinem Unvermögen, mich zurückzuhalten mit meiner Gnadengabe.‘“[8]

Natürlich ist dies auch eine Autorisierungsstrategie – Mechthild macht ihr Buch quasi zu einem inspirierten, das damit ähnlich sakrosankt wird wie die Bibel selbst, und sie geht sogar noch weiter. Sie macht das Buch selbst sogar zu einem exzeptionellen Ort göttlicher Repräsentation. In einer Vision schaute sie, nachdem sie sich in Angst ihr Buch werde vernichtet im Gebet an Gott gewandt hatte, wie dieser ihr Buch in der rechten Hand hielt und ihr sagte:

„Meine Liebe, betrübe dich nicht zu sehr, die Wahrheit kann niemand verbrennen! Wer es aus meiner Hand nehmen will, muss stärker sein als ich. Das Buch ist dreifaltig und verweist allein auf mich. Dieses Pergament, das es umschließt, bedeutet meine reine, klare, gerechte Menschennatur, die um deinetwillen den Tod erlitten hat. Die Worte bedeuten meine wunderbare Gottheit; sie fließen von Stunde zu Stunde aus meinem göttlichen Mund in deine Seele. Der Klang der Worte bedeutet meinen lebendigen Geist, und er wirkt aus sich selbst die unverfälschte Wahrheit. Nun schau auf all diese Worte, wie rühmlich sie meine Geheimnisse verkünden, und zweifle nicht an dir selbst!“[9]

---

[8] Mechthild, *Fließendes Licht* I,2. *Prolog* (MECHTHILD VON MAGDEBURG: Das fließende Licht der Gottheit, hg. v. GISELA VOLLMANN-PROFE, Frankfurt/M. 2003, S. 18,9–11; 19,10–12): „‚Eya herre got, wer hat dis bůch gemachet?‘ ‚Ich han es gemachet an miner unmaht, wan ich mich an miner gabe nút enthalten mag.‘“

[9] Mechthild, *Fließendes Licht* II,26 (MECHTHILD VON MAGDE-

Allein schon das auch den Titel des Buches bestimmende Verb „fließen" macht deutlich, dass Mechthild in gebrochener Form von neuplatonischen Vorstellungen geprägt war, ohne dass ihr eine Befassung mit akademischen philosophischen oder theologischen Fragen zu unterstellen ist. Auch Menschen des 21. Jahrhunderts können oft mit Erklärungsmustern aus der Psychoanalyse hantieren, ohne eine Zeile von Sigmund Freud gelesen zu haben. So ist für Mechthild – vielleicht auch durch Vermittlung Heinrichs von Halle – ein abgefederter Neuplatonismus durchaus vorauszusetzen, der zu der provokativen trinitarischen Deutung ihres Buches innerhalb einer die Unterscheidung von Gott voraussetzenden Verweisstruktur – „bedeuten" – führt, wie sie für solches neuplatonisches Denken typisch ist.

Dieser denkerische Hintergrund in neuplatonischen Mustern macht es plausibel, dass Mechthild die Sätze über ihr Buch mit voller Überzeugung sprach. Auch wer aus der Rückschau der Moderne solche Äußerungen als Autorisierungsstrategien entlarven möchte, kommt erst zu einer Erfassung der historischen Wirklichkeit, wenn er bedenkt, was es bedeutet, dass genau diese Strategie funktionierte: Das Vertrauen, dass man Mechthild die göttliche Autor-

---

BURG: Das fließende Licht 136,12–22; 137,14–25): „Lieb minú betruebe dich nit ze verre, die warheit mag nieman verbrennen. Der es mir us miner hant sol nemmen, der sol starker denne ich wesen. Das bůch ist drivaltig und bezeichent alleine mich. Dis bermit, das hie umbe gat, bezeichent min reine, wisse, gerehte menscheit, die dur dich den tot leit. Dú wort bezeichent mine wunderliche gotheit; dú vliessent von stunden ze stunde in dine sele us von minem gǒtlichen munde. Dú stimme der worten bezeichenet minen lebendigen geist und vollebringet mit im selben die rehten warheit. Nu sich in allú disú wort, wie loblich si mine heimlichheit meldent, und zwivel nit an dir selben!"

schaft ihres Buches glauben werde, bedeutet historisch vor allem: mit solcher göttlichen Autorschaft wurde gerechnet. Ob die individuelle Person Mechthild von Magdeburg – von der wir ohnehin nicht mehr wissen, als was das Buch über sie sagt, die also ihrerseits durchaus fiktiv sein kann – von dem göttlichen Ursprung ihrer Visionen überzeugt war, mag sich im Letzten nicht erweisen lassen. Aber gerne wird in kulturwissenschaftlichen Debatten hierüber übersehen, dass selbst noch die Bestreitung dieser Annahme voraussetzt, dass entsprechende Behauptungen erfolgreich waren. Die These, dass es ein in gesellschaftlichen Konventionen begründetes Anliegen gab, eine solches Autorschaft zu behaupten, setzt also jenen in der Einleitung angesprochenen gesellschaftlichen Resonanzraum für göttliche Realität voraus, den das Buch vom Fließenden Licht der Gottheit in Anspruch nimmt.

Von diesen Überlegungen unbenommen ist, dass die Berichte von Erfahrungen und Erlebnissen historisch gesehen höchst fragil sind. Jedes Erlebnis ist, auch wenn man ihm grundsätzlich Realität nicht absprechen mag, schon als Erlebnis vorgeformt durch das kulturelle Erbe der Person, der es widerfährt: Die visionäre Bildwelt entstammt dem kulturellen Haushalt und formt so die Visionen mit. Jeder Bericht über eine Vision wiederum ist seinerseits gestaltet – unbewusst und bewusst. Schon die Erinnerung an ein Ereignis leistet ihrerseits ein Stück Erinnerungsarbeit, mindestens durch Selektion, oft aber auch durch Zuspitzung. Minutiös hat Johannes Fried die sich daraus ergebenden Probleme in seiner „Memorik“ beschrieben.[10] Und jenseits dieser Erinnerungsarbeit setzt dann das ein,

---

[10] Johannes Fried: Der Schleier der Erinnerung. Grundzüge einer historischen Memorik, München 2012.

was Geschichtswissenschaft klassisch seit dem 19. Jahrhundert als Quellenproblematik beschrieben hat: Berichte sind tendenziös, dienen der Selbstinszenierung, der Gewinnung anderer. Dies gilt für ganz äußerliche historische Ereignisse, es gilt erst recht für jene Ereignisse, bei denen die Schranke zum Himmel durchbrochen, bei denen Gott selbst erfahren, das Jenseits geschaut wird. Wenn hiervon im Folgenden die Rede ist, kann es nicht um den Anspruch gehen, wiederzugeben, was den Akteuren und Akteurinnen tatsächlich widerfahren ist. Es kann nur um eine Rekonstruktion der Vorstellung von Wirklichkeit, und das heißt hier konkret: der Vorstellung von einer Gegenwart Gottes gehen, die sich in diesen Berichten niederschlägt.

Dabei fließen Mystik und Visionen ineinander, und sind doch idealtypisch unterscheidbar: Mystik kreist um eine das Innere des Menschen affizierende Nähe Gottes. Auch wenn in mystischen Texten vielfach von sinnlichen Erfahrungen die Rede ist, ist die letzte Form dieser Näheerfahrung doch eine über die sinnliche Sphäre hinausgehende Erfahrungswirklichkeit in der geistlichen Realität. Visionen hingegen – und die mit ihnen verwandten Auditionen, die Hörerfahrungen – setzen bei den Sinnen ein, freilich nicht unbedingt bei den üblichen, leiblichen Sinnen: Gott nahm Mechthild zur Einleitung einer Vision „alle irdischen Sinne“[11] – und doch sieht und fühlt sie danach, offenkundig mit anders gearteten, anders sensibilisierten Sinnen. Sie schaffen eine Nähe zu Gott und zum Heiligen durch sinnliche Wahrnehmung und die mit dieser verbundenen Versetzung in Bereiche des Raum-Zeit-Kontinuums, die die empirische Wirklichkeit trans-

[11] Mechthild, *Fließendes Licht* II,4 (Mechthild von Magdeburg: Fließendes Licht, S. 84,11; 85,12f): „In dirre begerunge benam ir got alle ir irdensche sinne“.

zendieren. Hieraus kann sich mystische Erfahrung entwickeln, mystische Erfahrung kann auch durch visionäre Schilderungen externalisiert werden – insofern bleibt beides nicht scharf trennbar, aber eben doch tentativ unterscheidbar.

So berichtet auch die Mystikerin Mechthild von zahlreichen Visionen, die ihr neue Wirklichkeit erschließen, und dies in einer eigentümlichen Präsenzerfahrung: „Wir sind jetzt im Himmelreich gegenwärtig", schreibt sie: „Únser gegenwúrtekeit ist nu zem himmelriche"[12] – allerdings ist dies eine geteilte Gegenwart, denn gleichzeitig sind alle Glaubenden in dem Moment, in dem sie es verdient haben, auch im Fegefeuer präsent und die Sünder in der Hölle. Diese Gegenwart ist nicht so prononciert an den Himmel gebunden, wie es bei einer Entrückung in den Himmel ist, von der Mechthild an anderer Stelle berichtet, und kaum zufällig kreist diese in einer besonders eindrucksvollen Vision wiederum um die hervorgehobene Verwirklichung von Repräsentation auf Erden: die Eucharistie, die nun aber im Himmel zelebriert wird und dort die Präsenz des leidenden Christus in viel höherem Maße zum Ausdruck bringt, als dies in der Verborgenheit unter den Elementen auf dem irdischen Altar möglich ist. Mechthild widerfuhr die Schau als Substitution für die irdische Messe, als sie zu krank war, diese zu besuchen.[13] Die Messe, zu welcher Mechthild nun entrückt wurde, wurde von Johannes dem Täufer selbst zelebriert, und mit ihm feierte „die stattliche Hausgemeinschaft des Himmelreiches".[14] Im Chorraum

---

[12] Mechthild, *Fließendes Licht IV,25* (Mechthild von Magdeburg: Fließendes Licht, S. 296,5; 297,9).

[13] Zur Schilderung dieser Vision s. Mechthild, *Fließendes Licht* II,4 (Mechthild von Magdeburg: Fließendes Licht, S. 84–93).

[14] Mechthild, *Fließendes Licht* II,4 (Mechthild von Magde-

erblickte die Seherin auf einem eigenen Platz Maria im Kreise von Heiligen – die liturgische Zelebration, in welcher immer wieder Maria angeredet wird, hat nun also gewissermaßen ihre Adressatin unmittelbar bei sich, und die Anwesenden können sich vor ihr selbst verneigen. Die gewaltigste Präsentsetzung aber erfolgte in dieser visionären Eucharistie mit den Abendmahlselementen:

> „Als [Johannes der Täufer als Priester] die weiße Oblate in seine Hände nahm, da hob sich jenes Lamm empor, das auf dem Altar stand, und verband sich zu den Worten und den Zeichen seiner Hand mit der Oblate und die Oblate mit dem Lamm in der Weise, dass ich die Oblate nicht mehr sah, vielmehr ein blutiges Lamm, das an einem Kreuz hing."[15]

Visionäre und metaphorische Wirklichkeiten verschmelzen hier zu einem Reenactment des Kreuzesgeschehens, das doch zugleich die Distanz ausdrückt: Nicht Christi Leib selbst sieht Mechthild am Kreuz, sondern das Lamm, das Johannes der Täufer, der über Jesus gesagt hatte: „Siehe, das ist Gottes Lamm, das der Welt Sünde trägt!" (Joh 1,29), zuvor auf den Altar gestellt hatte. Es ist dieser Prophetie zufolge Christus, wie auch die Hostie Christus ist und beides vollzieht in Kreuz und Blut dessen Tod nach – und schenkt sich der Visionärin: Sie geht zu dem Altar, bekommt wie eine Hostie das Lamm in den Mund gelegt. Das Lamm aber kehrt den Prozess um und saugt

---

BURG: Fließendes Licht, S. 86,5f; 87,10f): „das kreftige gesinde des himelriches".

[15] Mechthild, *Fließendes Licht* II,4 (MECHTHILD VON MAGDEBURG: Fließendes Licht, S. 90,2–7; 91,19–25): „Do er die wissen ovelaten nam in sine hende, do hůp sich das selbe lamp uf, das uf dem altar stůnt, und vǒgete sich mit den worten und den zeichen siner hant in die ovelaten und die ovelaten in das lamp, also das ich der ovelaten nút me sach, mere ein blůtig lamp, gehangen an einem roten crúze."

nun an Mechthilds Herz: Die Gegenseitigkeit schafft durch die Vision hindurch mystische Einigung.

Die Sehnsucht nach einer solchen direkten Eucharistie war groß und zeigt sich auch bei anderen Visionärinnen: Auch von Katharina von Siena (1347–1380), die mit ihren Visionen in das politische Geschehen eingriff und dazu beitrug, dass Papst Gregor XI. (1370–1378) nach langen Jahrzehnten des Avignonesischen Exils nach Rom zurückkehrte, berichtet ihr Biograph Raimund von Capua (†1399) eine merkwürdige und beeindruckende Erfahrung der unmittelbaren Vergegenwärtigung Christi:

„Deswegen sage ich, dass ich dir, so wie du in dieser Tat über deine Natur hinausgegangen bist, einen Trank geben werde, der alle menschliche Natur und Gewohnheit übersteigt. Und er legte seine Rechte auf den jungfräulichen Nacken und legte sie an seine eigene Seitenwunde. ‚Trink', sagte er, ‚Tochter, den Trank aus meiner Seite, durch welchen deine Seele von so großer Süße erfüllt werden wird, dass sie auch in den Leib, den du meinetwegen verschmäht hast, überströmen wird.' Und als sie dessen gewahr wurde, dass sie an das Rohr, das von der Quelle des Lebens ausging, gelegt war, legte sie den Mund des Leibes, mehr noch aber den Mund des Geistes an die allerheiligste Wunde und trank eine ganze Weile begierig und im Übermaß den unaussprechlichen und unerklärlichen Trank."[16]

---

[16] Raymund von Capua, *Legenda Sanctae Catharina Sienensis* p. 2 c. 4, 163 (Acta Sanctorum. Aprilis III, S. 894A): *„Propter quod dico tibi, quod sicut in hoc actu tuam excessisti naturam; sic ego dabo tibi potum, qui omnem excedit humanam naturam & consuetudinem. Applicansque dexteram ad collum virgineum, & ipsam ad lateris proprii vulnus approximans, Bibe, inquit, filia, de latere meo potum, quo anima tua tanta suavitate replebitur, quod etiam in corpus, quod propter me contempsisti, mirabiliter redundabit. At illa cernens se positam ad fistulam fontis vitæ, sacratissimo vulneri os applicans corporis, sed longe amplius os mentis, ineffabilem & inexplicabilem potum hausit per non parvæ moræ spatium, tam avide quam abunde."*

Dem machtbewussten Dominikaner Raimund, der nach dem Tod Katharinas zum Generalminister seines Ordens aufstieg, lag gewiss nicht an einer Unterminierung der kirchlichen Macht – was er aber über Katharina berichtete, grenzte daran. Ausgerechnet die Seitenwunde galt ja als Ursprung der Sakramente Taufe und Eucharistie. Nun aber empfing Katharina von hier aus unmittelbar das Blut Christi, in einer nicht transsubstantiieren, sondern originalen Form, in welcher, ähnlich wie bei Mechthilds Abendmahlsfeier, aus bloßer Schau Interaktion wird: Christus war Katharina in einer nächtlichen Vision erschienen, um ihr seine Wunden zu zeigen, nun berührte sie das Geschaute, das heißt: Zunächst berührte Christus in einer Mischung aus mütterlicher und erotischer Liebe die Visionärin und zog sie so in das geschaute Geschehen hinein. In gewisser Weise war dies mehr als ein Re-enactment – denn ein Trinken aus der Seitenwunde gab es biblisch nicht. Das Berühren der Wunden war biblisch eher tabuisiert: „Rühre mich nicht an!“, „*Noli me tangere*“, sagte Jesus zu Maria Magdalena, die ihn nach der Auferstehung sah (Joh 19,17), und dass es Thomas gewährt wurde, war ein Zugeständnis an dessen Zweifel (Joh 19,24–31), der einem wahren und vorbehaltlosen Glauben im Wege stand. Bei Katharina aber ist die Berührung Erfüllung und Segnung und offenkundig Erfahrung einer Präsenz, die nun wiederum aus dem geistlich-visionären Geschehen in den Körper übergreift, in welchen die Süße, die sie empfindet, überströmen soll.

Die Erzählungen von Mechthild und Katharina sind nicht nur spannend, weil sie für weibliche Akteurinnen eine Überbietung der sakramentalen Eucharistie bieten, und dies offenbar auch nach den Maßstäben männlicher Begleiter legitimerweise: Heinrich von Halle und Raimund von Capua hätten beide die Möglichkeit gehabt, diese Episoden zu streichen, haben dies aber nicht getan. Die Unmittelbarkeit der Präsenz Christi, die diese Frauen erlebt hatten, erschien ihnen offenbar so überwältigend, dass sie die latente Konkurrenz zum Sakrament hinnahmen oder ignorierten. All das passt gut in moderne Narrative, die gerne einen Konflikt zwischen Autoritäten wahrnehmen, und eben hierum handelt es sich hier, noch dazu verbunden mit einer gender-Perspektive, deren sich auch die Akteurinnen bewusst waren. So vermerkte Juliana von Norwich, als Frau könne sie keine Lehrerin sein – „Aber sollte ich, weil ich eine Frau bin, deswegen unterlassen euch etwas über die Güte Gottes zu erzählen, wenn ich doch zu jener Zeit erkannte, dass es sein Wille ist, dass sie bekannt wird?"[17] Ganz ähnlich betonte Mechthild immer wieder die Unwürdigkeit, in welcher Gott sie berufen habe, und stellte diese den gelehrten und gebildeten Meistern und klugen Männern gegenüber.[18] Zu Recht sieht Marianne Heimbach-Steins darin eine „Umwertung des fraulichen Inferioritätsbewußtseins als besondere, der klerikalen Würde wenigstens ebenbürtige Qualifikation für den Gottes-Dienst"[19].

[17] Julian, *Revelations. Short text* 6 (Julian of Norwich: Revelations of Divine love, S. 7,39 f): „Botte for I am a woman, schulde I therefore leve that I schulde nought telle yowe the goodness of God, syne that I sawe in that same tyme that it is his wille that it be knawen?"

[18] Mechthild, *Fließendes Licht* II,26 (Mechthild von Magdeburg: Fließendes Licht, S. 136,30–138,7; 137,34–139, 13).

[19] Marianne Heimbach: „Der ungelehrte Mund" als Autorität. Mystische Erfahrung als Quelle kirchlich-prophetischer Rede im Werk Mechthilds von Magdeburg, Stuttgart-Bad Cannstatt 1989 (Mystik in Geschichte und Gegenwart I,6), S. 167.

Diese modern anmutende Verhaltensweise aber ist in eine vormoderne Wirklichkeitswahrnehmung nicht nur eingebettet, sondern ganz und gar von dieser getragen und durchdrungen: Das weibliche Selbstbewusstsein resultiert aus der mannigfaltigen Erfahrung von Präsenz Christi in Mechthilds Visionen, in ihrem Leben. Weil Christus ihr gegenwärtig ist, weil er ihr selbst die Beauftragung zuspricht, kann sie Botschafterin seines Wortes werden – ganz ähnlich gilt dies auch für Katharina von Siena, deren politischen Aktivitäten ohne diese Vergegenwärtigung Christi die impulsgebende Kraft gefehlt hätte.

Die mittelalterliche Welt war bunt und vielfältig genug, um solche visionären Erfahrungen nicht allein auf den Ursprung aller Heiligkeit, Gott, Christus selbst zu beziehen, sondern auch auf die vielfältigen Abstufungen von Heiligkeit, die oben schon behandelt wurden – so konnte man sich auch visionär auf eine Pilgerreise begeben. Den Hintergrund hierfür bildeten Bewegungen der Gedanken zu den Pilgerorten. Julia Gerth hat auf das Phänomen der *peregrinatio spiritualis* hingewiesen, in deren Vollzug Gläubige sich geistig-geistlich zu den Pilgerorten begaben.[20] Auch hier sind Rom und Jerusalem hervorgehobene Beispiele. Schon Bernhard von Clairvaux, († 1153) ist in seiner durchaus fragwürdigen Schrift „*De laude novae militiae*", mit der er um 1128 die Tempelritter für ihren realen bewaffneten Einsatz im Heiligen Land motivieren wollte, Ort für Ort die Heiligen Stätten geistig abgeschritten. Besonders ausführlich verweilt er beim Grab Jesu, um hier Bedeutung von Tod und Auferstehung Jesu zu entfalten. Er erinnert daran, dass Christus „als Mensch unter den

[20] Julia Gerth: Wirklichkeit und Wahrnehmung. Hans Memlings Turiner Passion und die Bildgruppe der Passionspanoramen, Berlin 2010, S. 81 f; vgl. Miedema: Rompilgerführer, S. 398.

Menschen zu wandeln geruhte, um sie in häufigen und wahren Gesprächen für das Unsichtbare zu begeistern"[21] – und macht mit dieser Bemerkung deutlich, dass sein irritierendes, ja, vielfach erschütterndes Engagement für den Kreuzzug enger mit seiner zarten Mystik zusammenhing, als dies in der Rückschau den Anschein haben mag. Denn diese beruhte ihrerseits genau auf dem Gedanken, dass die Menschwerdung der Weg gewesen sei, das Unsichtbare sichtbar zu machen.[22] Stärker als bei vielen anderen der hier behandelten Autoren wird man bei Bernhard unterstellen dürfen, dass ihm die im Neuplatonismus wurzelnden Denkvoraussetzungen bewusst waren, wenn er dergleichen aussprach. Gott wurde Mensch, um die Menschen zu sich zu ziehen – das ließ sich in den materiellen Relikten erfahren, und diese ließen sich wiederum geistlich aneignen, um so den Weg zu Gott zu beschreiten. Es ist ein Geschehen des Gebens und Nehmens. Aber nicht Geld wird hier für Jahre im Fegefeuer gegeben, auch nicht irgendein sonstiges Werk. Für die spirituelle Reise ist nicht einmal die Wallfahrt mit den Füßen nötig – der Geist, von Gott bewegt, macht sich auf den Weg. Ihm gibt Gott sich, und Gott nimmt ihn wieder an. Das formt eine eigene Realität,

---

[21] Bernhard, *De laude* 11 (Bernhard von Clairvaux: Sämtliche Werke. Lateinisch/Deutsch, hg. v. Gerhard B. Winkler. Bd. 1, Innsbruck 1990, S. 310,20f): „*homo inter homines dignatus est aliquamdiu conversari, quatenus crebris et veris locutionibus ad invisibilia scitaret*".

[22] Vgl. Bernhard, *Sermo 20* (Bernhard von Clairvaux: Sämtliche Werke. Lateinisch/Deutsch, hg. v. Gerhard B. Winkler. Bd. 5, Innsbruck 1994, S. 284f): „*Hanc ego arbitror praecipuam invisibili Deo fuisse causam, quod voluit in carne videri et cum hominibus conversari, ut carnalium videlicet, qui nisi carnaliter amare non poterant, cunctas primo ad suae carnis salutarem amorem affectiones retraheret, atque ita gradatim ad amorem perduceret spiritualem*".

die für mittelalterliche Menschen eine Bedeutung annahm, die sie im wahrsten Sinne bewegte.

Wie eine solche geistliche Reise aussehen konnte, lässt rund zwei Jahrhunderte nach Bernhard der Dominikaner Heinrich Seuse (†1366) in seiner *Vita* erahnen, die eher eine Idealbeschreibung geistlichen Lebens bietet als eine Autobiographie.[23] In einer Episode vollzog er morgens nach der Matutin mit Jesus den „ellenden crúzgang“[24]: den Weg durch den Kreuzgang seines Klosters, der zugleich ein geistlicher Weg durch Jerusalem wurde. So wandelte sich das Innerste von Seuses Kloster in die Heilige Stadt, die reale Klosterlandschaft wurde zu einer imaginären Repräsentation Jerusalems, in welcher Seuse in einem Reenactment mitleidend das Leiden Christi nach- und durchlebte. Vier Gassen öffneten sich für ihn, die wiederum als reale Gassen Jerusalems spirituelle Bedeutung annahmen: In der ersten suchte er die Aufgabe aller weltlichen Güter und Armut, in der zweiten gab er alle äußere Ehre in Betrachtung seiner eigenen Nichtigkeit auf, die dritte bedeutete ihm, dass er selbst seine Lebenskraft aufgab und seine Natur abtötete, auf der vierten schließlich bat er Jesus, nicht ohne ihn in den Tod zu gehen. Schritt für Schritt also vollzieht sich, bis hin zum Äußersten am Kreuz, die *compassio*. Bei all dem ist Jesus dem Visionär gegenwärtig, ja sogar Maria, der Seuse sich mit einem „*Salve regina*“ zuwendet. Seuse ist ganz in der visionären Welt Jerusalems und doch zugleich auch ganz in der realen Welt seines Klosters – er nimmt sich Jes 53,1 vor und betritt zunächst den Chor der Klosterkirche, dann die Kanzel, die sich un-

[23] Die folgende Schilderung folgt Seuse, *Vita c. 13* (Heinrich Seuse: Deutsche Schriften, hg. v. Karl Bihlmeyer, Stuttgart 1907, S. 34,15–36,19); nur wörtliche Zitate sind einzeln ausgewiesen.

[24] Seuse, *Vita* c. 13 (Seuse: Schriften, S. 34,24).

ter einem Kreuz befindet. Und genau dort tritt Seuse aus seiner Gegenwart wieder in das Geschehen der Zeit Jesu ein und nagelt sich selbst an das Kreuz. Die Lektüre eines solchen Textes kann Leserin oder Leser schwindelig machen: Zu viele Realitätsebenen gleiten ineinander, als dass sich dies mit den einfachen Regeln der Rationalität auflösen ließe. Die Raumebenen von Jerusalem und Kreuzgang verschwimmen ebenso ineinander wie die zwischen Himmel und Erde und die Zeiten zwischen Damals, Jetzt und Ewigkeit.

Das liegt, daran sei noch einmal erinnert, nicht daran, dass es dem späten Mittelalter an entsprechenden Rationalitätsstandards gefehlt hätte: Die oben (S. 213) schon erwähnte Suppositionslogik ist auch für heutige philosophische Überlegungen Herausforderung und Anregung zugleich.[25] Aber neben diesem an den *artes*-Fakultäten auf höchstem Niveau vollzogenen Zugang zur Logik gab es auch andere Bereiche von Wirklichkeit, die weniger mit logischer Unterscheidung und mehr mit gegenseitiger Durchdringung, weniger mit dem Satz vom ausgeschlossenen Widerspruch als mit der überraschenden Gleichzeitigkeit umgingen. Diese Wirklichkeitswahrnehmung war es, die ein Reenactment ermöglichte, wie es Seuse bei anderer Gelegenheit noch stärker narrativ ausbaute. Diese zweite Vision führte nicht zum Kreuz, sondern hatte dieses gewissermaßen schon hinter sich, vollzog nun den Weg vom Grab. Seuse begleitete Jesu Mutter Maria zum Stadttor Jerusalems und schließlich zum Haus ihrer Mutter Anna – und all dies liturgisch höchst passend in dem Moment, in dem der Konvent den Mariengruß „*Salve Re-*

---

[25] Grundlegend nach wie vor: Lambert Marie de Rijk: Logica modernorum. 2 Bde., Assen 1967.

gina“ anstimmte. Auch hier gleiten liturgische Situation, reale Orte und imaginär-visionäre Welten ineinander, und man kann in Seuse, der sich Mariens annimmt, geradezu den Lieblingsjünger wiedererkennen, dem Jesus seine Mutter anvertraute. Die Reise, die er hierzu zu vollziehen hatte, war kurz – er blieb in seinem Konvent. Und doch führte sie ihn räumlich und zeitlich in die Ferne. Beides, visionäre Reise und tatsächliche Reise, konnte sich auch miteinander verbinden – wie das Beispiel der oben schon erwähnten Margery Kempe zeigt, die zu Hause in England mystische Erlebnisse hatte, sich dann aber auch auf die Reise ins Heilige Land machte, um diese Erfahrungen dort zu vertiefen.

Solche Schilderungen mögen den Eindruck machen, dass die Visionen hauptsächlich der Steigerung der Gefühlsintensität der Beteiligten dienten – tatsächlich erschlossen sie aber neue Wirklichkeit und leisteten so auch einen bemerkenswerten Beitrag zur Theologie. Besonders eindrücklich ist dies bei der Frau, die Margery Kempe 1413 besuchte: der nun schon mehrfach erwähnten Juliana von Norwich. Die intensive Repräsentationserfahrung Christi formte sie theologisch aus und weiter: Nichts sei dem Menschen so nah, so wohlbereitet und so gewiss wie der Dienst einer Mutter. Da nun aber Jesus selbst der allernächste wurde, nannte sie ihn „our very moder Jesus“, unsere wahre Mutter Jesus[26]. Jesus gebe sogar mehr, als andere Mütter könnten: Diese gäben nur ihre Milch, er hingegen sich selbst. Selbst das Stillen der Mütter wurde bei ihm übertroffen, weil bei ihm das Kind nicht an die Brust gelegt, sondern – die Entsprechung zu Katharina

---

[26] Juliana, *Revelations. Long text* 60 (Julian of Norwich: Revelations, S. 126,14).

von Siena ist überdeutlich – durch die Seitenwunde in die Brust hineingeleitet wurde. Wieder drängt sich die Ähnlichkeit zu den Umformungen traditionell maskuliner Gottesbilder in der Gegenwart auf. Eine Nähe bis hin zur Identität löste offenkundig visionäre Kreativität aus, deren Bedeutung und Folgen sich durch die Zeitgenossen nicht vollständig auffangen ließen. Ähnliches gilt für die oben angesprochene Beschreibung einer Gegenwart der Christinnen und Christen schon hier in Himmel, Fegefeuer und Hölle bei Mechthild von Magdeburg. Spielt man dies konsequent durch, so werden diese aus dem Jenseits geholt, die eschatologische Topographie bildet sich in den Seelenzuständen der Menschen ab, und so wird die gesamte Eschatologie existentialisiert. Weder Mechthild noch Juliana hat diese provozierenden Einsichten in dogmatische Sätze geformt – darüber zu wachen und zu entscheiden überließen sie letztlich unhinterfragt den männlichen Gelehrten. Das sagt auch etwas über den Status der visionären Metaphorik aus: Sie begründete Behauptungen über die Wirklichkeit Gottes, aber nicht im Modus des abstrakten theologischen Satzes. Die Beanspruchung von Erfahrung eröffnete vielmehr eine Dimension letztlich unhinterfragbarer Gotteserfassung, die der geschulten theologischen Lehre gar nicht bedurfte. Wer wie Juliana Offenbarungen verkündete oder wie Mechthild ein Buch schrieb, dessen Autor im Letzten Gott war, bewegte sich auf einer anderen Aussageebene. Die Repräsentation Gottes im Umgang der Frauen mit ihm und in ihren Büchern bot eine andere Nähe zu Gott als die auf bloße sprachliche Zeichen und logische Schlüsse verwiesene scholastische Theologie.

Weniger zurückhaltend als im Blick auf dogmatische Fragen waren die Visionärinnen, wenn es um Anweisungen für das menschliche Miteinander ging. Hier sahen sie offenbar eine weitreichende Autorisierung durch die Präsenzerfahrung des Göttlichen. Das politische Wirken Katharinas von Siena war schon Thema, und auch bei Mechthild finden sich erstaunlich direkte Anweisungen für das christliche Leben – so suchte sie einmal bei Gott Rat im Blick auf die delikate Frage, ob ein Kranker den Leib des Herrn noch wirksam empfangen habe, wenn er ihn erbreche, da es doch unmöglich sei, Gott zu verlieren, wenn man nicht sündige. Das sei zwar richtig, lautete die Antwort, aber es gebe unterschiedliche Weisen des Verlustes, und hier gehe es ja bloß darum, dass der Leib des Kranken den Leib des Herrn verliere. Die scheinbar etwas abstruse Debatte hatte durchaus ihre Bedeutung für die Vorstellung von der Repräsentation Christi, wie die Folgerung zeigt, die Mechthild daraus zog:

> „Wenn wir den Leib des Herrn empfangen, dann vereinigt sich die Gottheit mit unserer unschuldigen Seele und vermischt sich Gottes menschliche Natur mit unserem abstoßenden Leib, und so bereitet sich der Heilige Geist seine Wohnung in unserem Glauben. Diese selige Einheit sollen wir mit großer Sorgfalt bewahren."[27]

Die höchste Form der Repräsentation Christi auf Erden, die Eucharistie, wurde so unmittelbar mit der innigsten und intensivsten Form der Erfahrung dieser Gegenwart, der mystischen Einigung verbunden. Und so irritierend die Rede von dem „abstoßenden Leib" auch ist – Mechthild drückt zugleich eine enge Verbindung zwischen Leiblichkeit und Geistlichkeit aus, denn es ist ja ein leiblicher

[27] Mechthild, *Fließendes Licht* IV,8 (Mechthild von Magdeburg: Fließendes Licht, S. 254,21–25; 255,29–34): „Swenne wir gotz lichamen enpfan, so vereinet sich die gotheit mit únserm grúwelichen lichame, und so machet der helig geist sine wonunge in únserme gelǒben. Diese selig einunge sͤollen wir mit grosser hůte behalten."

Vorgang, der das Geschehen auslöst: die Einnahme der Eucharistie am Altar des Herrn.

So sind auch sonst die Erfahrungen der Präsenz Christi bei mystisch bewegten Menschen von frappierender Leiblichkeit. Aus dem Kloster Sulz hat sich ein Buch erhalten, das von den besonderen Erfahrungen der dort versammelten Schwestern berichtet, unter anderem auch der, dass die Schwester Adelheid von Aue, wenn sie im Chorgebet sang, etwas über dem Boden schwebte,[28] und über die Schwester Ehrentraut aus Düren hieß es in einer Wendung, die zeigt, wie Mystik und Vision ineinanderflossen:

> „Sie erlangte auch oft die Gnade der Kontemplation. (…) Währenddessen begibt Gott sich wiederum in die Seele hinab und strömt mit seiner Gnade in sie. Dann liegt der Mensch da in der Schau Gottes und ist seiner selbst nicht mächtig. Nach außen liegt er, als sei er tot. In dieser geistlichen Schau Gottes lag diese überaus selige Schwester einmal drei Tage lang; nicht einmal kam sie dabei zu sich selbst und nahm keinen Bissen Essen zu sich."[29]

Die Gravitation war außer Kraft gesetzt, das natürliche Essensbedürfnis: Die Gegenwart Gottes hatte eine Wirkung, die dem Leib geradezu alle Eigenheiten nahm, seine natürlichen Bedürfnisse, ja, seine natürlichen Bedingungen aufhob. Aber die Präsenz Gottes hob Körperlichkeit nicht nur auf, sondern veredelte sie. Jakob von Vitry

---

[28] F. W. E. Roth: Aufzeichnungen über das mystische Leben der Nonnen von Kirchberg bei Sulz Predigerordens während des XIV. und XV. Jahrhunderts, in: Alemannia 21 (1893), S. 103–148, S. 106.

[29] Roth: Aufzeichnungen, S. 105: „Sie kam auch dick zu der genad contemplativa. (…) under weilen neigt sich got wider in die sel, und fleusset in sie mit seiner genad. Denn ligt der mensch in gotlicher schauung, und ist ungewaltig sein selbs, und ligt ausswendig, als ob er tod sey. In diser geistlichen gotlichen schauung lag dise vil selige swester zu einem mal biss an den dritten tag, das sie nie einst zu ir selber kam, und nie essens enpeiss die weil."

(† 1240) berichtete über die Erfahrungen der Begine Marie von Oignies († 1213):

> „Wenn ihre Seele wie von Schmalz und Fett erfüllt wurde und wenn sie (...) mittags vom Tisch des Herrn betrunken wurde, überströmend von Genüssen und auf ihrem Geliebten ruhend, wenn sie von den Lippen ihres Bräutigams Milch und Honig schleckte, wurde ihr Herz von dem Geschenk seiner honigfließenden Weisheit innig berührt, und die Worte wurden versüßt und alle ihre Werke von der Süße geistlicher Salbung geschmiert“[30].

Jesus löste in der Begine alles aus, was üblicherweise anstößig gewesen wäre: er wird zu ihrem Geliebten, sie ist betrunken, vor allem aber erfährt sie eine Verschönerung, wie sie üblicherweise durch Kosmetik bewirkt werden kann. Dahinter steht eine Erfahrung der Präsenz Christi als des Geliebten, die in mystischen Texten immer wieder begegnet: Christus ist präsent als der Bräutigam des Hohenliedes, als der stets Begehrte und gegenwärtig Liebende, als der, angesichts dessen alle irdisch präsente Liebe verachtet wird. Seine Präsenz in Vision und oftmals auch unmittelbarer geistig-seelischer Erfahrung verändert die Welt – und drückt damit vielleicht das am besten aus, worum es in diesem Buch geht: Wo daran geglaubt wird, dass Christus in der Welt ist, dass sein Handeln nachvollzogen werden kann, sein Geist und Leib gegenwärtig ist, da ist diese Welt eine andere.

---

[30] Vitry, *Vita Maria II,8,87* (Acta SS Juni IV, S. 659D): *„cum sicut adipe & pinguedine repleretur anima ejus; & cum de mensa Domini (...) inebriaretur in meridie, deliciis affluens, innixa super dilectum suum; cum de Sponsi labiis lac & mel manducaret; hujus mellifluæ sapientiæ dono cor ejus medullitus afficiebatur, & verba dulcorabantur, omniaque ejus opera suavitate spiritualis unctionis impinguabantur“*.

Ausblick: Auf dem Weg zu einer Theorie spätmittelalterlicher Frömmigkeit

Die Welt des Mittelalters ist eine andere als die Welt der Moderne. So banal dieser Satz ist, so wichtig bleibt er doch auch. Die in der Einleitung angesprochenen Überlegungen zu einer Alterität des Mittelalters bleiben fundamental, wenn man sich einem Verstehen der mentalen, vor allem der religiösen Welt des späten Mittelalters annähern will. Diese Welt ist nicht unsere, und doch müssen wir sie mit den uns zur Verfügung stehenden Mitteln zu verstehen suchen. Hierzu brauchen wir Begriffe und Vorstellungen, die der Zeit selbst fremd sind: Reenactment ist gewiss kein mittelalterlicher Quellenbegriff, Repräsentation wird nur zum Teil in einer Weise verwendet, die dem hier vorgeschlagenen Gebrauch nahekommt. Sie sind insofern genauso wie andere Begriffe und Vorstellungen Versuche, sich des Mittelalters rekonstruierend mit den Möglichkeiten der Moderne zu bemächtigen.

Aber sie sind, als heuristische Mittel angewandt, das haben die vorangehenden Seiten gezeigt, Instrumente, die helfen, die Andersheit des Mittelalters, die Prägung der Welt des Mittelalters durch die permanente Vorstellung von der Gegenwart Gottes in der Welt und Interaktion Gottes mit der Welt zu beschreiben. Diese beiden Begriffe entsprechen nicht ganz genau der Verwendung von Repräsentation und Reenactment, korrespondieren diesem

Begriffspaar aber, insofern sich in ihnen ein statisches und ein dynamisches Moment gegenüberstehen. So ist auch das Begriffspaar, das für dieses Buch leitend geworden ist, zu verstehen: „Repräsentation“ steht für die eher statische Gegebenheit Gottes. Noch etwas genauer gefasst: für die Annahme einer ontischen Gegebenheit Gottes in der Welt. Da, wo Gott gegenwärtig „ist“, da ist von Repräsentation zu reden. Da, wo Gott oder allgemein Heiliges durch Handeln in die Gegenwart gesetzt wird, vollzieht sich ein Reenactment. Beides kann, insbesondere im Geschehen der Eucharistie, die ein großes Reenactment darstellt und zugleich eine ontische Repräsentation schafft, ineinander gleiten. Und das Reenactment ist nicht immer im strengen Sinne eine Wiederinszenierung der einstigen Heilsgeschichte, wie es der Name zunächst andeutet und die in der Einleitung angesprochene Prägung durch die Eventkultur nahelegt. Es gibt auch Vorgänge, die über ein Reenactment in diesem strengen Sinne hinausgehen und, etwa in den mystischen Erfahrungen, Handlungen eröffnen, die die biblischen Vorprägungen überschreiten. Da deren Kern aber bleibt, dass der einst irdische Jesus neu in Leben und Szene gesetzt wird, wird hierfür vorläufig der Begriff des Reenactment beibehalten. Reenactment ist in diesem Sinne jedes Geschehen, das die Gegenwärtigkeit Gottes im Handlungsgeschehen erfährt und benennt.

Beides zusammen führt für das späte Mittelalter eine Wirklichkeit herauf, die durchgängig von der göttlichen Wirklichkeit durchdrungen, angetrieben und geformt ist. Max Weber hat bekanntlich als ein Signum der Moderne die „Entzauberung der Welt“[1] beschrieben, und Jörg

[1] Max Weber: Wissenschaft als Beruf, in: ders.: Gesammelte Aufsätze zur Wissenschaftslehre, Tübingen 1922, S. 524–555, S. 554.

Lauster hat hierauf geistreich mit einer Kulturgeschichte des Christentums geantwortet, die die „Verzauberung der Welt"[2] behandelt. Genau darum geht es mit den hier vorgeschlagenen Begriffen: Dieser Verzauberung methodisch etwas näher zu kommen und damit im Konzert der Kulturwissenschaften das im Kern religiöse Moment in der Religionskultur hervorzuheben, ist das Anliegen dieses Buches.

Es hat vor allem Material ausgebreitet, um die Phänomene in ihrer Vielfalt zu beschreiben. Dabei hat sich gezeigt, dass Repräsentation und Reenactment als Beschreibungskategorien in den unterschiedlichsten Feldern greifen. Religiöse Literatur wie Kunst, Liturgie wie visionäre Entzückung sind jeweils auf unterschiedliche Weise mit ihnen zu analysieren. Es handelt sich auch keineswegs nur um ein Phänomen sozialer Eliten oder bestimmter Expertenkulturen.[3] Gewiss gibt es einzelne Erscheinungen, die nicht allen zugänglich sind: Die mystische oder visionäre Erfahrung bleibt wenigen vorbehalten, die Leitung der Liturgie gleichfalls – auch wenn in beiden Fällen die Definition, wer Zugang hat, ganz unterschiedlich ausfällt. Doch die Teilnahme an der Liturgie, die Wahrnehmung der Präsenz Gottes im Bild oder im heiligen Gegenstand: All dies ist, jedenfalls innerhalb der dominierenden christlichen Kultur des Mittelalters, im Prinzip sozial unbeschränkt möglich, ja, es werden sogar durch den Beschluss des Vierten Lateranums von 1215 alle Christinnen und Christen aus-

---

[2] Jörg Lauster: Die Verzauberung der Welt. Eine Kulturgeschichte des Christentums, München 2020.

[3] Zu diesem in einem Göttinger Graduiertenkolleg entfalteten Konzept s. Marian Füssel/Frank Rexroth/Inga Schürmann (Hg.): Praktiken und Räume des Wissens: Expertenkulturen in Geschichte und Gegenwart, Göttingen 2019.

drücklich aufgefordert, wenigstens einmal im Jahr zur Kommunion zu gehen und damit die Gegenwart Christi in den Elementen in ihrer Verborgenheit unter den Elementen in sich aufzunehmen. Wenn also oben gelegentlich von intellektuellen Konzepten, gar von Neuplatonismus die Rede war, wird damit der intellektuelle Gesamthorizont der Zeit beschrieben – in dem Bewusstsein, dass nur eine Minderheit diese Konzepte in ihrer theoretischen Gestalt kannte. Es wäre aber historisch naiv zu denken, dass zwischen den abstrakten philosophischen Konzepten und der Zeit, in welcher sie formuliert wurden, keine Interdependenz bestünde. Die Theorie ist immer auch Ausdruck des zeitgenössischen Selbstverständnisses – und insofern auch ein Indiz für dieses. Wenn eine Begine wie Mechthild von Magdeburg, die ihre eigene Ungelehrtheit (vielleicht über-)betont, vom fließenden Licht der Gottheit spricht, so nutzt sie eine Metapher, die zum Schwingen kommt, wenn man um die zeitgenössische Rezeption des Neuplatonismus weiß, und die Schwesternbücher aus Sulz bestätigen dies. Das macht es legitim, auch in anderen Zusammenhängen unterhalb einer klaren Explikations- oder Bewusstseinsebene neuplatonische Denkstrukturen zur Erklärung heranzuziehen, etwa wenn es um die Repräsentation des Heiligen in Bildern geht. Selbst wenn man auf den Terminus „neuplatonisch“ verzichten wollte, käme man nicht umhin, die Wirkung dieser Bilder auf die Zeitgenossen als Ausdruck eben einer solchen Präsenz zu sehen. Ein Bild, das sich selbsttätig in seinen Bildstock zurückbegibt, ist etwas anderes als das Kunstwerk moderner Autonomieästhetik. Es ist ein Gegenstand göttlicher Repräsentation.

Dies festzustellen ist das eine – es geht aber auch darum, die Weisen von Repräsentation und Reenactment zu unterscheiden. In den vorgestellten Konstellationen zeichnet sich ein Modell ab, in welchem sich um zwei Brennpunkte einer Ellipse auf unterschiedliche Weise Ausstrahlungsmuster bilden, die ineinandergreifen und sich verstärken. Die Brennpunkte der Ellipse ergeben sich aus der historischen Differenz: Dem Christentum als einer Religion, die sich in einem Ereignis innerhalb der Geschichte gründet, ist eine Spannung inhärent, deren Überbrückung Repräsentation und Reenactment dienen. Vor diesem Hintergrund bildet den einen Brennpunkt der Ellipse das Geschehen der Inkarnation, das nach christlichem Verständnis nicht Repräsentation, sondern volle Präsenz Christi auf Erden bedeutet. Seit dem Konzil von Nizäa 325, beziehungsweise seit der endgültigen Durchsetzung der nizänischen Position in Konstantinopel 381, ist es grundlegende Überzeugung des sich als orthodox formierenden Christentums, dass der inkarnierte Sohn Gottes eines Wesens mit dem Vater ist, und die Definition von Chalcedon 451 hat dies hinsichtlich der Zuordnung von menschlicher und göttlicher Natur präzisiert. Damit gilt als Grundvoraussetzung für mittelalterliche christliche Überzeugung: Gott ist Mensch geworden, er wandelte unter den Menschen, er war auf Erden gegenwärtig. Dieser memorialen Präsenzvorstellung steht innerhalb der elliptischen Wirklichkeitswahrnehmung die praktische Vorstellung von einer vollgültigen Repräsentation des inkarnierten Gottes in der Eucharistie, vollzogen im Reenactment der Liturgie, gegenüber. Die Ellipse bindet so Vergangenheit und Gegenwart in der gemeinsamen Vorstellung einer vollen Präsenz zusammen, und in beiden Fällen handelt es sich auf unterschiedliche Weise um eine verborgene, latente Präsenz, da unter dem Menschen die Göttlichkeit Jesu nicht unmittelbar sichtbar war, und auch die Gestalten von Brot und Wein die Gegenwart Christi nicht sinnlich evident machen, wohl aber eine sinnliche Erfahrung eröffnen.

Von diesen beiden Ellipsen aus eröffnen sich nun unterschiedliche Ausstrahlungsmuster, in welche hinein die jeweilige Gegenwart sich auswirkt. Der irdische Jesus Christus wird im Reenactment der Heiligen nachvollzogen, seine Reliquien und die der Heiligen werden zu Kristallisationen abgestufter Präsenz, Bilder tragen diese Präsenz weiter, Orte, die durch die Gegenwart Christi oder der Heiligen berührt wurden, ebenfalls. Für diese Realitätsebenen wird hier der Begriff der Ausstrahlungsmuster gewählt, weil es falsche geometrische Eindeutigkeiten erwecken könnte, wollte man diese unterschiedlichen Formen der abgestuften Präsenz Christi strikt als konzentrische Kreise bezeichnen. Sie liegen nicht klar geordnet und gleichmäßig umeinander, sondern sie überlappen sich, durchdringen sich und bilden auch unterschiedliche Hierarchien: Der Weg zum heiligkeitserfüllten Bild kann über das Reenactment einer Heiligen gehen, die dann auf dem Bild dargestellt wird und ihre Heiligkeit auf dieses überträgt – oder über den direkten Abdruck des Antlitzes Christi in der *vera icon*, die ihrerseits Bilder evoziert. Beide Vorgänge sind nicht einfach gleich, sie sind auch nicht im Sinne einer quantitativen Abstufung einander zuzuordnen, und doch ist beiden das Bewusstsein eigen, dass die Repräsentation von Heiligkeit im nun jeweils genannten Bild eine zweistufig abgeleitete ist [*Abb. 24*].

In ähnlicher Weise bilden sich um die Repräsentationserfahrung der Eucharistie, die zugleich ein Reenactment von Golgotha darstellt, Ausstrahlungsmuster der Gegenwart des Heiligen. Die Präsenz, die in ihr gegeben ist, wird im Sakramentshaus bewahrt und zugleich durch das Altarretabel sichtbar gemacht, das nun wiederum, vom

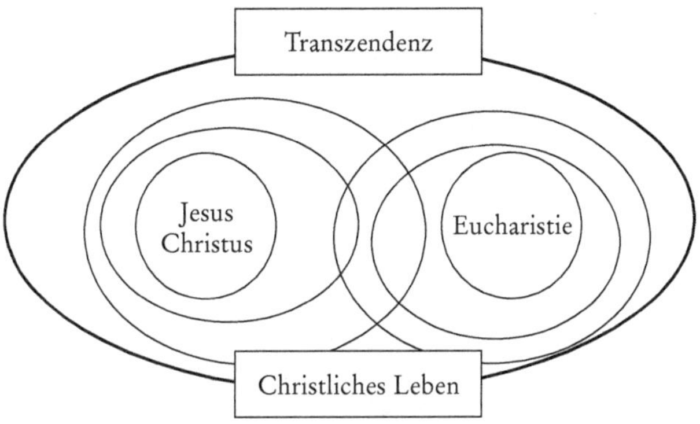

Abb. 24: Schema: Wirkungskreise von Repräsentation und Reenactment.

anderen Ende der Ellipse herkommend, abgestuftes Abbild und Gegenwartsort der Präsenz des Göttlichen in Christus ist. Das Reenactment der Liturgie strahlt zugleich auf das geistliche Spiel und seine vielfältigen Formen der Darstellung, insbesondere der Passion, aber auch anderer heiliger Ereignisse aus. Fluchtpunkt all dessen ist der empfangende, der schauende, der nachspielende und der in der *imitatio Christi* nachlebende gläubige Mensch. Auch das persönliche Reenactment war im späten Mittelalter keineswegs exklusiv den Experten vorbehalten – abgestuft, gebrochen und unvollkommen konnten es alle Christinnen und Christen erreichen oder doch wenigstens danach streben. Diese Fluchtlinie, das christliche Leben, macht deutlich, dass die angedeutete Ellipse noch einmal in ein weiteres Beziehungsnetz eingezeichnet wird, zwischen göttlicher Transzendenz und christlicher Existenz: Repräsentation und Reenactment verbinden diese beiden

Seinsebenen als Wirklichkeitsformen, in denen in dieser immanenten Wirklichkeit die Transzendenz als Kraft und Akteur erscheint.

Dass das komplexe Wirklichkeitsverständnis des späten Mittelalters durch eine Grafik wie die hier vorgeschlagene nicht erfasst werden kann, ist offenkundig und kann durch die Abweichung der Figuren innerhalb der Ellipse von der gleichmäßigen Kreisgestalt nur angedeutet werden. Das Schaubild kann nur eine grobe Stütze dafür bilden, sich das komplexe Ineinander unterschiedlicher Seins- und Zeitebenen vorzustellen. Repräsentation und Reenactment waren mittelalterliche Wege, genau diese unterschiedlichen Ebenen zusammenzuhalten, in der Gegenwart Vergangenes, im Diesseits Jenseits erfahrbar zu machen. So waren sie Ausdruck spätmittelalterlichen Wirklichkeitsverständnisses und prägten es zugleich.

Abbildungsnachweise

Abb. 1a: Masolino, Der Sündenfall, Brancacci-Kapelle, Florenz; gemeinfrei. Quelle: https://de.wikipedia.org/wiki/Brancacci-Kapelle_(Florenz)#/media/Datei:Cappella_brancacci,_Tentazione_di_Adamo_ed_Eva_(restaurato),_Masolino.jpg

Abb. 1b: Masaccio, Vertreibung aus dem Paradies, Brancacci-Kapelle, Florenz; gemeinfrei. Quelle: https://de.wikipedia.org/wiki/Brancacci-Kapelle_(Florenz)#/media/Datei:Masaccio_expulsion-1427.jpg

Abb. 2: Johann Eleazar Schenau, Kopie nach Antonio di Correggio, Die büßende Maria Magdalena, Deutsches Damast- und Frottiermuseum Großschönau; Inventarnummer: 1989- 3109, Foto: Bertram Kober, PUNCTUM. Abbildung mit freundlicher Genehmigung des Deutschen Damast- und Frottiermuseums Großschönau.

Abb. 3: Lucas Moser, Magdalenenalter Tiefenbronn, Ausschnitt; gemeinfrei. Quelle: https://de.wikipedia.org/wiki/Magdalenenaltar_(Tiefenbronn)#/media/Datei:Lucas_Moser_001.jpg

Abb. 4: Matthias Grünewald, Isenheimer Altar, Museum Unterlinden, Colmar; Foto: © Jörgens.Mi/Wikipedia, Lizenz: CC-BY-SA 3.0 (URL: https://creativecommons.org/licenses/by/3.0/legalcode), Quelle: Wikimedia Commons (URL: https://commons.wikimedia.org/wiki/File:Isenheimer_Altar_(Colmar)_jm01221_deriv.jpg).

Abb. 5: Jerg Ratgeb, Herrenberger Altar, Ausschnitt, Staatsgalerie Stuttgart; Foto: © Staatsgalerie Stuttgart. Abbildung mit freundlicher Genehmigung der Staatsgalerie Stuttgart.

Abb. 6: Niccolò di Pietro Gerini, Die heilige Dreifaltigkeit mit den Heiligen Franz von Assisi und Maria Magdalena, Akademie Florenz; Foto: © akg-images/Rabatti & Domingie.
Abb. 7: Epitaph der Dominikanerin Dorothea Schürstab, Germanisches Nationalmuseum Nürnberg, Leihgabe Evang.-Luth. Gesamtkirchengemeinde Nürnberg; Foto: G. Janßen. Abbildung mit freundlicher Genehmigung des Germanischen Nationalmuseums Nürnberg.
Abb. 8: Rogier van der Weyden, Kreuzabnahme, Museo del Prado, Madrid; gemeinfrei, Quelle: https://de.wikipedia.org/wiki/Kreuzabnahme_(Rogier_van_der_Weyden)#/media/Datei:El_Descendimiento,_by_Rogier_van_der_Weyden,_from_Prado_in_Google_Earth.jpg
Abb. 9: Lukas Cranach, Schleißheimer Kreuzigung, Alte Pinakothek, München; gemeinfrei, Quelle: https://de.wikipedia.org/wiki/Datei:Lucas_Cranach_d._%C3%84._-_The_Lamentation_of_Christ_-_The_Schlei%C3%9Fheim_Crucifixion_-_Alte_Pinakothek.jpg
Abb. 10: Bartholomäus Zeitblom, Die Heilige Margareta von Antiochien, Ulmer Münster; Foto: © Joachim Köhler, Lizenz: CC-BY-SA 3.0 (URL: https://creativecommons.org/licenses/by/3.0/legalcode), Quelle: https://de.wikipedia.org/wiki/Margareta_von_Antiochia#/media/Datei:Ulm-Muenster-NeithartKapelleAltarbild-061209.jpg
Abb. 11: Galluspforte, Basler Münster; Foto: © Gerd Eichmann, Lizenz: CC BY-SA 4.0 (URL: https://creativecommons.org/licenses/by-sa/4.0/), Quelle: https://de.wikipedia.org/wiki/Galluspforte#/media/Datei:Basel-Muenster-Galluspforte-08-Tympanon-gje.jpg
Abb. 12: Robert Campin, Veronika mit dem Schweißtuch, Städel Museum, Frankfurt am Main; © Städel Museum, Frankfurt am Main, Foto: U. Edelmann. Abbildung mit freundlicher Genehmigung des Städel Museums.
Abb. 13: Piero della Francesca, Schutzmantelmadonna, Museo Civico di Sansepolcro, Sansepolcro; gemeinfrei, Quelle: https://en.wikipedia.org/wiki/Polyptych_of_the_Misericordia_(Pie

ro_della_Francesca)#/media/File:Madonna_della_Misericordia.JPG

Abb. 14: Scherzliger Passionswand, Scherzligen, Thun; Foto: © Markus Beyeler, Hinterkappelen, Quelle: http://www.scherzligen.ch/fileadmin/map/. Abbildung mit freundlicher Genehmigung von Markus Beyeler.

Abb. 14a: Markus Nägeli, Scherzliger Passionswand: Figurenverteilung; Quelle: Markus Nägeli, Das Scherzliger Passionspanorama – Hintergründe und Bedeutung, https://www.theos.unibe.ch/orte/pdf/scherzliger_passionswand_version_april_2020.pdf, Zugriff 4.10.2020. Abbildung mit freundlicher Genehmigung von Markus Nägeli.

Abb. 15: Raffael, Disputà, Stanzen des Vatikan; gemeinfrei, Quelle: https://de.wikipedia.org/wiki/Disputa_del_Sacramento#/media/Datei:Sanzio,_Raffaello_-_Disputa_del_Sacramento_-_1508-1511_-_hi_res.jpg

Abb. 16: Raffael, Messe von Bolsena, Stanzen des Vatikan; gemeinfrei, Quelle: https://commons.wikimedia.org/wiki/File:Raphael_-_The_Mass_at_Bolsena.jpg

Abb. 17: Adam Kraft, Sakramentshaus, St. Lorenz, Nürnberg; Foto: © Uoaei1, Lizenz: CC BY-SA 4.0 (URL: https://creativecommons.org/licenses/by-sa/4.0/), Quelle: https://commons.wikimedia.org/wiki/File:N%C3%BCrnberg_St._Lorenz_Sakramentshaus_01.jpg

Abb. 18: Thomann Burgkmair, Gregorsmesse, Deutsches historisches Museum, Berlin; Foto: © bpk/Deutsches Historisches Museum Berlin/I. Desnica. Abbildung mit freundlicher Genehmigung des Deutschen Historischen Museums Berlin.

Abb. 19: Michael Ostendorfer, Wallfahrt zur Schönen Maria, Kunstsammlungen der Veste Coburg; gemeinfrei, Quelle: https://de.wikipedia.org/wiki/Neupfarrkirche_(Regensburg)#/media/Datei:41Sch%C3%B6ne_Madonna_von_Regensburg.jpg

Abb. 20: Hieronymus Bosch, Die Sieben Todsünden und vier letzten Dinge, Museo del Prado, Madrid; Quelle: https://de.wikipedia.org/wiki/Datei:Hieronymus_Bosch-_The_Seven_Deadly_Sins_and_the_Four_Last_Things.JPG

Abb. 21: Prachteinband zum Evangeliar Clm 9476, Bayern 1496, Bayerische Staatsbibliothek, München; Clm 9476#Einband, urn:nbn:de:bvb:12-bsb00107524–2

Abb. 22: Ulmer Münster, Kanzel; Foto: © Rufus 46, Lizenz: CC-BY-SA 3.0 (URL: https://creativecommons.org/licenses/by/3.0/legalcode), Quelle: https://de.m.wikipedia.org/wiki/Datei:Kanzel_Ulmer_Muenster-7.jpg

Abb. 23: Ulmer Münster, Sakramentshaus; Foto: © Uoaei1, Lizenz: CC BY-SA 4.0 (URL: https://creativecommons.org/licenses/by-sa/4.0/), Quelle: https://de.m.wikipedia.org/wiki/Datei:Ulm_M%C3%BCnster_Sakramentshaus_01.jpg

Abb. 24: Volker Leppin, Schema: Wirkungskreise von Repräsentation und Reenactment; eigene Abbildung.

Sachregister